ŒUVRES
COMPLÈTES
DE CONDILLAC.

TOME IV.

A PARIS,

Chez
- GRATIOT, cul-de-sac Pecquay, rue des Blancs-Manteaux.
- HOUEL, rue du Bacq, N°. 940.
- GUILLAUME, rue de l'Eperon, N°. 12.
- POUGIN, rue des Pères, N°. 61.
- GIDE, place St.-Sulpice.

Et A STRASBOURG,

Chez LEVRAULT, libraire.

ŒUVRES DE CONDILLAC,

Revues, corrigées par l'Auteur, imprimées sur ses manuscrits autographes, et augmentées de LA LANGUE DES CALCULS, ouvrage posthume.

LE COMMERCE ET LE GOUVERNEMENT.

A PARIS,

DE L'IMPRIMERIE DE CH. HOUEL.

AN VI. — 1798. (E. vulg.)

LE COMMERCE

ET

LE GOUVERNEMENT,

Considérés relativement l'un à l'autre.

OBJET DE CET OUVRAGE.

CHAQUE science demande une langue particulière, parce que chaque science a des idées qui lui sont propres. Il semble qu'on devroit commencer par faire cette langue : mais on commence par parler et par écrire, et la langue reste à faire. Voilà où en est la science économique, dont l'objet est celui de cet ouvrage même. C'est, entre autres choses, à quoi on se propose de suppléer. (1)

---

(1) Depuis la première édition de cet ouvrage, j'ai démontré, dans ma Logique, que l'art de bien traiter une science se réduit à l'art d'en bien faire la langue. Aussi quand j'ai dit que la langue de la

Cet ouvrage a trois parties. Dans la première, je donne, sur le commerce, des notions élémentaires, que je détermine d'après des suppositions; et je développe les principes de la science économique. Dans la seconde, je fais d'autres suppositions, pour juger de l'influence que le commerce et le gouvernement doivent avoir l'un sur l'autre. Dans la troisième, je les considère tous deux d'après les faits, afin de m'appuyer sur l'expérience autant que sur le raisonnement.

Je dirai souvent des choses fort communes. Mais, s'il étoit nécessaire de les remarquer pour parler sur d'autres avec plus de précision, je ne devois pas avoir honte de les dire. Les génies, qui ne disent que des choses neuves, s'il y a de tels génies, ne doivent pas écrire pour l'instruction. Le grand point est de se faire entendre, et je ne desire que de faire un ouvrage utile.

---

science économique étoit à faire, le public, pour qui cette science n'étoit encore souvent qu'un chiffre indéchiffrable, n'a pas eu de la peine à le croire; parce qu'il pense avec raison, qu'une langue qui ne s'entend pas est une langue mal faite.

Pour que, suivant notre supposition, cette quantité lui ôte toute crainte de manquer, il faut qu'elle soit suffisante, non seulement à ses besoins, il faut qu'elle le soit encore à ses craintes. Or c'est ce qui ne peut se rencontrer que dans une certaine abondance. En effet, quand on juge d'après ses craintes, ce qui ne suffiroit qu'à la rigueur ne suffit pas; et on croit ne trouver ce qui suffit que dans ce qui abonde jusqu'à un certain point.

La quantité qui reste à notre peuplade, semences prélevées, fait donc, pour cette année, ce qu'on nomme abondance. Par conséquent, si elle a quelques muids de plus, elle sera dans la surabondance; et elle sera dans la disette si elle en a quelques-uns de moins.

Si un peuple pouvoit juger, avec précision, du rapport où est la quantité de blé qu'il a avec la quantité qu'il faut à sa consommation, ce rapport connu lui feroit toujours connoître, avec la même précision, s'il est dans l'abondance, dans la surabondance ou dans la disette.

Mais il ne peut pas juger, avec précision,

PREMIÈRE PARTIE.

Notions élémentaires sur le Commerce, déterminées d'après des suppositions ; ou principes de la science économique.

CHAPITRE PREMIER.

Fondement de la valeur des choses.

SUPPOSONS une petite peuplade, qui vient de s'établir, qui a fait sa première récolte, et, qui étant isolée, ne peut subsister que du produit des champs qu'elle cultive.

<small>Comment on juge de l'abondance, de la surabondance et de la disette.</small>

Supposons encore qu'après avoir prélevé le blé nécessaire pour en semencer les terres, il lui en reste cent muids ; et qu'avec cette quantité, elle peut attendre une seconde récolte sans craindre de manquer.

de ce rapport : car il n'a aucun moyen pour s'assurer exactement, ni de la quantité de blé qu'il a, ni de la quantité qu'il en consommera. Il le peut d'autant moins, qu'il ne sauroit le garder sans déchet, et que la quantité précise de ce déchet est de nature à ne pouvoir être prévue. S'il en juge donc, ce n'est qu'à-peu-près, et sur l'expérience de plusieurs années.

Cependant, de quelque manière qu'il en juge, il est toujours vrai de dire qu'il se croit dans l'abondance, lorsqu'il pense avoir une quantité de blé suffisante pour écarter toute crainte d'en manquer ; qu'il se croit dans la surabondance, lorsqu'il pense en avoir une quantité plus que suffisante à toutes ses craintes ; et qu'il se croit dans la disette, lorsqu'il pense n'en avoir qu'une quantité qui ne suffit pas pour les dissiper.

C'est donc dans l'opinion qu'on a des quantités, plutôt que dans les quantités mêmes, que se trouvent l'abondance, la surabondance ou la disette : mais elles ne se trouvent dans l'opinion que parce qu'elles sont supposées dans les quantités.

Si au lieu de cent muids, notre peuplade,

Surabondant

inutile, et surabondant utile. semences prélevées, en a deux cents, elle en aura cent qui lui seront inutiles pour sa consommation d'une récolte à l'autre ; et, si elle ne prend aucune précaution pour conserver ce blé surabondant, il s'échauffera, il se corrompra, et ce qui en restera ne sera d'aucun usage pour les années suivantes.

Plusieurs années consécutives d'une grande récolte ne feroient donc qu'embarrasser la peuplade d'une surabondance inutile, et il arriveroit bientôt qu'on ensemenceroit moins de terres.

Mais les récoltes, qui ne suffisent pas aux besoins de la peuplade, feront sentir la nécessité de conserver du blé lorsqu'il y en aura de surabondant. On en cherchera donc les moyens ; et, quand on les aura trouvés, le blé inutile dans les années de surabondance deviendra utile dans les années de disette. Les cent muids que la peuplade n'a pas consommés, et qu'elle a su conserver, suppléeront à ce qui lui manquera pendant plusieurs années où il ne restera, pour sa consommation, semences prélevées, que soixante ou quatre-vingts muids.

Il n'y aura donc plus proprement de blé surabondant lorsqu'on saura le conserver, puisque celui qui ne se consommera pas dans une année pourra se consommer dans une autre.

Si notre peuplade étoit environnée d'autres peuplades, agricoles comme elle, elle n'auroit pas le même besoin de conserver du blé dans des greniers; parce qu'en donnant le surabondant qu'elle auroit dans quelqu'autre denrée, elle pourroit se procurer le blé qui seroit surabondant chez une autre peuplade. Mais nous l'avons supposée tout-à-fait isolée.

Nous avons deux sortes de besoins. Les uns sont une suite de notre conformation : nous sommes conformés pour avoir besoin de nourriture, ou pour ne pouvoir pas vivre sans alimens.

Besoins naturels et besoins factices.

Les autres sont une suite de nos habitudes. Telle chose dont nous pourrions nous passer, parce que notre conformation ne nous en fait pas un besoin, nous devient nécessaire par l'usage, et quelquefois aussi nécessaire que si nous étions conformés pour en avoir besoin.

J'appelle *naturels* les besoins qui sont une suite de notre conformation, et *factices* les besoins que nous devons à l'habitude contractée par l'usage des choses.

Une horde errante vit des fruits que la terre produit naturellement, du poisson qu'elle pêche, des bêtes qu'elle tue à la chasse ; et, lorsque le lieu qu'elle parcourt ne fournit plus à sa subsistance, elle passe ailleurs. Nous ne voyons, dans ce genre de vie, que des besoins purement naturels.

Notre peuplade ne peut plus errer. Elle s'est fait un besoin de vivre dans le lieu qu'elle a choisi ; elle s'en fait un de l'abondance qu'elle trouve dans les champs qu'elle cultive, et de la bonté des fruits qu'elle doit à son travail. Elle ne se contente pas d'aller à la chasse des animaux qui peuvent servir à sa nourriture et à son vêtement, elle en élève, et elle tâche de les multiplier assez pour sa consommation.

Voilà un genre de vie où nous remarquons des besoins factices, c'est-à-dire, des besoins qui naissent de l'habitude que nous nous sommes faite de satisfaire aux besoins naturels par des moyens choisis.

On voit que ces premiers besoins factices s'écartent des naturels le moins qu'il est possible. Mais on prévoit aussi qu'il s'en formera d'autres, qui s'en écarteront toujours de plus en plus. Ce qui arrivera lorsque notre peuplade, ayant fait des progrès dans les arts, voudra satisfaire à ses besoins naturels par des moyens plus multipliés et plus recherchés. Il viendra même un temps où les besoins factices, à force de s'écarter de la nature, finiront par la changer totalement et par la corrompre.

Les premiers besoins que se fait notre peuplade, sont de l'essence de l'ordre social, qui cesseroit si ces besoins cessoient eux-mêmes. On est donc fondé à les regarder comme naturels. Car, s'ils ne le sont pas au sauvage errant, ils le deviennent à l'homme en société, auquel ils sont absolument nécessaires. C'est pourquoi je nommerai désormais *naturels*, non seulement les besoins qui sont une suite de conformation ; mais encore ceux qui sont une suite de la constitution des sociétés civiles ; et j'entendrai par *factices* ceux qui ne sont pas essentiels à l'ordre social, et sans lesquels par conséquent les sociétés civiles pourroient subsister.

La valeur des choses est fondée sur leur utilité, sur le besoin que nous en avons, ou sur l'usage que nous en pouvons faire.

On dit qu'une chose est utile, lorsqu'elle sert à quelques-uns de nos besoins; et qu'elle est inutile, lorsqu'elle ne sert à aucun, ou que nous n'en pouvons rien faire. Son utilité est donc fondée sur le besoin que nous en avons.

D'après cette utilité, nous l'estimons plus ou moins; c'est-à-dire, que nous jugeons qu'elle est plus ou moins propre aux usages auxquels nous voulons l'employer. Or cette estime est ce que nous appelons *valeur*. Dire qu'une chose vaut, c'est dire qu'elle est ou que nous l'estimons bonne à quelque usage.

La valeur des choses est donc fondée sur leur utilité, ou, ce qui revient encore au même, sur l'usage que nous en pouvons faire.

A mesure que notre peuplade se fera de nouveaux besoins, elle apprendra à employer à ses usages des choses dont auparavant elle ne faisoit rien. Elle donnera donc, dans un temps, de la valeur à des choses auxquelles, dans un autre, elle n'en donnoit pas.

Dans l'abondance, on sent moins le be- *Elles ont plus de valeur dans la rareté, et moins dans l'abondance.*
soin, parce qu'on ne craint pas de man-
quer. Par une raison contraire, on le sent
davantage dans la rareté et dans la disette.

Or, puisque la valeur des choses est fondée sur le besoin, il est naturel qu'un besoin
plus senti donne aux choses une plus grande
valeur : et qu'un besoin moins senti leur
en donne une moindre. La valeur des choses croît donc dans la rareté, et diminue
dans l'abondance.

Elle peut même, dans l'abondance, diminuer au point de devenir nulle. Un surabondant, par exemple, sera sans valeur,
toutes les fois qu'on n'en pourra faire aucun usage, puisqu'alors il sera tout-à-
fait inutile.

Tel seroit un surabondant en blé, si on
le considéroit par rapport à l'année dans laquelle il ne fait pas partie de la quantité
nécessaire à la consommation. Mais si on
le considère par rapport aux années suivantes, où la récolte ne pourroit pas suffire,
il aura une valeur, parce qu'on juge qu'il
pourra faire partie de la quantité nécessaire
au besoin qu'on en aura.

Ce besoin est éloigné. Par cette raison, il ne donne pas à une chose la même valeur qu'un besoin présent. Celui-ci fait sentir qu'actuellement la chose est absolument nécessaire, et l'autre fait seulement juger qu'elle pourra le devenir. On se flatte qu'elle ne le deviendra pas ; et dans cette prévention, comme on est porté à ne pas prévoir le besoin, on l'est aussi à donner moins de valeur à la chose.

Ce plus ou moins de valeur dépend principalement de l'opinion que nous avons de leur rareté ou de leur abondance.

Le plus ou moins de valeur, l'utilité étant la même, seroit uniquement fondé sur le degré de rareté ou d'abondance, si ce degré pouvoit toujours être connu avec précision ; et alors on auroit la vraie valeur de chaque chose.

Mais ce degré ne sauroit jamais être connu. C'est donc principalement dans l'opinion que nous en avons qu'est fondé le plus ou moins de valeur.

En supposant qu'il manque un dixième du blé nécessaire à la consommation de notre peuplade, les neuf dixièmes n'auroient que la valeur de dix, si on apprécioit bien la disette, et si on voyoit avec certitude qu'elle n'est réellement que d'un dixième.

C'est ce qu'on ne fait pas. Comme on se flatte dans l'abondance, on craint dans la disette.

Au lieu d'un dixième qui manque, on juge qu'il en manque deux, trois, ou davantage. On se croit au moment où le blé manquera tout-à-fait; et la disette d'un dixième produira la même terreur que si elle étoit d'un tiers ou de la moitié.

Dès qu'une fois l'opinion a exagéré la disette, il est naturel que ceux qui ont du blé songent à le conserver pour eux; dans la crainte d'en manquer, ils en mettront en réserve plus qu'il ne leur en faut. Il arrivera donc que la disette sera réellement du tout, ou à-peu-près, pour une partie de la peuplade. Dans cet état des choses, il est évident que la valeur du blé croîtra à proportion que l'opinion exagérera la disette.

Si la valeur des choses est fondée sur leur utilité, leur plus ou moins de valeur est donc fondé, l'utilité restant la même, sur leur rareté ou sur leur abondance, ou plutôt sur l'opinion que nous avons de leur rareté ou de leur abondance.

Je dis *l'utilité restant la même*, parce

qu'on sent assez qu'en les supposant également rares ou également abondantes, on leur juge plus ou moins de valeur, suivant qu'on les juge plus ou moins utiles.

<small>Quelque abondante que soit une chose, elle a de la valeur si elle est utile.</small>

Il y a des choses qui sont si communes, que, quoique très-nécessaires, elles paroissent n'avoir point de valeur. Telle est l'eau ; elle se trouve par-tout, dit-on, *il n'en coûte rien pour se la procurer; et la valeur qu'elle peut obtenir par le transport n'est pas une valeur à elle, ce n'est qu'une valeur de frais de voiture.*

Il seroit bien étonnant qu'on payât des frais de voiture pour se procurer une chose qui ne vaudroit rien.

Une chose n'a pas une valeur, parce qu'elle coûte, comme on le suppose; mais elle coûte, parce qu'elle a une valeur.

Je dis donc que, même sur les bords d'un fleuve, l'eau a une valeur, mais la plus petite possible, parce qu'elle y est infiniment surabondante à nos besoins. Dans un lieu aride, au contraire, elle a une grande valeur; et on l'estime en raison de l'éloignement et de la difficulté de s'en procurer. En pareil cas un voyageur altéré donneroit cent louis d'un verre d'eau, et ce verre d'eau vaudroit cent louis. Car la valeur est moins dans la chose que dans l'estime que nous en faisons, et cette estime est relative à notre besoin : elle croît et diminue comme notre besoin croît et diminue lui-même.

Comme on juge que les choses n'ont point de valeur quand on a supposé qu'elles ne coûtent rien, on juge qu'elles ne coûtent rien quand elles ne coûtent point d'argent. Nous avons bien de la peine à voir la lumière. Tâchons de mettre de la précision dans nos idées.

Quoiqu'on ne donne point d'argent pour se procurer une chose, elle coûte, si elle coûte un travail.

Or, qu'est-ce qu'un travail ?

C'est une action ou une suite d'actions, dans le dessein d'en tirer un avantage. On peut agir sans travailler : c'est le cas des gens désœuvrés qui agissent sans rien faire. Travailler, c'est donc agir pour se procurer une chose dont on a besoin. Un homme de journée, que j'occupe dans mon jardin, agit pour gagner le salaire que je lui ai promis ; et il faut remarquer que son travail commence au premier coup de bêche : car, s'il ne commençoit pas au premier, on ne sauroit plus dire où il commence.

D'après ces réflexions préliminaires, je dis que, lorsque je suis loin de la rivière, l'eau me coûte l'action de l'aller chercher; action qui est un travail, puisqu'elle est faite pour me procurer une chose dont j'ai besoin; et, lorsque je suis sur le bord de la rivière, l'eau me coûte l'action de me baisser pour en prendre ; action qui est un bien petit travail, j'en conviens : c'est moins que le premier coup de bêche. Mais aussi l'eau n'a-t-elle alors que la plus petite valeur possible.

L'eau vaut donc le travail que je fais pour me la procurer. Si je ne vais pas la chercher moi-même, je payerai le travail de celui qui me l'apportera; elle vaut donc le salaire que je donnerai ; et par conséquent les frais de voiture sont une valeur à elle. Je lui donne moi-même cette valeur, puisque j'estime qu'elle vaut ces frais de voiture.

On seroit bien étonné si je disois que l'air a une valeur ; et cependant je dois le dire, si je raisonne conséquemment. Mais que me coûte-t-il ? Il me coûte tout ce que je fais pour le respirer, pour en changer, pour le renouveler. J'ouvre ma fenêtre, je sors. Or chacune de ces actions est un travail, un travail bien léger, à la vérité, parce que l'air, encore plus abondant que l'eau, ne peut avoir qu'une très-petite valeur.

J'en pourrois dire autant de la lumière, de ces rayons que le soleil répand avec tant de profusion sur la surface de la terre; car certainement, pour les employer à tous nos usages, il nous en coûte un travail ou de l'argent.

Ceux que je combats regardent comme une grosse méprise de fonder la valeur sur l'utilité, et ils disent qu'une chose ne peut valoir qu'autant qu'elle a un certain degré de rareté. *Un certain degré de rareté!* Voilà ce que je n'entends pas. Je conçois qu'une chose est rare, quand nous *jugeons* que nous n'en avons pas autant qu'il en faut pour notre usage; qu'elle est abondante, quand nous *jugeons* que nous en avons autant qu'il nous en faut, et qu'elle est surabondante, quand nous *jugeons* que nous en avons au-delà. Enfin, je conçois qu'une chose dont on ne fait rien, et dont on ne peut rien faire, n'a point de valeur, et qu'au contraire une chose a une valeur, lorsqu'elle a une utilité : et, si elle n'en avoit pas une, par cela seul qu'elle est utile, elle n'en auroit pas une plus grande dans la rareté, et une moindre dans l'abondance.

Mais on est porté à regarder la valeur comme une qualité absolue, qui est inhérente aux choses indépendamment des jugemens que nous portons, et cette notion confuse est une source de mauvais raisonnemens. Il faut donc se souvenir que, quoique les choses n'aient une valeur que parce qu'elles ont des qualités qui les rendent propres à nos usages, elles n'auroient point de valeur pour nous, si nous ne jugions pas qu'elles ont en effet ces qualités. Leur valeur est donc principalement dans le jugement que nous portons de leur utilité; et elles n'en ont plus ou moins que parce que nous les jugeons plus ou moins utiles, ou qu'avec la même utilité nous les jugeons plus rares ou plus abondantes.

La valeur étant fondée sur le jugement que nous portons de l'utilité des choses, et l'utilité des choses étant fondée elle-même sur le besoin que nous en avons, il faut distinguer une valeur naturelle qui ne suppose que des besoins naturels, et une valeur factice qui ne suppose que des besoins factices. Le blé, par exemple, a une valeur naturelle chez notre peuplade, puisque nous supposons que tous les citoyens en ont naturellement le même besoin. mais les diamans, si l'usage s'en introduisoit parmi eux, n'auroient qu'une valeur factice, parce qu'un pareil besoin, au moins inutile à la société, ne pourroit être que celui de quelques particuliers.

Deux sortes de valeurs, l'une naturelle et l'autre factice.

La valeur naturelle est directement la même pour tous, parce que c'est la valeur des choses absolument nécessaires au maintien de la société. Au contraire, la valeur factice, qui est beaucoup pour quelques-uns, ne seroit par elle-même rien pour les autres ; mais, parce que les riches n'obtiendront des choses d'une valeur factice qu'autant qu'ils donneront en échange des choses d'une valeur naturelle, c'est une conséquence que la valeur factice devienne, au moins indirectement, une valeur réelle pour tous. C'est ainsi que les choses, inutiles au plus grand nombre, finissent par être d'une utilité générale lorsqu'elles sont jugées l'équivalent d'une chose nécessaire à tous.

La valeur est avant l'échange.

La valeur, de quelque espèce qu'elle soit, naturelle ou factice, est donc principalement dans les jugemens que nous portons de l'utilité des choses ; et il ne faudroit pas dire, avec les écrivains économistes, qu'elle *consiste dans le rapport d'échange entre telle chose et telle autre :* ce seroit supposer, avec eux, l'échange avant la valeur ; ce qui renverseroit l'ordre des idées. En effet, je ne ferois point d'échange avec vous, si je ne jugeois pas que la chose que vous me cédez a une valeur ; et, si vous ne jugiez pas que celle que je vous vends en a une également, vous ne feriez point d'échange avec moi. Les écrivains économistes, pour me servir d'un proverbe, ont donc mis la charrue avant les bœufs.

Cette méprise paroît bien peu de chose, puisqu'elle se réduit à prendre la seconde idée pour la première. Mais il n'en falloit pas davantage pour répandre la confusion. Aussi la valeur juste pour un rapport d'échange est-elle une notion vague que l'on ne sauroit déterminer; et on peut compter qu'en traitant la science économique d'après cette idée, on ne sera point entendu partout où la valeur étoit pour quelque chose, c'est-à-dire, presque par-tout.

L'objet d'une science est proprement un problème qui, comme tout problème à résoudre, a pour données des connues et des inconnues. Dans la science économique, les connues sont les moyens que nous savons être propres à procurer l'abondance dans quelques genres, les inconnues sont les moyens qui nous restent à trouver pour procurer l'abondance dans tous; et il est évident que, si le problème peut se résoudre, c'est aux connues à nous faire connoître les inconnues.

Observations sur la manière de traiter la science économique.

Ce problème, fort compliqué, en renferme un grand nombre qui nous offriront chacun de nouvelles difficultés si nous n'analysons pas avec beaucoup d'ordre; et il nous arrivera, comme il est arrivé à tous les gouvernemens, de tomber dans des méprises grossières à chaque solution que nous croirons donner.

Mais l'ordre que nous prescrit l'analyse est, premièrement, de nous occuper des connues, parce que, si nous ne commençons pas par les déterminer, il nous sera impossible de déterminer la valeur des inconnues. En second lieu, elle nous prescrit de chercher, parmi les connues, celle qui doit être la première ; parce que, si la première n'est pas déterminée, on ne déterminera pas les autres. Cherchons-la donc.

Parmi les moyens de procurer l'abondance, je vois d'abord la culture des terres. Mais, si l'agriculture paroît devoir commencer avant le commerce, il est certain qu'elle ne peut se perfectionner qu'autant que le commerce s'établit et s'étend. L'agriculture perfectionnée, c'est-à-dire, celle qui doit procurer la plus grande abondance, suppose donc le commerce. Le commerce suppose des échanges, ou, ce qui est au fond la même chose, des achats et des ventes : les achats et les ventes supposent que les choses ont un prix, et le prix suppose qu'elles ont une valeur.

Voilà donc les connues : quelque confuses qu'elles soient encore, je vois au moins clairement dans quel ordre elles se présupposent ; et cet ordre, qu'il falloit d'abord découvrir, me montre la valeur des choses comme la première idée qui a besoin d'être développée et déterminée. En partant de là, plus j'avancerai, plus j'appercevrai distinctement mon objet ; parce que, d'un chapitre à l'autre, je dégagerai toujours quelques inconnues, et qu'un problême résolu amènera la solution d'un nouveau problême. Je puis avoir mal exécuté ce plan : mais il n'en est pas moins vrai que l'on ne traitera bien la science économique qu'autant qu'on adoptera mon langage, ou qu'on le corrigera d'après ma méthode, qui est l'unique. (1)

Ce chapitre servira de base à cet ouvrage, c'est pourquoi je me suis peut-être trop étendu. Cependant il faut qu'on me permette encore une observation : elle est essentielle.

---

(1) Voyez ma Logique, qui n'est autre chose que cette méthode développée.

Dans le préjugé où l'on est que les définitions sont les seuls principes qui peuvent répandre la lumière, on croit entendre un mot quand on en a vu ce qu'on appelle la définition ; et, parce qu'on suppose que je fais aussi des définitions moi-même, on croira entendre, par exemple, le mot *valeur*, aussitôt qu'on aura lu ce que j'en dis, au moment même que j'en commence l'analyse. On se hâtera donc de faire des difficultés qu'on n'auroit pas faites, si on avoit attendu que l'analyse fût achevée. C'est ce qui est arrivé à des écrivains qui ont cru me réfuter, et qui ne m'ont point entendu.

Si, en définissant, on a l'avantage de dire, en une seule proposition, tout ce qu'on veut dire, c'est qu'on ne dit pas tout ce qu'il faut, et que souvent on feroit mieux de ne rien dire. L'analyse ne se pique pas de cette brièveté : ayant pour objet de développer une idée qui doit être saisie sous différens points de vue, elle n'y peut réussir qu'autant qu'elle fait observer un mot dans toutes les acceptions qui en font remarquer toutes les idées accessoires. Nous ferons encore plusieurs chapitres avant d'avoir achevé l'analyse du mot *valeur*, ou du moins avant d'avoir écarté toutes les idées peu exactes qu'on y attache, et qui rendent souvent inintelligible la langue de la science économique.

CHAPITRE II.

Fondement du prix des choses.

<small>Comment on estime qu'une certaine quantité d'une chose vaut une certaine quantité d'une autre.</small> J'AI une surabondance de blé, et je manque de vin : vous avez au contraire une surabondance de vin, et vous manquez de blé. Le blé surabondant, qui m'est inutile, vous est donc nécessaire; et j'aurois besoin moi-même du vin qui est surabondant et inutile pour vous. Dans cette position, nous songeons à faire un échange : je vous offre du blé pour du vin, et vous m'offrez du vin pour du blé.

Si mon surabondant est ce qu'il faut pour votre consommation, et que le vôtre soit ce qu'il faut pour la mienne, en échangeant l'un contre l'autre, nous ferons tous deux un échange avantageux, puisque nous cédons tous deux une chose qui nous est inutile pour une chose dont nous avons besoin. Dans ce cas, j'estime que mon blé vaut pour vous ce que votre vin vaut pour moi, et vous estimez que votre vin vaut pour moi ce que mon blé vaut pour vous.

Mais si mon surabondant suffit à votre consommation, et que le vôtre ne suffise pas à la mienne, je ne donnerai pas le mien tout entier pour le vôtre : car ce que je vous céderois vaudroit plus pour vous que ce que vous me céderiez ne vaudroit pour moi.

Je ne vous abandonnerai donc pas tout le surabondant de mon blé; j'en voudrai réserver une partie, afin de me pourvoir ailleurs de la quantité de vin que vous ne pouvez pas me céder, et dont j'ai besoin.

Vous, de votre côté, il faut qu'avec le surabondant de votre vin, vous puissiez vous procurer tout le blé nécessaire à votre consommation. Vous refuserez donc de m'abandonner tout ce surabondant, si le blé que je puis vous céder ne vous suffit pas.

Dans cette altercation, vous m'offrirez le moins de vin que vous pourrez pour beaucoup de blé; et moi, je vous offrirai le moins de blé que je pourrai pour beaucoup de vin.

Cependant le besoin nous fera une nécessité de conclure; car il vous faut du blé, et à moi il me faut du vin.

Alors, comme vous ne voulez ni ne pouvez me donner tout le vin dont j'ai besoin, je me résoudrai à en faire une moindre consommation ; et vous, de votre côté, vous prendrez aussi le parti de retrancher sur la consommation que vous comptiez faire en blé. Par-là, nous nous rapprocherons. Je vous offrirai un peu plus de blé, vous m'offrirez un peu plus de vin ; et, après plusieurs offres réciproques, nous nous accorderons. Nous conviendrons, par exemple, de nous donner en échange un tonneau de vin pour un septier de blé.

Lorsque nous nous faisons réciproquement des offres, nous marchandons : lorsque nous tombons d'accord, le marché est fait. Alors nous estimons qu'un septier de blé vaut pour vous ce qu'un tonneau de vin vaut pour moi.

Cette estime est ce qu'on nomme prix.

Cette estime que nous faisons du blé par rapport au vin, et du vin par rapport au blé, est ce qu'on nomme *prix*. Ainsi votre tonneau de vin est pour moi le prix de mon septier de blé, et mon septier de blé est pour vous le prix de votre tonneau de vin.

Nous savons donc quelle est, par rapport à vous et à moi, la valeur du blé et du vin, parce que nous les avons estimés d'après le besoin que nous en avons; besoin qui nous est connu. Nous savons encore qu'ils ont tous deux une valeur pour d'autres, parce que nous savons que d'autres en ont besoin. Mais, comme ce besoin peut être plus ou moins grand que nous ne pensons, nous ne pourrons juger exactement de la valeur qu'ils y attachent, que lorsqu'ils nous l'auront appris eux-mêmes. Or c'est ce qu'ils nous apprendront par les échanges qu'ils feront avec nous ou entre eux. Lorsque tous en général seront convenus de donner tant de vin pour tant de blé, alors le blé par rapport au vin, et le vin par rapport au blé, auront chacun une valeur qui sera reconnue généralement de tous. Or cette valeur relative, généralement reconnue dans les échanges, est ce qui fonde le prix des choses. Le prix n'est donc que la valeur estimée d'une chose par rapport à la valeur estimée d'une autre : estimée, dis-je, en général par tous ceux qui en font des échanges.

Dans les échanges, les choses n'ont donc pas un prix absolu; elles n'ont donc qu'un prix relatif à l'estime que nous en faisons, au moment que nous concluons un marché, et elles sont réciproquement le prix les unes des autres.

En premier lieu, *le prix des choses est relatif à l'estime que nous en faisons;* ou plutôt il n'est que l'estime que nous faisons de l'une par rapport à l'autre. Et cela n'est pas étonnant, puisque, dans l'origine, *prix* et *estime* sont des mots parfaitement synonymes, et que l'idée que le premier a d'abord signifiée est identique avec l'idée que le second exprime aujourd'hui.

En second lieu, *elles sont réciproquement le prix les unes des autres.* Mon blé est le prix de votre vin, et votre vin est le prix de mon blé; parce que le marché, conclu entre nous, est un accord par lequel nous estimons que mon blé a pour vous la même valeur que votre vin a pour moi.

Il ne faut pas confondre ces mots *prix* et *valeur,* et les employer toujours indifféremment l'un pour l'autre.

Dès que nous avons besoin d'une chose,

elle a de la valeur ; elle en a par cela seul, *donnent la valeur.*
et avant qu'il soit question de faire un échange.

Au contraire, ce n'est que dans nos échan- *Nos échanges donnent le prix.* ges qu'elle a un prix, parce que nous ne l'estimons par comparaison à une autre qu'autant que nous avons besoin de l'échanger; et son prix, comme je l'ai dit, est l'estime que nous faisons de sa valeur, lorsque, dans l'échange, nous la comparons avec la valeur d'une autre.

Le prix suppose donc la valeur : c'est pourquoi on est si fort porté à confondre ces deux mots. Il est vrai qu'il y a des occasions où l'on peut les employer indifféremment l'un pour l'autre. Cependant ils expriment deux idées qu'il est nécessaire de ne pas confondre, si nous ne voulons pas jeter de la confusion sur les développemens qui nous restent à faire.

CHAPITRE III.

De la variation des prix.

<small>Le prix des choses varie.</small> Nous venons de voir que le prix est fondé sur la valeur. Or la valeur varie, le prix doit donc varier. Il y a plusieurs causes de cette variation.

<small>1°. En raison de l'abondance et de la rareté.</small> D'abord, il est évident que l'abondance et la rareté font varier le prix comme la valeur, et le font varier en raison du besoin plus ou moins grand.

<small>2°. En raison de la concurrence.</small> En second lieu, il se peut encore que le prix des choses varie, dans le cas même où la peuplade a la même abondance et les mêmes besoins.

Supposons qu'après la récolte j'aie dans mes greniers tout le blé surabondant, et qu'au contraire le vin surabondant soit distribué dans les celliers de douze personnes, qui ont toutes besoin de mon blé.

Dans cette supposition, ces douze personnes viennent à moi pour échanger du vin contre du blé; et, parce que l'année dernière j'ai cédé un septier pour un tonneau, elles m'offrent chacune un tonneau pour un septier. Mais, l'année dernière, je ne traitois qu'avec une seule personne, et j'ai été forcé de céder plus de blé : aujourd'hui que je puis traiter avec douze, et que je n'ai pas besoin de tout le vin dont elles veulent se défaire, je déclare que je ne livrerai du blé qu'à ceux qui me donneront une plus grande quantité de vin. Par-là je les force à me faire, à l'envi, des offres plus avantageuses. Par conséquent mon blé sera à plus haut prix pour elles, et leur vin sera à moins haut prix pour moi.

Si on supposoit le blé surabondant distribué dans les greniers de douze personnes et au contraire tout le vin surabondant renfermé dans des celliers d'une seule, alors le prix ne seroit plus le même que dans la première supposition : car celui du blé baisseroit, et celui du vin hausseroit.

Lorsque plusieurs personnes ont besoin d'échanger une denrée, cette concurrence en fait donc baisser le prix; et le défaut de concurrence fait hausser le prix de la denrée qu'elles veulent se faire livrer. Or, comme la concurrence est plus grande, moins grande, ou nulle, tantôt d'un côté, tantôt de l'autre, il arrive que les prix haussent et baissent alternativement.

<small>Les choses n'ont donc pas un prix absolu.</small> De cette variation, il en résulte qu'il n'y a point de prix absolu. En effet, toutes les fois que nous parlons de prix haut et bas, c'est que nous comparons l'une à l'autre deux choses qu'il s'agit d'échanger : le vin, par exemple, par comparaison au blé, sera à haut prix, si nous en donnons peu pour une grande quantité de blé, et le blé sera à bas prix. Dans le cas contraire, le prix du blé sera haut, et celui du vin sera bas.

CHAPITRE IV.

Dés marchés ou des lieux où se rendent ceux qui ont besoin de faire des échanges.

Ceux qui ont des échanges à faire se cherchent, et ils parcourent la peuplade : c'est la première idée qui s'offre à chacun d'eux. Mais ils ne tarderont pas à connoître les inconvéniens de cet usage. Premièrement, il leur arrivera souvent de ne pas se rencontrer; parce que celui chez qui on viendra sera allé chez un autre, ou chez celui même qui le venoit chercher. Ils perdroient bien du temps dans ces courses.

En second lieu, il leur arriveroit encore de se rencontrer, et de ne rien conclure. Après bien des altercations, ils se sépareroient et recommenceroient leurs courses, chacun dans l'espérance de faire avec un autre un échange plus avantageux. En suivant cette pratique, il leur sera donc bien difficile de convenir du prix respectif des denrées.

Tôt ou tard l'expérience leur fera sentir ces inconvéniens. Alors ils chercheront, à-peu-près au centre de la peuplade, un lieu où ils conviendront de se rendre, chacun de leur côté, à des jours marqués, et où l'on apportera les denrées dont on se proposera de faire l'échange. Ce concours et le lieu où il se fait se nomment *marché*, parce que les marchés s'y proposent et s'y concluent.

<small>Comment on y règle le prix de chaque chose.</small>

On expose donc, dans le marché, toutes les denrées destinées à être échangées; chacun les voit, et peut comparer la quantité de l'une avec la quantité de l'autre. En conséquence, on se fait réciproquement des propositions.

S'il y a beaucoup de blé et peu de vin, on offrira une moindre quantité de vin pour une plus grande quantité de blé; et, s'il y a peu de blé et beaucoup de vin, on offrira une moindre quantité de blé pour une plus grande quantité de vin.

En comparant de la sorte les denrées, suivant la quantité qui s'en trouve au marché, on voit à-peu-près dans quelle proportion on peut faire les échanges, et alors on n'est pas loin de conclure. Aussitôt donc que quelques-uns seront d'accord sur la proportion à suivre dans leurs échanges, les autres prendront cette proportion pour règle, et le prix respectif des denrées sera déterminé pour ce jour-là. On dira, par exemple, que le prix d'un tonneau de vin est un septier de blé, et que le prix d'un septier de blé est un tonneau de vin.

Je ne considère que la quantité, parce que je veux simplifier. On conçoit assez que la qualité doit mettre de la différence dans le prix des denrées. Il faut seulement remarquer que, la qualité ne s'appréciant pas comme la quantité, les marchés seront plus difficiles à conclure, et qu'en pareil cas l'opinion aura sans doute beaucoup d'influence. Mais enfin on conclura; et, de quelque qualité que soient les choses, elles auront, pour ce jour-là, un prix déterminé.

Si le prix du blé a été haut par comparaison à celui du vin, on en apportera davantage au marché suivant, parce qu'on se flattera d'un échange plus avantageux;

Comment les prix varient d'un marché à l'autre.

et par une raison contraire, on apportera moins de vin.

Dans ce marché, la proportion entre le blé et le vin ne sera donc pas la même que dans le précédent. Il y aura beaucoup de blé et peu de vin ; et comme la grande quantité fera baisser le prix de l'un, la petite quantité fera hausser le prix de l'autre.

Les prix varieront par conséquent de marché en marché.

<small>Il seroit inutile, et même dangereux, de vouloir empêcher ces variations.</small>
Sans doute ce seroit un avantage pour la peuplade que les denrées eussent toujours un prix déterminé et fixe : car les échanges se feroient sans discussion, promptement et sans perte. Mais cela n'est pas possible, puisqu'il ne peut pas y avoir toujours la même proportion entre les denrées, soit qu'on les considère dans les magasins où les propriétaires les conservent, soit qu'on les considère dans les marchés où on les apporte.

Si les variations sont peu considérables, elles seront presque insensibles. Alors elles n'auront point d'inconvéniens, ou elles n'en produiront que de bien légers qu'il seroit inutile d'empêcher. Peut-être même seroit-il impossible de les prévenir, et dangereux de le tenter. Nous verrons ailleurs que le gouvernement portera coup à l'agriculture et au commerce, toutes les fois qu'il entreprendra de fixer le prix des denrées.

Si les variations sont grandes et subites, il en résultera de grands inconvéniens. Car le trop haut prix d'une denrée mettra ceux qui en ont besoin dans la nécessité de faire des échanges désavantageux, ou de souffrir pour n'avoir pas pu se la procurer.

Les variations grandes et subites ont des inconvéniens.

Ces variations, grandes et subites, arriveront lorsqu'une récolte aura tout-à-fait manqué. C'est ce qu'on préviendra en faisant, dans les années de surabondance, des provisions pour les années de disette ; et on en fera. L'expérience éclairera la peuplade sur cet objet.

Comment en général les prix varient peu.

Ces variations arriveront encore dans les marchés, lorsqu'on y apportera beaucoup trop d'une denrée, et trop peu d'une autre : mais cet inconvénient ne se répétera pas souvent, si chacun a la liberté d'apporter au marché ce qu'il veut, et la quantité qu'il veut. C'est encore là un objet sur lequel l'expérience donnera des lumières. En observant les prix dans une suite de marchés, et les causes de leur variation, on apprendra l'espèce de denrée et la quantité qu'on y doit porter pour les échanger avec avantage, ou avec le moindre désavantage possible. Les différentes denrées, exposées au marché, conserveront donc entre elles les mêmes proportions, ou à-peu-près, et les prix par conséquent varieront peu.

Ils varieront d'autant moins, que l'expérience ayant appris aux colons ce qui se consomme de chaque chose, ils en feront croître dans cette proportion; et ils n'en porteront au marché qu'autant, ou à-peu-près, qu'ils présumeront devoir en échanger. Ils se conduiront à cet égard d'après les observations qu'ils auront faites.

On voit donc qu'en général les prix se régleront sur la quantité respective des choses qu'on offrira d'échanger.

On voit encore que les prix ne peuvent se régler que dans les marchés, parce que c'est là seulement que les citoyens rassemblés peuvent, en comparant l'intérêt qu'ils ont à faire des échanges, juger de la valeur des choses relativement à leurs besoins. Ils ne le peuvent que là, parce que ce n'est que dans les marchés que toutes les choses à échanger se mettent en évidence : ce n'est que dans les marchés qu'on peut juger du rapport d'abondance ou de rareté qu'elles ont les unes avec les autres ; rapport qui en détermine le prix respectif.

C'est ainsi que les prix se régleront constamment, dans le cas où chacun aura, comme je l'ai dit, la liberté d'apporter au marché ce qu'il veut, et la quantité qu'il veut. Nous traiterons ailleurs des inconvéniens qui naîtront du défaut de liberté.

CHAPITRE V.

Ce qu'on entend par Commerce.

<small>Le commerce est l'échange qu'on fait d'une chose pour une autre.</small>

Nous appelons *commerce* l'échange qui se fait lorsqu'une personne nous livre une chose pour une autre qu'elle reçoit; et nous appelons *marchandises* les choses qu'on offre d'échanger, parce qu'on ne les échange qu'en faisant un marché, ou qu'en s'accordant, après quelques altercations, à donner tant de l'une pour tant de l'autre.

<small>Les choses qu'on échange sont tout à-la-fois, sous divers rapports, prix et marchandises.</small>

Or nous avons remarqué que deux choses qu'on échange sont réciproquement le prix l'une de l'autre. Elles sont donc tout-à-la-fois, chacune, prix et marchandise ; ou plutôt elles prennent l'un ou l'autre de ces noms, suivant les rapports sous lesquels on les envisage.

<small>Ceux qui échangent sont respectivement vendeurs et acheteurs.</small>

Quand la chose est considérée comme prix, celui qui la donne est nommé *acheteur:* quand elle est considérée comme marchandise, celui qui la livre est nommé *vendeur;* et, puisque sous différens rapports elle peut être considérée comme prix et comme marchandise, il s'ensuit que ceux qui font des échanges peuvent être considérés, respectivement l'un à l'autre, chacun comme vendeur et comme acheteur. Lorsque je vous donne un septier de blé pour un tonneau de vin, c'est moi qui achète du vin, c'est vous qui le vendez, et mon septier est le prix de votre tonneau. Lorsque vous me donnez un tonneau de vin pour un septier de blé, c'est vous qui achetez du blé, c'est moi qui le vends, et votre tonneau est le prix de mon septier. Dans tout cela il n'y a jamais que des échanges; et, de quelque manière qu'on s'exprime, les idées sont toujours les mêmes. Mais les expressions varient, parce que nous sommes obligés de considérer les mêmes choses sous des rapports différens.

Le commerce suppose deux choses; production surabondante d'un côté, et de l'autre consommation à faire.

Production surabondante, parce que je ne puis échanger que mon surabondant.

Consommation à faire, parce que je ne

[marginal note: Le commerce suppose d'un côté production surabondante, et, de l'autre, consommation à faire.]

puis l'échanger qu'avec quelqu'un qui a besoin de le consommer.

<small>Comment il se fait immédiatement entre les producteurs et les consommateurs.</small>

Jusqu'à présent notre peuplade n'est composée que de colons, c'est-à-dire, d'hommes qui cultivent la terre. Or ces colons peuvent être considérés comme producteurs et comme consommateurs : comme producteurs, parce que c'est leur travail qui fait produire à la terre toutes sortes de denrées ; comme consommateurs, parce que ce sont eux qui consomment les différentes productions.

D'après les suppositions que nous avons faites, les échanges, jusqu'à présent, se sont immédiatement faits entre les colons ; le commerce s'est donc fait immédiatement entre les producteurs et les consommateurs.

<small>Comment les producteurs et les consommateurs le font par l'entreprise des commissionnaires.</small>

Mais il n'est pas toujours possible aux colons qui viennent au marché de vendre leurs marchandises à un prix avantageux. Ils seront donc quelquefois réduits à les remporter. C'est un inconvénient qu'ils éviteroient s'ils pouvoient les déposer quelque part, et les confier à quelqu'un qui, en leur absence, pût saisir l'occasion de les échanger avec avantage. Dans cette vue, ils en céderoient volontiers une partie.

Ceux qui ont leurs habitations aux environs du marché auront donc un intérêt à retirer les marchandises chez eux. En conséquence, ils bâtiront des magasins où elles pourront être conservées, et ils offriront de les vendre pour le compte des autres, moyennant un profit convenu.

Ces commissionnaires, c'est ainsi qu'on nomme ceux qui se chargent d'une chose pour le compte des autres, sont entre les producteurs et les consommateurs : c'est par eux que se font les échanges, mais ce n'est pas pour eux. Ils y ont seulement un profit, et il leur est dû : car les colons trouvent de l'avantage à échanger leurs productions, sans être forcés à commercer immédiatement les uns avec les autres.

Je suppose que celui qui confie un septier de blé, promette d'en donner un boisseau, si on lui procure, en échange, un tonneau de vin ; et que le commissionnaire, à portée de saisir le moment favorable, obtienne, pour ce septier, un tonneau plus dix pintes. Il aura gagné et sur celui qui vend le blé, et sur celui qui l'achète.

D'un côté la peuplade sent le besoin qu'elle a de ses commissionnaires, d'un autre côté il y a de l'avantage à l'être. On peut donc juger qu'il s'en établira, et peut-être trop. Mais, parce que plus il y en aura, moins ils auront de profits, le nombre s'en proportionnera peu-à-peu au besoin de la peuplade.

Comment ils le font par l'entremise des marchands.

Un commissionnaire n'est que le dépositaire d'une chose qui n'est pas à lui. Mais, parce qu'il fait des profits, il pourra un jour acheter lui-même les marchandises qu'on lui confioit auparavant. Alors il se les appropriera, il les aura à ses risques et fortunes, et il revendra pour son compte. Voilà ce qu'on nomme *marchand*.

Avant qu'il y eût des commissionnaires et des marchands, on ne pouvoit guères vendre qu'au marché, et le jour seulement où il se tenoit : depuis qu'il s'en est établi, on peut vendre tous les jours et par-tout, et les échanges, devenus plus faciles, en sont plus fréquens.

Avantages qu'ils en retirent.

Les colons ont donc un plus grand nombre de débouchés pour se faire passer, les uns aux autres, leur surabondant ; et la peuplade éprouve tous les jours combien il lui est avantageux d'avoir des commissionnaires et des marchands.

A la vérité ces commissionnaires et ces marchands feront des gains sur elle : mais, par leur entremise, elle en fera elle-même qu'elle n'auroit pas pu faire sans eux. Car tel surabondant, qui est inutile et sans valeur lorsqu'il ne peut pas être échangé, devient, lorsqu'il peut l'être, utile, et acquiert une valeur.

Ce surabondant, comme je l'ai remarqué, est le seul effet commerçable ; car on ne vend que ce dont on peut se passer. Il est vrai que je pourrois absolument vendre une chose dont j'ai besoin ; mais, comme je ne le ferai que pour m'en procurer une dont j'ai un besoin plus grand, il est évident que je la regarde comme inutile pour moi, en comparaison de celle que j'acquiers. Il est vrai encore que je pourrai même vendre le blé nécessaire à ma consommation ; mais je ne le vendrai que parce qu'étant assuré de le remplacer, je trouve un avantage à vendre d'un côté pour racheter de l'autre.

C'est le surabondant des producteurs ou des colons, qui fait tout le fonds du commerce.

En un mot, quelque supposition qu'on fasse, il faut toujours, en remontant de vendeur en vendeur, arriver à un premier qui ne vend et ne peut vendre que son surabondant. Voilà pourquoi je dis que le surabondant est la seule chose qui soit dans le commerce. (1)

Lorsque les colons commercent immédiatement les uns avec les autres, ils échangent leur propre surabondant. Mais lorsque les marchands font eux-mêmes le commerce, est-ce aussi leur surabondant qu'ils échangent? Et peut-on dire que les marchandises qu'ils ont dans leurs magasins sont surabondantes pour eux?

Non sans doute : les marchands échan-

---

(1) Je ne pense donc pas que chaque colon ne vende jamais que son surabondant: mais je pense que tout ce qui se vend est surabondant chez quelqu'un d'eux. Par exemple, s'il y avoit une grande cherté en Espagne, je ne doute pas que la France n'y vendît une partie des blés nécessaires à sa consommation; mais elle les remplaceroit par ceux qu'elle acheteroit dans le Nord, et elle ne les remplaceroit que parce qu'il y auroit dans le Nord une nation où le blé seroit surabondant.

gent le surabondant des colons. Ils sont, entre les producteurs et les consommateurs, comme autant de canaux de communication par où le commerce circule ; et, par leur entremise, les colons les plus éloignés les uns des autres communiquent entre eux. Telle est l'utilité du commerce qui se fait par les marchands.

Il y a différentes espèces de commerces, et il est important de ne pas les confondre. *Différentes espèces de commerces et de marchands.*

Ou nous échangeons les productions telles que la nature nous les donne, et j'appelle cet échange *commerce de productions*.

Ou nous échangeons ces productions lorsque nous leur avons fait prendre des formes qui les rendent propres à divers usages, et j'appelle cet échange *commerce de manufactures*, ou d'ouvrages faits à la main.

Le colon fait un commerce de productions lorsqu'il vend le surabondant de sa récolte; et les artisans ou manufacturiers font un commerce de manufactures lorsqu'ils vendent les ouvrages qu'ils ont fabriqués.

Mais, lorsque le commerce se fait par l'entremise des marchands, je l'appelle *commerce de commission*, parce que les marchands s'établissent commissionnaires entre les producteurs d'une part, et les consommateurs de l'autre. Considérés comme marchands, ils ne sont ni colons ni manufacturiers; ils revendent seulement ce qu'ils ont acheté.

On distingue le marchand détailleur et le marchand en gros, qu'il est aisé de ne pas confondre; la dénomination seule en fait assez voir la différence. Il n'est pas aussi facile de marquer en quoi diffèrent le marchand trafiquant et le marchand négociant. Tous deux font le commerce de commission; mais l'usage paroît les confondre.

J'appellerai *trafiquant* un marchand, lorsque, par une suite d'échanges faits en différens pays, il paroît commercer de tout. Un marchand français, par exemple, est trafiquant, lorsqu'il porte une marchandise en Angleterre; qu'en Angleterre, où il la laisse, il en prend une autre qu'il porte ailleurs; et qu'après plusieurs échanges, il revient en France, où il apporte une marchandise étrangère. On conçoit que, sans voyager, il peut faire ce commerce par ses facteurs ou commissionnaires.

Le trafiquant se nomme *négociant*, lorsqu'ayant fait du commerce une affaire de spéculation, il en observe les branches, il en combine les circonstances, il en calcule les avantages et les inconvéniens dans les achats et dans les ventes à faire, et que, par ses correspondances, il paroît disposer des effets commerçables de plusieurs nations.

Toutes ces espèces sont comprises sous la dénomination de *commerçans*. Au reste, comme elles ne diffèrent que du plus au moins, on conçoit qu'il sera souvent impossible de distinguer le marchand du trafiquant, et le trafiquant du négociant. C'est pourquoi on peut souvent employer indifféremment, les uns pour les autres, les mots *commerce*, *trafic*, *négoce*. Il faudra seulement se souvenir que les marchands, de quelque espèce qu'ils soient, ne font que le commerce de commission, commerce que je nommerai quelquefois *trafic*.

> Ces espèces de marchands ne diffèrent que du plus au moins.

qui produit beaucoup et à notre choix.

Ce n'est qu'à force d'observations et de travail que nous viendrons à bout d'empêcher certaines productions, et d'en faciliter d'autres. Il faut découvrir comment la terre produit, si nous voulons multiplier exclusivement les choses à notre usage, et extirper toutes les autres.

Le recueil des observations sur cet objet fait la théorie d'une science qu'on nomme *agriculture*, ou culture des champs; et le travail du colon, qui se conforme journellement à ces observations, fait la pratique de cette science. Je nommerai cette pratique *cultivation*.

Le colon multiplie donc les choses qui sont à notre usage, qui ont une valeur, et dont l'abondance fait ce que nous appelons richesses. C'est lui qui fouille la terre, qui ouvre la source, qui la fait jaillir; c'est à lui que nous devons l'abondance.

Si, dans les échanges, on donnoit toujours valeur égale pour valeur égale, le commerce n'augmenteroit pas la masse des richesses.

Que devons-nous donc aux commerçans? Si, comme tout le monde le suppose, on échange toujours une production d'une valeur égale contre une autre production d'une valeur égale, on aura beau multiplier les échanges; il est évident qu'après, comme auparavant, il y aura toujours la même masse de valeurs ou de richesses.

Mais il est faux que, dans les échanges, on donne valeur égale pour valeur égale. Au contraire, chacun des contractans en donne toujours une moindre pour une plus grande. On le reconnoîtroit si on se faisoit des idées exactes, et on peut déjà le comprendre d'après ce que j'ai dit.

Mais on donne toujours moins pour plus.

Une femme de ma connoissance, ayant acheté une terre, comptoit l'argent pour la payer, et disoit : *Cependant on est bien heureux d'avoir une terre pour cela.* Il y a, dans cette naïveté, un raisonnement bien juste. On voit qu'elle attachoit peu de valeur à l'argent qu'elle conservoit dans son coffre; et que, par conséquent, elle donnoit une valeur moindre pour une plus grande. D'un autre côté, celui qui vendoit la terre étoit dans le même cas, et il disoit: *Je l'ai bien vendue.* En effet, il l'avoit vendue au denier trente ou trente-cinq. Il comptoit donc avoir aussi donné moins pour plus. Voilà où en sont tous ceux qui font des échanges.

En effet, si on échangeoit toujours valeur égale pour valeur égale, il n'y auroit de gain à faire pour aucun des contractans. Or tous deux en font, ou en doivent faire. Pourquoi? C'est que, les choses n'ayant qu'une valeur relative à nos besoins, ce qui est plus pour l'un est moins pour l'autre, et réciproquement.

L'avantage est réciproque, et voilà sans doute ce qui a fait dire qu'ils se donnent l'un à l'autre valeur égale pour valeur égale. Mais on a été peu conséquent : car, précisément de ce que l'avantage est réciproque, on auroit dû conclure que chacun donne moins pour plus.

Vous confondez, a-t-on dit, la valeur des choses avec le motif qui porte à les échanger. Sans doute, et c'est avec raison : en effet, la valeur est le seul motif qui puisse me déterminer. Quel autre pouvois-je avoir?

La valeur dépend, ajoute-t-on, de l'estime particulière que chacun fait des choses, et par conséquent elle variera continuellement. Aussi varie-t-elle : y a-t-il quelque chose qui ait une valeur invariable?

Je dis donc que dans les échanges particuliers, la valeur est l'estime particulière que chacun fait des choses ; et j'ajoute qu'elle est l'estime générale que la société en fait elle-même, si nous la considérons dans les marchés où tous finissent par convenir d'une mesure pour régler la valeur respective des choses, c'est-à-dire, la valeur qu'on leur attribue lorsqu'on les considère les unes par rapport aux autres.

Mais il ne faut pas confondre, comme on fait toujours, cette mesure de la valeur avec la valeur même. Elle n'est proprement que le prix qui a été réglé dans les marchés par la concurrence des vendeurs et des acheteurs. On sera, par exemple, généralement convenu qu'un tonneau de vin vaut un muid de blé, ce qui veut dire que l'un est le prix de l'autre. Alors, si je veux avoir un muid de blé, il faudra que je donne un tonneau de vin, et on en conclura, avec raison, que mon jugement particulier ne fait pas le prix du blé; mais il n'en est pas moins vrai qu'il en fait la valeur, et qu'il la fait seul. Car, encore un coup, dans un pareil échange, c'est à moi uniquement à juger de la valeur que le blé a pour moi ; il n'en a une que d'après mon estime particulière ; et, quoique le prix du marché me fasse la loi, il est évident que je ne donne un tonneau pour un muid que parce que je juge que le muid est plus pour moi que le tonneau. Je ne finirois pas, si je voulois répondre à toutes les difficultés de certains écrivains qui, parce qu'on ne les entend pas, semblent vouloir, par pique, ne pas entendre ce qu'on leur dit.

Pourquoi on est porté à penser le contraire. L'erreur où l'on tombe à ce sujet vient sur-tout de ce qu'on parle des choses qui sont dans le commerce, comme si elles avoient une valeur absolue, et qu'on juge en conséquence qu'il est de la justice que ceux qui font des échanges se donnent mutuellement valeur égale pour valeur égale. Bien loin de remarquer que deux contractans se donnent l'un à l'autre moins pour plus, on pense, sans trop y réfléchir, que cela ne peut pas être ; et il semble que, pour que l'un donnât toujours moins, il faudroit que l'autre fût assez dupe pour donner toujours plus ; ce qu'on ne peut pas supposer.

Par les échan- Ce ne sont pas les choses nécessaires à

notre consommation que nous sommes censés mettre en vente : c'est notre surabondant, comme je l'ai remarqué plusieurs fois. Nous voulons livrer une chose qui nous est inutile, pour nous en procurer une qui nous est nécessaire : nous voulons donner moins pour plus.

ce qui n'étoit pas richesse devient richesse.

Le surabondant des colons, voilà ce qui fournit tout le fonds au commerce. Ce surabondant est richesse tant qu'ils trouvent à l'échanger, parce qu'ils se procurent une chose qui a une valeur pour eux, et qu'ils en livrent une qui a une valeur pour d'autres.

S'ils ne pouvoient point faire d'échanges, leur surabondant leur resteroit, et seroit pour eux sans valeur. En effet, le blé surabondant que je garde dans mes greniers, sans pouvoir l'échanger, n'est pas plus richesse pour moi que le blé que je n'ai pas encore tiré de la terre. Aussi semerai-je moins l'année prochaine, et, pour avoir une moindre récolte, je n'en serai pas plus pauvre.

Or les commerçans sont les canaux de communication par où le surabondant s'écoule. Des lieux où il n'a point de valeur,

Les commerçans augmentent donc la masse des richesses.

il passe dans les lieux où il en prend une; et, par-tout où il se dépose, il devient richesse.

Le commerçant fait donc en quelque sorte de rien quelque chose. Il ne laboure pas; mais il fait labourer. Il engage le colon à tirer de la terre un surabondant toujours plus grand, et il en fait toujours une richesse nouvelle. Par le concours du colon et du commerçant, l'abondance se répand d'autant plus que les consommations augmentent à proportion des productions, et réciproquement les productions à proportion des consommations.

Une source qui se perd dans des rochers et dans des sables n'est pas une richesse pour moi; mais elle en devient une si je construis un aqueduc pour la conduire dans mes prairies. Cette source représente les productions surabondantes que nous devons aux colons, et l'aqueduc représente les commerçans.

CHAPITRE VII.

Comment les besoins, en se multipliant, donnent naissance aux arts, et comment les arts augmentent la masse des richesses.

COMME j'ai distingué des besoins naturels et des besoins factices, je distinguerai aussi deux espèces de choses nécessaires ; les unes de première nécessité, que je rapporterai aux besoins naturels ; les autres de seconde nécessité, que je rapporterai aux besoins factices.

<small>Choses de première nécessité, et choses de seconde nécessité.</small>

Les fruits, tels que la terre les produit par sa seule fécondité, sont de première nécessité pour un Sauvage, parce qu'ils lui sont nécessaires en conséquence de sa conformation ; et nos vins, nos eaux-de-vie, seroient de seconde nécessité pour lui, si, en commerçant avec nous, il se faisoit une habitude de ces boissons.

Pour notre peuplade, fixée dans les champs qu'elle cultive, le blé est une chose de première nécessité, parce qu'il lui est nécessaire en conséquence de la constitution d'une société qui ne subsisteroit pas sans ce secours. Il faut au contraire mettre, parmi les choses de seconde nécessité, toutes celles dont elle pourroit manquer, sans cesser d'être une société fixée et agricole.

Un peuple est sans arts lorsqu'il se borne aux choses de première nécessité.

Observons-la lorsqu'elle se borne aux choses de première nécessité. C'est l'état où, sans être pauvre, elle a le moins de richesses. Je dis, *sans être pauvre*, parce que la pauvreté n'a lieu qu'autant qu'on manque du nécessaire; et ce n'est pas être pauvre que de manquer d'une espèce de richesses dont on ne s'est pas fait un besoin, et qu'on ne connoît même pas.

Elle n'est donc pas dans un état de pauvreté; elle est plutôt dans un état de *manquement*. Qu'on me permette ce mot: celui de *privation* ne rendroit pas ma pensée. Car nous nous privons des choses que nous avons, ou que nous pouvons avoir, et que nous connoissons; au lieu que nous n'avons pas celles dont nous manquons, souvent même nous ne les connoissons pas.

Dans cet état, il suffit à notre peuplade

de n'être pas exposée à manquer de nourriture, de se mettre à l'abri des injures de l'air, et d'avoir les moyens de se défendre contre ses ennemis. Ses alimens, son vêtement, son logement, ses armes, tout est grossier et sans art. Elle n'emploie à ces différens usages que les choses les plus communes, et dont par conséquent elle est comme assurée de ne point manquer.

Dans le manquement d'une multitude de choses dont nous jouissons, elle est dans l'abondance de toutes celles qui lui sont nécessaires.

Rien n'est à haut prix chez elle. Comme dans toutes les choses qui sont à son usage, il n'y a rien de trop recherché, il n'y a rien aussi de trop rare.

Une monnoie lui seroit inutile, et elle n'en a pas. Chacun échange son surabondant, et personne ne s'apperçoit qu'il auroit besoin d'employer les métaux, ou toute autre chose à cet effet.

Passons aux temps où elle commence à jouir des choses de seconde nécessité et où ces choses néanmoins sont encore de nature à pouvoir être communes à tous.

<small>Les arts commencent avec l'usage des choses de seconde nécessité.</small>

Alors elle met du choix dans ses alimens, dans son vêtement, dans son logement, dans ses armes; elle a plus de besoins, plus de richesses. Cependant il n'y a point de pauvres chez elle; puisque, dans les choses de seconde nécessité, je ne comprends encore que des choses communes auxquelles tous peuvent participer plus ou moins, et dont personne n'est entièrement privé.

Dans cette position, il est impossible que chacun puisse pourvoir par lui même à tout ce qui lui est nécessaire. Le colon, occupé de la culture de ses champs, n'aura pas le loisir de faire un habit, de bâtir une maison, de forger des armes, et il n'en aura pas le talent, parce que ces choses demandent des connoissances et une adresse qu'il n'a pas.

Alors il se forme plusieurs classes de citoyens.

Il se formera donc plusieurs classes. Outre celle des colons, il y aura celle des tailleurs, celle des architectes, celle des armuriers. Les trois dernières ne sauroient subsister par elles-mêmes. C'est la première qui pourvoira à leur subsistance, et elle fournira de plus la matière première des arts.

Quand je distingue quatre classes, c'est

parce qu'il faut choisir un nombre. Il peut, et il doit même y en avoir beaucoup plus. Elles se multiplieront à proportion que les arts naîtront, et feront des progrès.

Toutes les classes, occupées chacune de leurs besoins, concourent à l'envi à augmenter la masse des richesses, ou l'abondance des choses qui ont une valeur. Car, si nous avons vu que les richesses premières consistent uniquement dans les productions de la terre, nous avons vu aussi que ces productions n'ont une valeur, et que leur abondance n'est une richesse, qu'autant qu'elles sont utiles, ou qu'elles servent à quelques-uns de nos besoins.

Toutes ces classes concourent à augmenter la masse des richesses.

C'est le colon qui fournit toutes les matières premières. Mais telle matière première, qui, entre ses mains, seroit inutile et sans valeur, devient utile et acquiert une valeur, lorsque l'artisan a trouvé le moyen de la faire servir aux usages de la société.

A chaque art qui commence, à chaque progrès qu'il fait, le colon acquiert donc une richesse nouvelle, puisqu'il trouve une valeur dans une production qui auparavant n'en avoit pas.

5

Cette production, mise en valeur par l'artisan, fait prendre un nouvel essor au commerce, pour qui elle est un nouveau fonds; et elle devient pour le colon une nouvelle source de richesses, parce qu'à chaque production qui acquiert une valeur il se fait une nouvelle consommation.

C'est ainsi que tous, colons, marchands, artisans, concourent à augmenter la masse des richesses.

L'industrie des marchands et des artisans est un fonds de richesses, autant que l'industrie des colons.

Si on compare l'état de manquement où se trouvoit notre peuplade, lorsque, sans artisans, sans marchands, elle se bornoit aux choses de première nécessité, avec l'état d'abondance où elle se trouve, lorsque, par l'insdustrie des artisans et des marchands, elle jouit des choses de seconde nécessité, c'est-à-dire, d'une multitude de choses que l'habitude lui rend nécessaires, on comprendra que l'industrie des artisans et des marchands est autant pour elle un fonds de richesses que l'industrie même des colons.

En effet, si d'un côté nous avons vu que la terre est la source des productions, et par conséquent des richesses, nous voyons de l'autre que l'industrie donne de la valeur à quantité de productions, qui, sans elle, n'en auroient pas. Il est donc démontré que l'industrie est aussi, en dernière analyse, une source de richesses. Nous répandrons bientôt un nouveau jour sur cette question. Elle a été fort obscurcie par quelques écrivains.

CHAPITRE VIII.

Des salaires.

<small>Comment se règle le salaire du marchand.</small> Un marchand a fait des avances. Elles consistent dans le prix qu'il a donné pour les choses qu'il veut revendre, dans les frais de voiture, dans ceux de magasin, et dans les dépenses journalières qu'il fait pour conserver ses marchandises.

Or il faut non seulement qu'il soit remboursé de toutes ses avances, il faut encore qu'il trouve son profit à faire son commerce.

Ce profit est proprement ce qu'on nomme *salaire*. On conçoit qu'il doit être fait et réparti successivement sur toutes les marchandises dont il a le débit, et qu'il doit suffire à sa subsistance, c'est-à-dire, lui procurer l'usage des choses de première et de seconde nécessité.

Mais dans quelle étendue les marchands doivent-ils jouir de ces choses? C'est ce qui se réglera tout seul, suivant que la concurrence les forcera à vivre avec plus ou moins d'économie; et, comme cette concurrence fera la loi à tous également, on saura, d'après l'usage général, les jouissances auxquelles chacun d'eux a droit de prétendre. Ils calculeront eux-mêmes ce qu'il leur faut de salaire pour les jouissances que l'usage leur permet, pour les procurer à leur famille, pour élever leurs enfans; et, parce qu'ils auroient bien peu de prévoyance s'ils se contentoient de gagner de quoi vivre au jour le jour, ils calculeront encore ce qu'il leur faut pour faire face aux accidens, et pour améliorer, s'il est possible, leur état. Ils tâcheront de faire entrer tous ces profits dans leur salaire: ceux qui voudront acheter tâcheront de rabattre sur tous ces profits; et ils rabattront avec d'autant plus de facilité, que les marchands, en plus grand nombre, seront plus pressés de vendre. Le salaire sera donc réglé, d'un côté par la concurrence des vendeurs, et par celle des acheteurs de l'autre.

Le salaire de l'artisan se réglera de la même manière. Supposons qu'il n'y ait dans la

<small>Comment se règle le salaire de l'artisan.</small>

peuplade que six tailleurs, et qu'ils ne puissent pas suffire à la quantité d'habits qu'on leur demande, ils fixeront eux-mêmes leur salaire, ou le prix de leur travail, et ce prix sera haut.

C'est un inconvénient, et on tombera dans un autre, lorsque l'appât du gain aura multiplié les tailleurs au-delà du besoin de la peuplade. Alors, tous se trouvant réduits à de moindres profits, ceux qui n'auront point de pratiques offriront de travailler au plus bas prix, et forceront ceux qui en ont à travailler aussi pour un moindre salaire. Encore s'en trouvera-t-il qui n'auront pas de quoi vivre, et qui seront dans la nécessité de chercher un autre métier. Le nombre des tailleurs se proportionnera donc peu-à-peu au besoin qu'on en a; et c'est le moment où leur salaire sera réglé comme il doit l'être.

<small>Pourquoi on doit aux uns des salaires plus forts qu'aux autres.</small> Mais il y a des commerces qui demandent plus d'intelligence, et des métiers qui demandent plus d'adresse ; il faut plus de temps pour y devenir habile, il y faut apporter plus de peine et plus de soins. Ceux qui s'y distingueront seront donc autorisés à

exiger de plus forts salaires; et on sera forcé à les leur accorder, parce qu'étant en petit nombre ils auront moins de concurrens. On s'accoutumera à les voir dans une plus grande abondance des choses de première et de seconde nécessité; et l'usage par conséquent leur donnera des droits à cette abondance. Ayant de plus grands talens et plus rares, il est juste qu'ils fassent aussi de plus grands profits.

C'est ainsi que les salaires, lorsqu'ils sont réglés, règlent à leur tour les consommations auxquelles chacun a droit, suivant son état; et alors on sait quelles sont les choses de première et de seconde nécessité qui appartiennent à chaque classe. Tous les citoyens ne partagent pas également les mêmes jouissances, mais tous subsistent de leur travail; et, quoiqu'il y en ait de plus riches, aucun n'est pauvre. Voilà ce qui doit arriver dans une société civile, où l'ordre s'établit librement, d'après les intérêts respectifs et combinés de tous les citoyens. Remarquez que je dis *librement*.

Les salaires règlent les consommations que chacun peut faire suivant son état.

Si je n'ai parlé dans ce chapitre que du salaire dû à l'artisan et au marchand, c'est

Tous les citoyens sont aisés respect...

qu'en faisant voir comment les prix se règlent au marché, j'ai suffisamment expliqué comment se règle le salaire du colon. Il suffit de remarquer ici qu'à l'exception de ceux des propriétaires qui ne font rien, tous les citoyens sont salariés les uns à l'égard des autres. Si l'artisan et le marchand sont salariés du colon auquel ils vendent, le colon l'est à son tour de l'artisan et du marchand auxquels il vend, et chacun se fait payer de son travail.

―――――

CHAPITRE IX.

Des richesses foncières et des richesses mobilières.

LORSQUE la terre se couvre de productions de toutes espèces, il n'y a pas d'autre matière que celle qui existoit auparavant : il y a seulement de nouvelles formes, et c'est dans ces formes que consiste toute la richesse de la nature. Les richesses naturelles ne sont donc que différentes transformations.

<small>Deux espèces de richesses, les unes foncières et les autres mobilières.</small>

Dans ces transformations nous trouvons les productions que la nature a préparées pour notre subsistance, et les productions qu'elle a préparées pour être la matière première des arts.

Or les arts font prendre à cette matière première différentes formes plus ou moins utiles. Ils la rendent donc propre à de nouveaux usages : ils lui donnent donc une nouvelle valeur,

Par conséquent, comme il y a des richesses naturelles, il y a des richesses artificielles; et elles sont également les unes et les autres de vraies richesses, puisque les transformations de l'art produisent des valeurs comme les transformations de la nature.

Il seroit souvent plus facile de faire une nouvelle langue que de donner de la précision à une langue déjà faite. Ou les dénominations, dans l'origine, ont été mal choisies, ou on oublie et la première acception des mots et l'analogie qui les a fait passer d'une acception à une autre. Si l'idée principale s'y conforme, ce qui n'arrive pas toujours, on y ajoute des accessoires, on en retranche, et on finit par ne plus s'entendre. Portés à nous servir des mêmes termes, toutes les fois que nous croyons voir quelque ressemblance entre les idées, nous en multiplions insensiblement les acceptions; et, parce qu'il seroit difficile ou même ridicule d'analyser toujours pour nous rendre compte de ce que nous voulons dire, il nous paroît plus court de suivre l'usage aveuglément, c'est-à-dire, de parler mal à l'exemple les uns des autres; et nous semblons borner l'art de la parole à l'art mécanique de prononcer des mots.

On croit remédier à cet abus par des définitions, comme s'il étoit possible de faire connoître, par une définition, toutes les acceptions d'un mot. Aussi chacun définit à sa manière : on dispute, on divise, on sous-divise, on distingue; et, plus on écrit, plus on brouille toutes les idées.

Je fais ces observations à l'occasion des richesses foncières et des richesses mobilières, dénominations qui ne me paroissent pas avoir été choisies, et dont on se fait des idées peu distinctes.

A consulter l'étymologie, la dénomination de *foncières* vient de ce qu'on a regardé les richesses comme tenant au fonds qui les produit, ou comme étant le fonds même; et celle de *mobilières* vient de ce qu'on les a regardées comme mobiles ou transportables.

On a voulu faire deux classes de richesses : il les falloit donc distinguer; et cependant on a choisi des dénominations qui les confondent l'une avec l'autre.

En effet, si un champ est une richesse foncière, que sera le blé qu'il produit? Sera-t-il une richesse foncière avant la récolte, parce qu'alors il tient au sol, et qu'il n'est pas encore transportable? Et deviendra-t-il une richesse mobilière après la récolte, parce qu'il a été transporté dans un grenier, et que de là il peut l'être au marché?

Mais une maison, dans quelle classe la mettrons-nous? Elle n'est pas une richesse foncière, puisqu'elle n'est pas une production du sol sur lequel elle est élevée; et ce n'est que dans le pays des fées qu'elle pouvoit être une richesse mobilière. Voilà de quoi embarrasser les jurisconsultes.

On a paru sentir le vice de ces dénominations, et on en a cherché d'autres. Mais, parce qu'on étoit accoutumé au mot *mobilier*, on a dit que toutes les richesses sont des meubles ou des immeubles, c'est-à-dire, des effets transportables ou des effets *intransportables*. Alors une maison est devenue un immeuble.

Cependant, parce qu'il n'étoit pas possible de faire entrer dans la classe des immeubles tout ce qu'on y vouloit comprendre, on y a suppléé par une définition, et on a dit: *Un immeuble est un fonds, ou ce qui en tient lieu.*

Ou ce qui en tient lieu ! Voilà une définition, c'est ainsi qu'on les fait. Mais comment décider, par exemple, si des billets sur les fermiers généraux tiennent lieu d'un fonds, ou n'en tiennent pas lieu ? Aussi a-t-on vu plus d'un procès où les juges ne savoient pas si un effet étoit un meuble ou un immeuble.

Sans égard pour l'étymologie, je mettrai toutes les productions de la nature dans la classe des immeubles ou des richesses foncières, et je mettrai, dans celle des meubles ou des richesses mobilières, toutes les productions des arts. C'est-à-dire, qu'en adoptant les dénominations usitées, je m'en tiendrai à la distinction que j'ai faite des richesses en richesses naturelles et richesses artificielles. Ainsi, comme un champ est une richesse foncière, le blé en sera une, même après avoir été transporté dans les greniers : une maison au contraire sera une richesse mobilière, et nous mettrons dans la même classe tous les papiers publics, quoique ces effets, étant pour la plupart les productions d'un art qui tend à la destruction, soient d'ordinaire les richesses d'un peuple qui se ruine. Je prévois bien que cette distinction ne suffira pas aux jurisconsultes, dont la langue sera toujours un chaos : mais elle suffit à mon objet. Est-il nécessaire de prévenir que, par *productions*, on doit entendre les productions naturelles, toutes les fois que ce mot sera employé seul ?

<small>Les richesses foncières sont des richesses du premier ordre.</small> S'il n'y avoit point de richesses foncières, il n'y auroit point de richesses mobilières; ou, ce qui est la même chose, s'il n'y avoit point de matières premières, il n'y auroit point de matières travaillées.

Les richesses foncières sont donc des richesses du premier ordre, ou des richesses sans lesquelles il n'y auroit point d'autres richesses.

<small>Les richesses du second ordre sont de vraies richesses.</small> Les richesses mobilières ne sont que du second ordre, puisqu'elles supposent les richesses foncières. Mais elles n'en sont pas moins des richesses, puisque les formes qui donnent aux matières premières une utilité leur donnent une valeur.

<small>Le colon produit les riches-</small> A parler exactement, le colon ne pro-

duit rien, il dispose seulement la terre à produire.

<small>ses foncières, et l'artisan produit les richesses mobilières.</small>

L'artisan, au contraire, produit une valeur, puisqu'il y en a une dans les formes qu'il donne aux matières premières. Produire, en effet, c'est donner de nouvelles formes à la matière; car la terre, lorsqu'elle produit, ne fait pas autre chose.

Mais parce que la terre, abandonnée à elle-même, nous laisseroit souvent manquer des productions qui nous sont le plus nécessaires, on peut regarder comme produit du colon tout ce qu'il recueille sur les champs qu'il a cultivés.

Je dirai donc que le colon produit les richesses foncières et que l'artisan produit les richesses mobilières. Si le premier ne travailloit pas, nous manquerions de productions; et si le second ne travailloit pas, nous manquerions de mobilier.

Nous avons vu que la valeur, fondée sur le besoin, croît dans la rareté et diminue dans l'abondance.

<small>Comment s'apprécie la valeur des ouvrages de l'art.</small>

Les ouvrages de l'art ont donc plus de valeur, lorsqu'ils sont de nature à ne pouvoir être faits que par un petit nombre d'artisans, puisqu'alors ils sont plus rares ; et ils en ont moins, lorsqu'ils sont de nature à pouvoir être faits par un plus grand nombre d'artisans, puisqu'alors ils sont plus communs.

Leur valeur est la valeur même de la matière première, plus la valeur de la forme.

La valeur de la forme ne peut être que la valeur du travail qui la donne. Elle est le salaire dû à l'ouvrier.

Si on payoit ce salaire avec des productions, on en donneroit à l'ouvrier autant qu'il a droit d'en consommer pendant tout le temps que dure son travail.

Lorsque l'ouvrage est fait, la valeur de la forme est donc équivalente à la valeur des productions que l'ouvrier est censé avoir consommées.

Les richesses foncières se remplacent ; les richesses mobilières s'accumulent.
Ces productions ne sont plus. Mais, si on considère qu'elles ont été remplacées par d'autres, on jugera que la quantité des richesses foncières est la même, années communes.

Les richesses foncières ne se remplacent qu'autant qu'elles se détruisent. Produites pour être consommées, elles ne se reproduisent qu'en raison de la consommation; et la quantité qui s'en consomme est déterminée par le besoin, besoin qui a des limites.

Les richesses mobilières font plus que se remplacer, elles s'accumulent. Destinées à nous procurer toutes les jouissances dont nous nous sommes fait autant d'habitudes, elles se multiplient comme nos besoins factices, qui peuvent se multiplier sans fin. Ajoutez qu'elles sont en général d'une matière durable, qui souvent se conserve presque sans déchet.

Par le travail de l'artisan, les valeurs s'accumulent; mais il a consommé en productions des valeurs équivalentes; et par conséquent les richesses mobilières ne se multiplient qu'avec le secours des richesses foncières.

Le colon produit plus qu'il ne consomme. C'est avec son surabondant qu'il fait subsister ceux qui ne cultivent pas. Mais, comme nous l'avons dit, il n'accumule pas valeur sur valeur; il ne fait que remplacer les productions à mesure qu'elles se détruisent; et, par son travail, les richesses foncières ou les productions sont toujours en proportion des quantités qui s'en consomment. L'artisan, au contraire, ajoute à la masse des richesses des valeurs équivalentes à la valeur des productions qu'il a consommées, et par son travail les richesses mobilières s'accumulent.

CHAPITRE X.

Par quels travaux les richesses se produisent, se distribuent et se conservent.

Nous venons de voir deux espèces de travaux. Les uns font naître les productions, les autres donnent aux matières premières des formes qui les rendent propres à divers usages, et qui, par cette raison, ont une valeur.

<small>Comment le colon et l'artisan s'enrichissent par leurs travaux.</small>

Si le colon travaille avec intelligence et avec assiduité, il multiplie les productions, et il en améliore les espèces.

Si l'artisan travaille avec la même intelligence et la même assiduité, il multiplie ses ouvrages, et il donne plus de valeur aux formes qu'il fait prendre aux matières premières.

Le colon et l'artisan s'enrichissent donc à proportion qu'ils travaillent plus, ou qu'ils travaillent mieux.

Le colon s'enrichit, parce qu'il produit plus qu'il ne peut consommer.

L'artisan s'enrichit, parce qu'en donnant des formes aux matières premières, il produit des valeurs équivalentes à toutes les consommations qu'il peut faire.

On dira sans doute que le colon et l'artisan ont des charges à payer, et je conviens que ces charges pourroient souvent les réduire à la misère. Mais, pour simplifier, je les suppose exempts de tout impôt. Nous traiterons ailleurs des subsides dûs à l'état.

Comment ils sont riches, relativement à leur état. Tous les travaux ne sont pas également faciles.

Dans les plus faciles on a plus de concurrens, et on est réduit à de moindres salaires. Alors on consomme moins, ou même on ne consomme que l'absolu nécessaire. Si ce nécessaire ne manquoit jamais, on seroit riche par rapport à son état. Mais comment se l'assurer si on ne gagne pas au-delà ? Si, dans les jours de travail, on consomme tout son salaire, comment subsister dans les jours qu'on ne travaille pas ?

Dans les travaux plus difficiles, on a moins de concurrens, et on obtient des salaires plus forts. On pourra donc consommer davantage. On sera mieux nourri, mieux vêtu, mieux logé. Si on veut alors économiser, ou retrancher sur sa consommation, on aura au-delà, et on sera riche dans le vrai sens de ce mot.

Quand on écrit, on est continuellement arrêté, et précisément par les mots qui sont dans la bouche de tout le monde, parce que ce sont souvent ceux dont l'acception est le moins déterminée. Je dis donc qu'on n'est point riche absolument; mais on l'est relativement à son état; et, dans son état, on l'est relativement au pays et au siècle où l'on vit. Si Crassus revenoit aujourd'hui avec les idées qu'il avoit de ce qu'il nommoit richesses, il trouveroit bien peu d'hommes riches parmi nous.

Des hommes, qui ne gagneroient au jour le jour que l'absolu nécessaire, subsisteroient péniblement, et ne seroient pas riches, même relativement à leur état. Ils seroient toujours dans une situation forcée et précaire.

Pour être riche relativement à son état, il faut non seulement pouvoir économiser sur sa consommation, il faut encore n'être pas forcé à de plus grandes économies que ses égaux. Il faut qu'en travaillant autant et aussi bien, on puisse se procurer les mêmes jouissances.

Pourquoi les travaux de l'artiste ont plus de valeur que ceux de l'artisan.

A la naissance de chaque art, un nouveau genre de travail produit un nouveau genre de richesses, et nos richesses se multiplient et se varient comme nos besoins.

Aux arts mécaniques succèdent les arts libéraux. Ceux-là sont plus nécessaires, et cependant ceux-ci sont plus estimés. C'est que, pour peu qu'une chose soit jugée utile, elle a une grande valeur toutes les fois qu'elle est rare. Or les bons artistes sont infiniment moins communs que les bons artisans. Avec de plus forts salaires, ils peuvent donc consommer davantage, et acquérir plus de richesses.

C'est ainsi que les colons, les artisans et les artistes entrent en partage des richesses qu'ils produisent.

Travaux des marchands.

Les marchands les font circuler. Si elles ne pouvoient sortir des lieux où elles surabondent, elles perdroient nécessairement de leur prix; mais, par l'offre seule qu'ils font de les transporter aux lieux où elles manquent, ils leur conservent par-tout la même valeur. Ils ne produisent rien; ils voiturent du producteur au consommateur; et ils trouvent, dans le salaire qu'on accorde à leur travail, une plus grande part s'ils ont moins de concurrens, et une plus petite s'ils en ont un plus grand nombre.

Mais, pour se produire abondamment et pour circuler avec liberté, les richesses ont besoin d'une puissance qui protège le colon, l'artisan, l'artiste et le marchand.

Tous ces travaux ont besoin d'une puissance qui les protège.

Cette puissance se nomme *souveraine*. Elle protège, parce qu'elle maintient l'ordre au-dedans et au-dehors. Elle le maintient au-dedans par les lois qu'elle porte et qu'elle fait observer; elle le maintient au-dehors par la crainte ou par le respect qu'elle inspire aux ennemis qui menacent l'état.

Un grand protège un simple particulier, parce qu'il le préfère, parce qu'il veut lui procurer des avantages, sans considérer qu'il nuit à d'autres, sans même craindre de leur nuire. Ce n'est pas ainsi que la puissance souveraine doit protéger. Il est important de remarquer et de ne pas oublier que sa protection se borne à maintenir l'ordre, et qu'elle le troubleroit si elle avoit des préférences.

<small>Travaux de cette puissance.</small> Cette puissance a des travaux à faire. Elle en a comme puissance législative, comme puissance exécutive, comme puissance armée pour la défense de l'état; et quoique, chez toutes les nations, le sacerdoce ne soit pas uni à l'empire, j'ajouterai comme puissance sacerdotale; car le sacerdoce et l'empire doivent concourir au maintien de l'ordre, comme s'ils n'étoient qu'une seule et même puissance.

<small>Salaire qui lui est dû.</small> Il est dû un salaire aux travaux de la puissance souveraine. A ce titre elle entre en partage des richesses qu'elle ne produit pas; et ce partage est grand, parce qu'il est en raison des services qu'elle rend, et que ses services demandent des talens qui ne sont pas communs. C'est sous sa protection que tous les arts fleurissent, et que les richesses se conservent et se multiplient.

<small>Tous les travaux sont utiles, quand tout est dans l'ordre.</small> Quand on considère les travaux qui produisent les richesses, ceux qui les font circuler, et ceux qui maintiennent l'ordre propre

à les conserver et à les multiplier, on voit qu'ils sont tous nécessaires, et il seroit difficile de dire quel est le plus utile. Ne le sont-ils pas tous également, puisque tous ont besoin les uns des autres ? En effet, quel est celui qu'on pourroit retrancher ?

Je conviens que, dans des temps de désordres, de grandes richesses deviennent le salaire de travaux souvent plus nuisibles qu'utiles. Mais, dans ma supposition, nous n'en sommes pas encore là. Je suppose que tout est dans l'ordre, parce que c'est par où il faut commencer. Le désordre ne viendra que trop tôt.

Or, quand tout est dans l'ordre, tous les travaux sont utiles. Il est vrai qu'ils répartissent inégalement les richesses ; mais c'est avec justice, puisqu'ils supposent des talens plus ou moins rares. Personne n'a donc à se plaindre, et chacun se met à sa place. Pour maintenir les citoyens dans une égalité parfaite, il faudroit leur interdire tout partage, tout talent, mettre leurs biens en commun, et les condamner à vivre, pour la plupart, sans rien faire.

CHAPITRE XI.

Commencement des villes.

<small>Comment le plus petit nombre s'approprie les terres.</small> Nous avons distingué, dans notre peuplade, trois classes de citoyens; des colons, des artisans et des marchands.

Je suppose que la première a eu jusqu'à présent la propriété de toutes les terres. Elle ne la conservera pas du moins entièrement; et il viendra un temps où elle en cultivera la plus grande partie pour un petit nombre de citoyens qui se les seront appropriées.

Si nous considérons que, de génération en génération, les terres du père se partagent entre les enfans, nous jugerons qu'elles se diviseront souvent au point que les différentes portions ne suffiront plus à la subsistance de ceux à qui elles seront échues. Les propriétaires de ces portions seront donc réduits à les vendre, et ils songeront à subsister par quelque autre voie.

Mille autres moyens plus prompts contribueront à cette révolution. Tantôt un colon négligent ou dissipateur sera forcé de vendre ses champs à un colon plus soigneux ou plus économe, qui fera continuellement de nouvelles acquisitions.

D'autres fois un propriétaire riche et qui n'a point d'enfans laissera toutes ses possessions à un autre propriétaire aussi riche ou plus riche que lui.

Enfin les marchands, que le négoce et l'économie auront enrichis, s'approprieront vraisemblablement peu-à-peu une partie des terres; et on en peut dire autant des artisans qui auront fait de grands profits et de grandes épargnes. Mais il est inutile d'entrer à ce sujet dans plus de détails.

Les grands propriétaires régiront leurs terres par eux-mêmes, ou ils les donneront à régir.

Les propriétaires régiront eux-mêmes leurs terres, ou les font régir.

Dans le premier cas, ils se chargent d'une partie des soins; ils veillent au moins sur les cultivateurs, et ils trouvent dans les profits qu'ils font le prix ou le salaire de leur travail.

Dans le second, il faut qu'ils abandonnent ce salaire au régisseur, et c'est ce qu'ils feront toutes les fois qu'ils auront plus de terres qu'ils n'en pourront cultiver par eux-mêmes.

Ce régisseur sera comptable au propriétaire de la recette comme de la dépense. Mais, parce que cette manière de faire valoir a de grands inconvéniens pour les propriétaires absens et éloignés, on y aura renoncé tôt ou tard, et on aura confié les terres à des cultivateurs qui, en état de faire les avances et les frais de culture, auront assuré aux propriétaires un certain revenu.

<small>Le régisseur est un fermier à qui il est dû un salaire.</small>

Un pareil cultivateur est un fermier qui prend une terre à bail. Il lui est dû un salaire, qui se réglera comme tous les autres. Il lui faut sa subsistance, celle de sa famille, des ressources en cas d'accident, et un profit qu'il puisse mettre en réserve pour améliorer son état. Il réglera lui-même son salaire d'après l'usage. Il ne lui arrivera guères d'exiger beaucoup au-delà; et il sera content toutes les fois que sa condition ne sera pas pire que celle des autres fermiers. Ces sortes de gens sont plus équitables qu'on ne pense : ils le seroient plus encore si on les vexoit moins, et d'ailleurs la concurrence les force à l'être.

L'expérience apprend à ce fermier la quantité et la qualité des productions sur lesquelles il peut moralement compter années communes, et il les estime d'après les prix courans des marchés. Sur ce produit, il prélève l'intérêt des avances qu'il est obligé de faire, les frais annuels dus à l'état, son salaire, et, pour le surplus, il s'engage à donner au propriétaire une certaine quantité d'onces d'argent. (1)

Comment le fermier juge de la portion qu'il peut donner au propriétaire.

A mesure que cet usage s'établit, les propriétaires, qui ont affermé leurs possessions, s'en éloignent peu-à-peu pour se rassembler aux environs des marchés, où ils sont plus à portée de pourvoir à tous leurs besoins. Ce concours attire et fixe dans ce lieu des artisans et des marchands de toutes espèces, et il se forme une ville. Le reste de la campagne est semé des fermes : de dis-

Les propriétaires s'établissent dans les lieux où se tenoient les marchés, et fondent les villes.

___

(1) Les métayers sont des fermiers qui ne font pas les mêmes avances. Mais ces distinctions sont inutiles à mon objet. Il me suffit qu'il y ait des fermiers.

tance en distance sont des villages habités par les cultivateurs dont les terres sont voisines, par les hommes de journée qui travaillent pour eux moyennant un salaire, et par les artisans dont le laboureur a un besoin journalier, maréchaux, charrons, etc. Si notre peuplade nombreuse occupe un pays étendu et fertile, il pourra se former des villes ou du moins des bourgs, partout où elle tiendra des marchés. Il se fait alors une révolution dans la manière de vivre.

<small>Ils font alors plus grandes consommations.</small> Lorsqu'on habitoit ses champs, chacun y vivoit de ses productions ou de celles que ses voisins lui cédoient en échange; et il étoit rare qu'on imaginât d'aller au loin en chercher d'une autre espèce.

Il n'en est pas de même lorsque les propriétaires, rassemblés dans des villes, se communiquent mutuellement les productions des différens cantons qu'ils ont habités. Alors il est naturel qu'ils veuillent tous jouir de toutes ces productions. Ils se font par conséquent de nouveaux besoins, et ils consomment plus qu'ils ne faisoient auparavant.

Les agrémens de cette manière de vivre augmenteront l'affluence dans les villes. Les consommations croîtront dans la même proportion ; et il arrivera que les fermiers, plus assurés de vendre leurs récoltes, donneront plus de soin à l'agriculture. Il restera donc moins de friches, et les productions se multiplieront. Cependant il faut remarquer que les villes ne contribueront à faire fleurir l'agriculture qu'autant qu'il y en aura, de distance en distance, dans toute la contrée qu'occupe notre peuplade. Nous verrons ailleurs que les grandes villes font la ruine des provinces éloignées. *En conséquence, il y a plus d'industrie.*

Le produit des terres ayant été augmenté, les propriétaires, au renouvellement des baux, augmenteront leurs revenus. Plus riches, ils chercheront à se procurer de nouvelles commodités. Leurs consommations, tout-à-la-fois plus grandes et plus variées, exciteront de plus en plus l'industrie, et par conséquent l'agriculture, les arts et le commerce fleuriront d'autant plus, que les nouveaux besoins qu'on s'est faits offriront de nouveaux profits au laboureur, à l'artisan et au marchand.

Proportion qui s'établit entre les productions et les consommations.

Pendant cette révolution, les productions et les consommations se balanceront continuellement ; et, suivant la proportion où elles seront entre elles, elles feront hausser et baisser tour-à-tour le prix de chaque chose. Si les consommations sont plus grandes, les prix hausseront : si ce sont au contraire les productions, les prix baisseront. Mais ces variations auront peu d'inconvéniens ; car la liberté entière dont jouit le commerce proportionnera bientôt les productions aux consommations, et mettra chaque chose aux prix qu'elle doit avoir. On peut déjà s'en convaincre d'après ce que j'ai dit sur la concurrence ; et j'en donnerai de nouvelles preuves lorsque je traiterai du vrai prix des choses.

CHAPITRE XII.

Du droit de propriété.

Lorsqu'après l'établissement de notre peuplade, les terres eurent été partagées, chaque colon put dire : *Ce champ est à moi, et il n'est qu'à moi.* Tel est le premier fondement du droit de propriété.

<small>Droit de propriété du colon sur les fonds de terre.</small>

Au temps de la récolte, chacun put dire encore : *Si ce champ inculte étoit à moi, parce qu'il m'est tombé en partage, aujourd'hui qu'il est cultivé, il est à moi à plus d'un titre, puisque sa culture est mon ouvrage. Il est à moi avec tout son produit, parce que son produit est en même temps le produit de mon travail.*

La propriété sur les terres est donc fondée tout-à-la-fois sur le partage qui en a été fait, et sur le travail qui les rend fertiles.

Lorsque dans la suite quelques colons eurent acquis plus de terre qu'ils n'en pouvoient cultiver par eux-mêmes, ils n'en furent pas moins fondés à regarder toutes ces terres comme à eux. La propriété leur en étoit assurée par la cession de ceux à qui elles avoient appartenu. Les usages reçus, ou les lois portées à cet effet, la leur assuroient encore. Or ces usages et ces lois sont le dernier fondement du droit de propriété. Il est même ordinaire de ne pas remonter plus haut.

Ceux qui les cultivent acquièrent sur le produit un droit de co-propriété.

Mais, s'ils continuoient d'avoir la propriété de toutes les terres, ils ne pouvoient plus avoir en entier la propriété de tout le produit, puisque ce produit étoit dû en partie au travail des hommes qu'ils avoient employés à la culture. Leur valets et leurs journaliers devenoient donc co-propriétaires de ce produit.

Dans cette co-propriété, le colon a la plus grande part, parce qu'il fournit les fonds de terre, parce qu'il fait les avances, et parce qu'il travaille lui-même. Il n'est pas nécessaire qu'il laboure, il suffit qu'il veille sur les laboureurs : sa vigilance est son principal travail.

Le salaire qu'il est convenu de donner

à ses valets ou journaliers, et qui se règle d'après l'usage, représente la part qu'ils ont au produit comme co-propriétaires : ce salaire est toute leur propriété, et, lorsqu'il a été payé, tout le produit des champs appartient au colon.

Retiré dans une ville, le colon cesse de veiller par lui-même à la culture de ses terres. Alors il cède, sur le produit, une partie de sa propriété au fermier qui les cultive, et cette partie est le salaire du fermier. Celui-ci fait la récolte; il livre au colon, qui proprement n'est plus que propriétaire, la part convenue, et il acquiert un droit de propriété sur tout ce qui reste.

Dans cette culture, nous voyons un homme qui fournit le fonds, c'est le propriétaire ; un entrepreneur qui se charge de veiller à la culture, c'est le fermier; et des valets ou journaliers qui font les ouvrages.

> Dans toute entreprise, il y a également une propriété sur les fonds, et une co-propriété sur le produit.

Nous remarquerons la même chose dans les grandes entreprises de toutes espèces. Veut-on établir une manufacture ? un homme riche ou une compagnie fournit les fonds, un entrepreneur la conduit, et des ouvriers travaillent sous sa direction.

Par-là on voit comment, dans chaque profession, les citoyens se distribuent en différentes classes, et comment chacun d'eux trouve, dans son salaire, la part qu'il a, comme co-propriétaire, au produit d'une entreprise.

<small>Tous les citoyens sont, chacun en raison de son travail, co-propriétaires des richesses de la société.</small>

Mais il n'est pas nécessaire de travailler dans une entreprise pour devenir co-propriétaire du produit ; il suffit de travailler pour l'entrepreneur. Le cordonnier, par exemple, devient co-propriétaire du produit d'une terre lorsqu'il travaille pour un colon, et il le devient du produit d'une manufacture lorsqu'il travaille pour un fabricant. C'est ainsi que tous les citoyens sont, chacun en raison de son travail, co-propriétaires des richesses de la société ; et cela est juste, puisque chacun, en raison de son travail, contribue à les produire.

<small>Les droits de propriété sont sacrés.</small>

Toutes ces propriétés sont sacrées. On ne pourroit pas, sans injustice, priver le fabricant de son bénéfice, ni l'ouvrier de son salaire. On ne pourroit donc pas forcer le colon à vendre ses grains au-dessous de leur valeur, comme on ne pourroit pas forcer ceux qui en ont besoin à les payer plus qu'ils ne valent. Ces vérités sont si simples, qu'on ne les remarquera peut-être pas, et qu'on sera même étonné que je les aie remarquées. Il sera pourtant nécessaire de s'en souvenir.

Nous avons vu comment le colon, devenu simple propriétaire, conserve une propriété sur des terres qu'il ne cultive plus lui-même. Mais on demandera s'il est borné à ne pouvoir être qu'usufruitier, ou s'il est autorisé à pouvoir disposer de ses terres même après lui.

Le propriétaire d'une terre a le droit d'en disposer après lui.

Je réponds que, lorsque je défriche un champ, le produit des avances que je fais ne peut être qu'à moi. J'ai seul le droit d'en jouir : pourquoi donc, au moment de mourir, n'en céderai-je pas la jouissance ? Et comment la céderai-je, si je ne dispose pas du fonds ?

J'ai desséché des marais, j'ai élevé des digues qui mettent mes terres à l'abri des inondations, j'ai conduit des eaux dans des prairies qu'elles rendent fertiles; j'ai fait des plantations dont le produit m'appartient, et dont cependant je ne jouirai pas; en un mot, j'ai donné, à des terres sans valeur, une valeur qui est à moi tant qu'elle dure, et sur laquelle, par conséquent, je conserve des droits pour le temps où je ne serai plus. Reprenez ces terres dans l'état de friche où je les ai trouvées, et laissez-les-moi en culture et en valeur. Vous ne pouvez pas séparer ces deux choses. Convenez donc que j'ai droit de disposer de l'une comme de l'autre.

Si celui qui défriche un champ acquiert le droit d'en disposer après lui, il le transporte, avec ce droit, à celui à qui il le lègue; et, de génération en génération, tout propriétaire jouit du même droit. Quel est l'homme qui s'occuperoit des moyens de donner à une terre une valeur qu'elle n'aura qu'après lui, s'il ne lui est pas libre d'en disposer en faveur de ceux qu'il veut faire jouir? Dira-t-on qu'on y sera porté par l'amour du bien? Mais pourquoi ôter au citoyen un motif qui le déterminera plus sûrement, l'intérêt qu'il prend à ses enfans ou aux personnes qu'il aime?

Nous avons traité de la valeur, des prix, des richesses; les arts se sont multipliés, le commerce s'est étendu. Alors on sentit la nécessité d'apprécier, avec plus de précision, la valeur de chaque chose, et on trouva la monnoie. Ce sera le sujet des chapitres suivans.

CHAPITRE XIII.

Des métaux considérés comme marchandises.

<small>Pourquoi l'or, l'argent et le cuivre sont les premiers métaux que les hommes ont connus.</small>

L'or, l'argent et le cuivre sont les premiers métaux que les hommes ont connus. On les trouvoit souvent à la surface de la terre sans les avoir cherchés. Les pluies, les inondations, mille accidens les découvroient : plusieurs rivières en charient.

D'ailleurs ces métaux se reconnoissent assez facilement lorsqu'ils sont purs et sans mélange, ou que leur pureté est au moins peu altérée. C'est ce qui arrive toujours à l'or, souvent à l'argent ; et assez fréquemment au cuivre, quoique plus rarement. La nature les offre pourvus de toutes leurs propriétés.

<small>Pourquoi on a été plus long-temps à connoître l'usage du fer.</small>

Il n'en est pas de même du fer. Quoiqu'il se trouve presque par-tout, on a d'autant plus de peine à le reconnoître, qu'il ne se montre ordinairement que sous la forme d'une terre dépouillée de toutes propriétés métalliques, et à laquelle il faut avoir appris à les rendre. Aussi le fer est-il de tous les métaux celui qui paroît avoir été connu le dernier.

Aujourd'hui le fer sert à tous les arts mécaniques. C'est à l'usage de ce métal que tous doivent leurs progrès, et plusieurs leur naissance. Il a été, pendant des siècles, inconnu même aux nations policées, qui y suppléoient avec du cuivre. Quant aux outils des Barbares, ils étoient et sont encore de bois, de pierre, d'os, et quelquefois d'or ou d'argent.

Je suppose que notre peuplade connoît l'or, l'argent, le cuivre et le fer, qu'elle a trouvé l'art de les travailler, et qu'elle les emploie à divers usages.

Les métaux ont une valeur comme matière première, et comme matière mise en œuvre.

Dans cette supposition, ces métaux sont pour elle une marchandise qui a une valeur relative à ses besoins; valeur qui hausse ou qui baisse, suivant qu'ils sont plus rares ou plus abondans, ou plutôt suivant l'opinion qu'elle a de leur rareté ou de leur abondance.

Lorsqu'ils sont bruts encore, ou tels que

la nature les offre, ils ont une valeur. Ils enont une autre lorsqu'ils ont été affinés, ou purifiés de tout corps étranger. Enfin, ils en ont une dernière lorsque le travail en a fait des outils, des armes, des vases, des ustensiles de toutes espèces ; et cette dernière valeur croît à proportion que ces ouvrages sont mieux imaginés, mieux travaillés, et mis en vente par un plus petit nombre d'ouvriers.

Les métaux considérés comme matière première, ont donc une valeur ; et ils en ont une autre considérés comme matière travaillée. Dans le premier cas, on estime le métal seul ; dans le second, on estime le métal et le travail.

Les métaux sont des marchandises nécessaires. Il faudra donc qu'il y ait dans la peuplade des hommes occupés à les chercher et à les affiner ; et il faudra que d'autres s'occupent à les travailler, puisqu'on a besoin des ouvrages dont ils sont la matière première.

<small>Valeur d'une matière commun- travaillée grossièrement.</small> Notre peuplade, dans les commencemens peu recherchée, s'habilloit avec des peaux cousues grossièrement : elle avoit des sièges

de bois, de pierre ou de gazon; et ses vases étoient des coquilles, des pierres ou des morceaux de bois creusés, ou des terres, d'abord pétries, et ensuite desséchées au soleil, ou cuites au feu.

Chaque colon pouvoit faire, pour son compte, tous ces ustensiles, dont la matière première étoit sous sa main, et dont le travail n'étoit ni long ni difficile.

Si quelques-uns, plus laborieux, en faisoient une plus grande quantité qu'il ne leur en falloit, ces ustensiles surabondans, portés au marché, avoient aussi peu de valeur pour ceux à qui on proposoit de les acheter que pour ceux qui offroient de les vendre. Puisque je suppose que chaque colon se procuroit par lui-même tous ceux dont il avoit besoin, il est évident que ceux qu'on mettoit en vente étoient un surabondant dont la peuplade ne pouvoit faire aucun usage. Mais, s'il se trouvoit des colons qui n'eussent pas eu le loisir d'en faire assez pour leurs besoins, alors ces ustensiles deviendroient une marchandise dont la valeur seroit en proportion de leur quantité comparée à la quantité nécessaire aux colons qui en voudroient acheter.

> Sa valeur lorsqu'elle est mieux travaillée.

Ces ustensiles, grossièrement faits, entreroient donc pour peu de chose dans les échanges; et ils ne deviendront véritablement un objet de commerce, qu'autant que, travaillés avec plus d'art, ils seront plus commodes et plus durables. Alors ils auront une valeur d'autant plus grande, que les colons, qui n'auront ni le loisir ni l'adresse de les faire, seront en plus grand nombre.

Les entrepreneurs qui se chargent de ce travail sont ceux que nous avons nommés artisans. Ils se multiplieront suivant le besoin de la peuplade, et la concurrence réglera le prix de leurs ouvrages; plus ils seront en grand nombre, plus ils seront forcés à les livrer au rabais les uns des autres, et ils les donneront chacun au plus bas prix possible.

Tous les ustensiles dont je viens de parler sont faits d'une matière que je suppose abondante, sous la main de tout le monde, qui a par elle-même peu de valeur, et le travail seul en fait presque tout le prix.

> Les métaux plus rares ont plus de valeur.

Il n'en est pas de même des ouvrages de métal. Les métaux sont rares. Il faut du temps et des soins pour les trouver. Il faut ensuite les affiner. Enfin il faut les mettre en œuvre.

Ils deviennent donc un objet de commerce aussitôt qu'on les connoît, et qu'on juge pouvoir les employer à divers usages. Non seulement ils sont une marchandise lorsqu'ils sortent des mains de l'artisan; ils en sont déjà une lorsqu'on vient de les tirer de la mine.

Si on ignoroit les usages auxquels les métaux sont propres, ils seroient tout-à-fait inutiles, et on ne les rechercheroit pas. On les laisseroit parmi les pierres et les terres, où ils resteroient sans valeur. *Leur valeur est relative aux usages qu'on en fait.*

Mais, dès qu'on en connoît l'utilité, on les recherche; et on les recherche d'autant plus, qu'étant plus rares ils deviennent un objet de curiosité. Alors ils acquièrent une nouvelle valeur, et cette valeur est en proportion avec le nombre des curieux. *Cette valeur croît lorsqu'ils deviennent un objet de curiosité.*

Estimés comme rares et comme objets de curiosité, ils serviront bientôt à l'ornement, et ce nouvel usage leur donnera encore un nouveau prix. *Elle croît encore lorsqu'ils servent à l'ornement.*

De tout ce que nous avons dit, il faut *Ils ne sont devenus monnoie*

<small>que parce qu'ils sont marchandise.</small> conclure que les métaux ne sont une marchandise que parce qu'on en peut faire divers ouvrages, les rechercher par curiosité, et les employer à l'ornement. Or c'est parce qu'ils sont marchandise qu'ils sont devenus monnoie. Voyons la révolution qu'ils ont produite dans le commerce.

CHAPITRE XIV.

Des métaux considérés comme monnoie.

Lorsque, dans les chapitres précédens, j'ai supposé des mesures, c'étoit uniquement pour parler avec plus de précision de la valeur respective des choses qu'on échangeoit. Il paroît qu'à l'origine des sociétés les peuples n'en avoient point; aujourd'hui plusieurs n'en ont pas même encore. C'est qu'on se contente de juger à l'œil de la quantité des choses, toutes les fois qu'on n'est pas intéressé à y regarder de près.

A l'origine des sociétés les peuples n'avoient point de mesures.

Transportons-nous au temps où les colons, faute de marchands, échangeoient entre eux le surabondant de leurs denrées, et observons-en deux; l'un qui a un surabondant de blé, et à qui il manque une certaine quantité de vin; l'autre qui a un surabondant de vin, et à qui il manque une certaine quantité de blé. Pour simplifier,

Ils n'en avoient pas besoin.

je suppose qu'ils sont d'ailleurs pourvus, l'un et l'autre, de tout ce qui leur est nécessaire.

Dans cette supposition, il est évident que celui qui a du blé à livrer ne regardera de près, ni à la grandeur des sacs, ni au nombre. Comme ce blé, s'il lui restoit, n'auroit point de valeur pour lui, il le croit bien payé lorsqu'il se procure, par un échange, tout le vin dont il a besoin.

Celui qui a un surabondant de vin raisonne de la même manière. Ils échangent donc sans mesurer : en effet, il leur suffit de juger à l'œil, l'un de la quantité de vin qu'il lui faut, l'autre de la quantité de blé.

Ils ont des mesures lorsqu'ils ont des marchands.

Il n'en est pas de même lorsque les colons font leurs échanges par l'entremise des marchands. Comme ceux ci veulent tout-à-la-fois faire un profit et sur celui de qui ils achètent, et sur celui à qui ils revendent, ils ont un intérêt à juger, avec plus de précision, de la quantité des choses. Ils imagineront, par conséquent, des mesures pour s'assurer de ce qu'ils gagnent à chaque fois qu'ils achètent et qu'ils revendent.

L'usage de ces mesures les a

Or, quand au lieu de juger des choses

sur des à-peu-près, on se sera fait une habitude de les mesurer, alors on supposera qu'il en est de leur valeur comme de leur quantité pour laquelle on a une mesure fixe. On sera d'autant plus porté à le supposer, que les valeurs paroîtront varier comme les mesures. On commencera donc à se faire des idées fausses. On parlera de valeur et de prix, sans se rendre compte de ce qu'on dit : on oubliera que les idées qu'on s'en fait ne peuvent être que relatives ; et on supposera qu'elles sont absolues.

portés à croire que les choses ont une valeur absolue.

Ce sont les marchands qui auront surtout donné lieu à cette méprise : intéressés à estimer les choses avec plus de précision, ils paroissent leur donner une valeur absolue. *Cette mesure vaut tant*, disoient-ils ; et, dans ce langage, on ne voyoit plus d'idée relative.

Comment les marchands ont donné lieu à cette méprise.

D'ailleurs ils ne se trouvoient pas dans le même cas que les colons qui, dans le temps où ils faisoient immédiatement leur commerce, n'attachoient de valeur au surabondant, qu'autant qu'ils pouvoient, en le livrant, se pourvoir des denrées dont ils avoient besoin.

8

Le surabondant dont les marchands font commerce a été celui des colons qui le leur ont livré. Mais, pour eux, ce n'est pas un surabondant ; c'est une chose utile dont ils attendent un profit. En conséquence, ils l'apprécient le plus qu'ils peuvent ; et, plus ils affectent de l'apprécier, plus ils paroissent lui donner une valeur absolue. Les métaux, employés comme monnoie, contribuèrent sur-tout à cette illusion.

<small>Valeur des métaux comparés les uns aux autres.</small>

Le fer se détruit : l'action seule de l'air, pour peu qu'il y ait d'humidité, le décompose peu-à-peu. Le cuivre se détruit encore. Il n'y a que l'or et l'argent qui se conservent sans déchet.

Chacun de ces métaux a une valeur, qui est en raison de sa rareté, de ses usages, de sa *durabilité*. L'or a plus de valeur que l'argent ; l'argent en a plus que le cuivre ; et le cuivre en a plus que le fer.

Sans doute il n'a pas été possible d'apprécier toujours exactement la valeur relative et proportionnelle de ces métaux, d'autant plus que cette proportion devoit varier toutes les fois que quelques-uns devenoient plus rares ou plus abondans. On les estimoit à-peu-près, tantôt plus, tantôt moins, suivant la quantité qu'il en paroissoit dans le commerce. Un métal avoit plus de valeur lorsqu'il y en avoit peu en vente, et qu'on demandoit d'en acheter beaucoup. Il en avoit moins dans le cas contraire. Nous traiterons ailleurs de leur valeur respective.

Dès qu'il fut reconnu que les métaux ont une valeur, on trouva commode de donner un morceau de métal en échange de ce qu'on achetoit ; et, à mesure que cet usage s'établit, les métaux devinrent la mesure commune de toutes les valeurs. Alors un marchand ne fut plus obligé de charier du vin ou quelque autre denrée chez un colon qui avoit du blé à vendre : il lui donnoit un morceau de métal ; et ce colon, avec ce même métal, achetoit les choses qui lui étoient nécessaires. *Comment ils deviennent la mesure commune de toutes les valeurs.*

Le fer étoit le moins propre à cet usage. Comme il dépérit journellement, celui qui l'auroit reçu en échange auroit chaque jour fait une perte. D'ailleurs on ne s'est accoutumé à se servir des métaux comme mesure commune, que parce qu'ils facilitent le commerce. Or le fer le facilitoit *Le fer étoit le moins propre à cet usage.*

moins que tous les autres, parce qu'étant celui qui a le moins de valeur, il auroit fallu le charier par grandes quantités.

<small>Le cuivre y étoit plus propre.</small>

Le cuivre, qui se conserve mieux, et qui a plus de valeur, méritoit la préférence. Toutes les nations en font usage ; cependant comme sa valeur est encore fort bornée, il n'est commode que lorsqu'on achète en détail des choses de peu de prix.

<small>Aucun n'y étoit plus propre que l'or et l'argent.</small>

C'étoient donc l'or et l'argent qui devoient sur-tout être choisis pour servir de mesure commune. Ils sont indestructibles : ils ont une grande valeur; elle se retrouve proportionnellement dans chaque partie ; et par conséquent on peut trouver, dans chaque portion, suivant qu'elle est plus grande ou plus petite, une mesure de quelque espèce de valeur que ce soit.

<small>Ce n'est pas arbitrairement qu'ils ont été employés à cet usage.</small>

Ce n'est donc pas d'après une convention que l'or et l'argent ont été introduits dans le commerce, comme moyen commode pour les échanges : ce n'est pas arbitrairement qu'on leur a donné une valeur. Ils ont, comme toute autre marchandise, une valeur fondée sur nos besoins; et, parce que cette valeur, plus grande ou plus petite, suivant la quantité de métal, ne dépérit point, ils sont, par cela seul, devenus la mesure de toutes les autres, et la plus commode.

Nous avons vu que le commerce augmente la masse des richesses, parce qu'en facilitant et multipliant les échanges, il donne de la valeur à des choses qui n'en avoient pas. Nous voyons ici qu'il doit encore augmenter cette masse, quand il a, dans l'or et dans l'argent, considéré comme marchandise, une mesure commune de toutes les valeurs, puisqu'alors les échanges se facilitent et se multiplient de plus en plus.

Comment, par cet emploi des métaux, la masse des richesses s'est accrue.

Mais il falloit que cette mesure elle-même fût fixe et déterminée. Cependant il est vraisemblable que, dans les commencemens, on jugeoit du volume à l'œil, et du poids à la main. Cette règle, peu sûre, occasionna sans doute des lésions et des plaintes. On sentit la nécessité de les prévenir : on s'en occupa, et on imagina des balances pour peser les métaux. Alors une once d'argent, par exemple, fut le prix d'un septier de blé ou d'un tonneau de vin.

Comment une portion de métal d'un certain poids devient le prix d'une marchandise.

Cette innovation acheva de brouiller toutes les idées sur la valeur des choses. Quand on crut en voir le prix dans une mesure qui, telle qu'une once d'or ou d'argent, étoit toujours la même, on ne douta pas qu'elles n'eussent une valeur absolue, et on ne se fit plus, à ce sujet, que des idées confuses.

Il y avoit néanmoins un grand avantage à pouvoir déterminer le poids de chaque portion d'or et d'argent; car si auparavant ce que nous appelons *prix* étoit une estime vague et sans précision, on conçoit qu'on dut trouver dans ces métaux, divisés et pesés, le prix plus exact de toutes les autres marchandises, ou une mesure plus sûre de leur valeur.

C'est comme marchandise que l'or et l'argent avoient cours, lorsque l'acheteur et le vendeur étoient réduits à peser la quantité qu'il en falloit livrer pour prix d'une autre marchandise. Cet usage, qui a été général, subsiste encore à la Chine et ailleurs.

Cependant il y avoit de l'inconvénient à être dans la nécessité de prendre toujours la balance, et ce n'étoit pas le seul : il falloit encore s'assurer du degré de la pureté des métaux, degré qui en change la valeur.

L'autorité publique vint au secours du commerce ; elle fit faire l'essai de l'or et de l'argent qui avoient cours : elle en détermina ce qu'on appelle le titre, c'est-à-dire, le degré de pureté. Elle en fit ensuite différentes portions qu'elle pesa ; et elle imprima sur chacune une marque qui en attestoit le titre et le poids.

Métaux employés comme monnoie.

Voilà la monnoie. On en connoît la valeur à la seule inspection. Elle prévient les fraudes ; elle met plus de confiance dans le commerce, et par conséquent elle le facilite encore.

La monnoie d'or et d'argent n'auroit pas été commode pour les petits achats qu'on fait journellement : il auroit fallu la diviser en petites parties qu'on eût à peine maniées. C'est ce qui a introduit la monnoie de cuivre. Celle-ci paroît même avoir été la première en usage ; elle suffisoit lorsque les peuples n'avoient à échanger que des choses de peu de valeur.

En devenant monnoie, les métaux n'ont

En devenant monnoie, les mé-

teur) n'ont pas cessé d'être marchandise.

pas cessé d'être marchandise : ils ont une empreinte de plus et une nouvelle dénomination ; mais ils sont toujours ce qu'ils étoient, et ils n'auroient pas une valeur comme monnoie, s'ils ne continuoient pas d'en avoir une comme marchandise. Cette observation n'est pas aussi inutile qu'elle pourroit le paroître ; car on diroit, aux raisonnemens qu'on fait communément sur la monnoie, qu'elle n'est pas une marchandise, et que cependant on ne sait pas trop ce qu'elle est.

Comment l'usage de la monnoie d'or et d'argent est une preuve de richesse.

La monnoie d'or et d'argent fait voir qu'il y a dans le commerce des choses de grand prix. Elle est donc une preuve de richesse. Mais ce n'est pas en raison de sa quantité : car le commerce peut se faire avec moins comme avec plus. Si elle étoit huit fois plus abondante, elle auroit huit fois moins de valeur, et il en faudroit porter au marché un marc au lieu d'une once : si elle étoit huit fois plus rare, elle auroit huit fois plus de valeur, et il n'en faudroit porter qu'une once au lieu d'un marc. Elle est donc une preuve de richesse, par cela seul qu'elle est en usage. C'est qu'avant une grande valeur par elle-même, elle prouve qu'il y a dans le commerce des choses qui ont aussi une grande valeur. Mais, si elle devenoit aussi commune que le cuivre, elle perdroit de sa valeur ; et alors elle pourroit, dans les échanges, servir de mesure aux nations qui nous paroissent les plus pauvres. Lorsque nous traiterons de la circulation de l'argent, nous verrons comment on juge de son abondance et de sa rareté.

Employés comme monnoie, l'or et l'argent eurent un nouvel usage, une nouvelle utilité. Ces métaux acquirent donc une nouvelle valeur. Une abondance d'or et d'argent est donc une abondance de choses qui ont une valeur : elle est une richesse.

En quel sens une abondance d'or et d'argent est une richesse.

Mais, quelque valeur qu'on attache à l'or et à l'argent, ce n'est point dans l'abondance de ces métaux qu'est la richesse première et principale. Cette richesse n'est que dans l'abondance des productions qui se consomment. Cependant, parce qu'avec de l'or et de l'argent on peut ne manquer de rien, on s'accoutume bientôt à regarder ces métaux comme l'unique richesse, ou du moins comme la principale ; c'est une erreur. Mais ce seroit une autre erreur de dire qu'une abondance d'or et d'argent n'est pas une vraie richesse. Il faut se borner à distinguer des richesses de deux ordres.

<small>Ceux qui regardent l'or et l'argent comme signes représentatifs de la valeur des choses s'expriment avec peu d'exactitude.</small>

Je remarquerai, en finissant ce chapitre, que ceux qui considèrent les monnoies comme signes représentatifs de la valeur des choses, s'expriment avec trop peu d'exactitude, parce qu'ils paroissent les regarder comme des signes choisis arbitrairement, et qui n'ont qu'une valeur de convention. S'ils avoient remarqué que les métaux, avant d'être monnoie, ont été une marchandise, et qu'ils ont continué d'en être une, ils auroient reconnu qu'ils ne sont propres à être la mesure commune de toutes les valeurs, que parce qu'ils en ont une par eux-mêmes, et indépendamment de toute convention.

CHAPITRE XV.

Que l'argent, employé comme mesure des valeurs, a fait tomber dans des méprises sur la valeur des choses.

Nous avons remarqué que, lorsque le commerce se fait par l'échange des choses dont on surabonde, chacun donne une chose qui n'a point de valeur par rapport à lui, parce qu'il n'en peut faire aucun usage, pour une chose qui a une valeur par rapport à lui, parce qu'il en peut faire usage, et que, par conséquent, chacun donne moins pour plus. Or c'est ainsi qu'il eût été naturel de juger toujours des valeurs, si on eût toujours commercé par échanges et sans argent monnoyé.

Si on eût toujours commercé par échange, et sans argent, il eût été naturel de juger qu'on échange moins contre plus.

Mais, lorsque l'argent eut été pris pour mesure commune des valeurs, il fut également naturel de juger qu'on donnoit, dans les échanges, valeur égale pour valeur égale, toutes les fois que les choses qu'on échan-

Quand l'argent a été employé comme mesure commune, il a été naturel de juger qu'on échange valeur égale contre valeur égale.

geoit étoient estimées égales en valeur chacune à une même quantité d'argent.

On voyoit que, par le moyen de l'argent, on pouvoit déterminer, avec quelque précision, une valeur respective entre deux quantités de nature différente, entre une quantité de blé, par exemple, et une quantité de vin. Dès-lors on ne vit plus, dans ces valeurs respectives, que la quantité d'argent qui en étoit la mesure : on fit abstraction de toute autre considération ; et, parce que cette quantité étoit la même, on jugea qu'on donnoit dans les échanges valeur égale pour valeur égale.

Mais, pour juger si ou donne moins ou plus, il faut considérer si ce qu'on donne est surabondant ou nécessaire.

Cependant lorsque je vous livre une quantité de blé, appréciée dix onces d'argent, pour recevoir de vous une quantité de vin de même prix, il n'est pas sûr que cet échange soit également avantageux pour vous et pour moi, quoique ces deux quantités paroissent l'équivalent l'une de l'autre.

En effet, si le blé que je vous ai livré m'est absolument nécessaire, et que le vin que vous m'avez donné soit surabondant pour vous, l'avantage sera de votre côté, et le désavantage du mien.

Il ne suffit donc pas de comparer quantité en argent à quantité en argent, pour juger qui gagne de vous ou de moi. Il y a encore une considération qui doit entrer dans le calcul; c'est de savoir si nous échangeons tous deux un surabondant pour une chose nécessaire. En pareil cas, l'avantage est égal pour l'un et pour l'autre, et nous donnons chacun moins pour plus; dans tout autre, il ne peut être égal, et un de nous deux donne plus pour moins.

Nous avons remarqué que, dans les échanges, les choses sont réciproquement le prix les unes des autres. Nous remarquerons ici que si l'argent est la mesure de la valeur des choses qu'on achète, la valeur des choses qu'on achète est réciproquement la mesure de la valeur de l'argent. Supposer, par exemple, qu'avec six onces d'argent on peut acheter un muid de blé, n'est-ce pas supposer qu'un muid de blé est la mesure de la valeur de six onces d'argent ?

Quand donc on a pris l'argent pour mesure commune de toutes les valeurs, c'est uniquement, comme nous l'avons vu, parce qu'il est, de tous les effets commerçables,

> L'erreur où l'on tombe à ce sujet vient de ce qu'on est porté à regarder l'argent comme mesure absolue de toutes les valeurs.

le plus propre à cet usage; et cela ne suppose pas qu'il ne puisse avoir lui-même pour mesure, la valeur des choses contre lesquelles on échange. Au contraire, il est évident que la valeur de ce qu'on achète est toujours la mesure de la valeur de l'argent qu'on donne.

Mais dès qu'on a eu pris l'argent pour mesure commune, on l'a bientôt regardé comme mesure absolue; c'est-à-dire, comme une mesure qui est mesure par elle-même, indépendamment de toute relation, ou comme une chose qui, par sa nature, mesure toutes les autres, et n'est mesurée par aucune. Cette méprise ne pouvoit manquer de répandre beaucoup de confusion. Aussi a-t-elle fait voir une valeur égale dans les choses qu'on échange, et on a fait de cette valeur égale un principe de commerce.

C'est l'inégalité de valeur qui donne lieu aux échanges.

Cependant, si ce que je vous offre étoit égal pour vous en valeur, ou, ce qui est la même chose, en utilité, à ce que vous m'offrez; et si ce que vous m'offrez étoit égal pour moi à ce que je vous offre, nous resterions l'un et l'autre avec ce que nous avons, et nous ne ferions point d'échange. Quand nous en faisons, nous jugeons donc vous et moi que nous recevons chacun plus que nous ne donnons, ou que nous donnons moins pour plus.

Rappelons-nous le temps où les Européens commençoient à commercer en Amérique, et où, pour des choses auxquelles nous attachons peu de valeur, ils en recevoient d'autres auxquelles nous attachons la plus grande.

On conviendra que, suivant notre façon de penser, ils donnoient moins pour plus, lorsqu'ils donnoient un couteau, une épée ou un miroir pour un lingot d'argent, ou pour un lingot d'or. Mais on ne pourra pas disconvenir que l'Américain ne donnât aussi moins pour plus, lorsqu'il donnoit, par exemple, un lingot d'or pour un couteau: car il donnoit une chose à laquelle, dans son pays, on n'attachoit point de valeur, parce qu'elle y étoit inutile, pour une chose à laquelle on attachoit une valeur, parce qu'elle y étoit utile.

On disoit alors que les Américains ne connoissoient pas le prix de l'or et de l'argent. On parloit comme si ces métaux devoient avoir une valeur absolue. On ne songeoit pas qu'ils n'en ont qu'une relative aux usages de l'homme; et que, par conséquent, ils n'en ont point pour un peuple qui n'en fait rien.

L'inégalité de valeur, suivant les usages et les opinions des peuples, voilà ce qui a produit le commerce, et ce qui l'entretient, parce que c'est là ce qui fait que, dans les échanges, chacun a l'avantage de donner moins pour plus.

Comment l'argent peut être considéré comme chose nécessaire, ou comme chose surabondante.

Cependant, parce qu'on n'est pas porté à croire que l'argent puisse être surabondant, en quelque quantité qu'on en ait, on aura de la peine à comprendre que, lorsqu'on en donne pour une chose qu'on achète, on ait l'avantage de donner moins pour plus, sur-tout si la chose est ce qu'on appelle chère. Voyons donc comment l'argent peut être considéré comme chose nécessaire, ou comme chose surabondante.

Tout votre bien est en terres, et vous avez des denrées de toutes espèces, plus que vous n'en pouvez consommer. Il est évident qu'en livrant les denrées surabondantes à votre consommation, vous abandonnez une chose qui vous est inutile; et, que pour peu que vous trouviez d'utilité dans ce que vous aurez reçu en échange, vous aurez donné moins pour plus.

Je n'ai que des rentes, et tout mon revenu est en argent. Or je ne puis pas subsister avec cet argent, comme vous avec vos denrées. Il m'est donc inutile par lui-même, et il le seroit toujours, si je ne trouvois pas à l'échanger avec vous ou avec quelque autre. Quand je le livre, j'abandonne donc une chose qui m'est inutile pour une chose qui m'est nécessaire, et je donne moins pour plus. Mais nous nous trouvons dans des positions bien différentes : car, dans le produit de vos terres, il n'y a d'inutiles pour vous que les denrées surabondantes à votre consommation; au lieu que, dans le produit de mes rentes, si je ne trouve pas à l'échanger, tout est inutile pour moi, puisqu'il n'y a rien pour ma consommation.

L'argent, inutile par lui-même, parce qu'avec l'argent seul on ne sauroit subsister, ne devient donc utile que parce qu'ayant été choisi pour mesure commune de toutes les valeurs, il est reçu pour prix des choses qu'on achète.

Or la quantité d'argent qu'il me faut pour me fournir de toutes les choses nécessaires à ma subsistance est pour moi ce que sont pour vous les denrées que vous êtes obligé de réserver pour subsister vous-même. Si je livrois cet argent pour des choses inutiles à ma consommation, je ferois un échange désavantageux; je donnerois une chose nécessaire pour une chose inutile, je donnerois plus pour moins.

Mais l'argent qui me reste, lorsque j'ai mis à part tout celui qui est nécessaire à ma subsistance, est un surabondant pour moi, comme les denrées, que vous ne devez pas consommer, en sont un pour vous.

Or, plus je suis assuré de subsister conséquemment aux besoins que je me suis faits, moins ce surabondant en argent a de valeur pour moi. Je n'y regarderai donc pas de fort près; et, lors même que j'en donnerai pour des frivolités dont je voudrai essayer la jouissance, je croirai donner moins pour plus.

Il en sera de même pour vous, lorsque,

après avoir fait une provision abondante de productions de toutes espèces, il ne pourra rien manquer à votre subsistance. Alors ce qui vous restera est un surabondant que vous donnerez volontiers pour une frivolité qui paroîtra n'avoir point de valeur.

Il arrivera de-là que la valeur des choses nécessaires sera toujours mieux appréciée que la valeur des choses superflues, et ces valeurs ne seront point en proportion l'une avec l'autre. Le prix des choses nécessaires sera très-bas par comparaison au prix des choses superflues, parce que tout le monde est intéressé à les apprécier au plus juste. Au contraire, le prix des choses superflues sera très-haut par comparaison au prix des choses nécessaires, parce que ceux-mêmes qui les achètent ne sont pas intéressés à les estimer avec précision. Mais enfin, à quelque prix qu'on les achète, ou quelque chères qu'elles paroissent, celui qui les paie avec un argent surabondant est toujours censé donner moins pour plus.

Pourquoi le prix des choses nécessaires est toujours bas en comparaison du prix des choses superflues.

CHAPITRE XVI.

De la circulation de l'argent.

<small>Ce qu'on entend par circulation de l'argent.</small> CHAQUE année, aux temps marqués, les fermiers apportent dans les villes le prix entier de leurs baux : chaque jour de marché, ils vendent quelques denrées; et par conséquent ils reportent, en détail, dans leur village, les sommes qu'ils ont payées aux propriétaires.

Le marchand, dans le cours de l'année, reçoit en détail le prix des marchandises qu'il a achetées en gros; et l'artisan, qui a acheté en gros les matières premières, les revend en détail lorsqu'il les a travaillées. Ainsi les ventes remboursent journellement, par de petites sommes, les grosses sommes qui ont été employées à de gros paiemens ou à de gros achats; et, ce remboursement fait, on paie ou on achète encore avec de grosses sommes pour se rembourser en détail par de nouvelles ventes.

L'argent se distribue donc continuellement, pour se ramasser ensuite comme dans des réservoirs, d'où il se répand par une multitude de petits canaux, qui le reportent dans les premiers réservoirs, d'où il se répand de nouveau, et où il se reporte encore. Ce mouvement continuel, qui le ramasse pour le distribuer, et qui le distribue pour le ramasser, est ce qu'on nomme *circulation*.

Est-il nécessaire de remarquer que cette circulation suppose qu'à chaque mouvement que fait l'argent il se fait un échange ; et que, lorsqu'il se meut sans occasionner d'échange, il n'y a point de circulation ? L'argent, par exemple, qui vient des impôts, a passé par bien des mains avant d'arriver dans le trésor du souverain. Mais ce n'est pas là une circulation ; ce n'est qu'un transport, et souvent un transport fort dispendieux. Il faut que, par la circulation, l'argent se transforme en quelque sorte dans toutes les choses qui sont propres à entretenir la vie et la force dans le corps politique. Celui qui provient de l'impôt ne commence donc à circuler que

L'argent ne circule qu'autant qu'il s'échange.

lorsque le souverain l'échange contre des productions ou contre des travaux.

Tout l'argent qui est dans le commerce circule.

Tout l'argent qui est dans le commerce circule des réservoirs dans les canaux, et des canaux dans les réservoirs. Si quelque obstacle suspend cette circulation, le commerce languit.

Il y a toujours dans l'état un argent qui ne circule pas.

Je dis *tout l'argent qui est dans le commerce*, et je ne dis pas tout celui qui est dans l'état. Il y en a toujours une certaine quantité qui ne circule point; tel est celui qu'on met en réserve pour avoir une ressource en cas d'accident, ou pour améliorer quelque jour sa condition; telles sont encore les épargnes des avares qui retranchent sur leur nécessaire.

Il importe peu qu'il y ait plus ou moins d'argent dans la circulation.

Cet argent ne circule pas actuellement; mais il importe peu qu'il y en ait plus ou moins dans la circulation : le grand point est qu'il circule librement.

Nous avons vu que l'argent n'est une mesure des valeurs que parce qu'il en a une lui-même; que, s'il est rare, il en a une plus grande; et qu'il en a une plus petite, s'il est abondant.

Qu'il y ait donc dans le commerce le

double d'argent, on donnera pour une marchandise deux onces de ce métal au lieu d'une; et qu'il y en ait la moitié moins, on n'en donnera qu'une demi-once au lieu d'une once entière. Dans le premier cas, un propriétaire qui affermoit sa terre cinquante onces, l'affermera cent; et, dans le second, il l'affermera vingt-cinq. Mais, avec cent onces, il ne fera que ce qu'il faisoit avec cinquante; comme, avec cinquante, il ne fera que ce qu'il faisoit avec vingt-cinq. Ce seroit donc une illusion à lui de se croire plus riche dans un de ces cas que dans l'autre. Son revenu est toujours le même, quoique le numéraire en soit plus ou moins grand. Qu'on le compte par cent onces, par cinquante, par vingt-cinq, on n'y change rien; puisqu'avec ces différentes manières de compter, on ne peut jamais faire que les mêmes consommations.

On voit donc qu'il est assez indifférent qu'il y ait beaucoup d'argent, et qu'il seroit même avantageux qu'il y en eût moins. En effet, le commerce se feroit plus commodément. Quel embarras ne seroit-ce pas si l'argent étoit aussi commun que le fer?

Il seroit même avantageux qu'il y en eût moins.

C'est de la terre cultivée que sortent toutes les productions. On peut donc regarder les fermiers comme les premiers réservoirs de tout l'argent qui circule.

<small>Réservoirs qui servent à cette circulation.
1°. Les fermiers.</small>

Il s'en répand une partie sur les terres pour les frais de la culture; une autre partie, en différentes fois, est portée peu-à-peu dans les villes, où les fermiers achètent les matières travaillées qu'ils ne trouvent pas dans leurs villages. Enfin une dernière y est apportée, en grosses sommes, pour le paiement des baux.

<small>2°. Les propriétaires.</small>

Les propriétaires sont donc d'autres réservoirs d'où l'argent se répand parmi les artisans qui travaillent pour eux, parmi les marchands chez qui ils achètent, et parmi les fermiers qui viennent à la ville vendre leurs denrées.

<small>3°. Les marchands et les artisans.</small>

Le marchand, qui se propose de faire de gros achats, devient à son tour, un réservoir, à mesure qu'il débite sa marchandise; et il en est de même de l'artisan qui a besoin d'amasser afin de pouvoir faire provision de matières premières.

Je conviens que le marchand et l'artisan peuvent acheter à crédit, pour payer ensuite à différens termes. Mais, soit qu'ils paient en achetant, soit qu'ils ne paient qu'après, il faut nécessairement qu'ils prélèvent chaque jour sur ce qu'ils vendent, s'ils veulent ne pas manquer à leurs engagemens. C'est donc pour eux une nécessité d'amasser.

Il seroit avantageux que l'usage du crédit s'établît, parce qu'alors un marchand et un artisan pourroient, sans argent, avoir un fonds, l'un de marchandises, l'autre de matières premières; et que par conséquent un plus grand nombre d'hommes industrieux concourroient aux progrès du commerce. Il faut pour cela que la bonne foi amène la confiance. C'est ce qui arrive sur-tout dans les républiques qui ont des mœurs, c'est-à-dire, de la simplicité et de la frugalité. *Le crédit tient lieu d'argent.*

Le marchand et l'artisan ne peuvent rien sans argent, ou du moins sans crédit. Il n'en est pas de même des fermiers. Si l'un ou l'autre leur est nécessaire pour les choses qu'ils achètent à la ville, ils n'en ont pas le même besoin pour fournir aux frais de la culture, parce qu'ils peuvent payer avec le grain qu'ils récoltent; avec les boissons qu'ils font, avec les bestiaux qu'ils élèvent, tous les ha- *Les fermiers peuvent faire sans argent presque tous les frais de culture.*

bitans de la campagne qui travaillent pour eux. L'usage règle les salaires qu'ils doivent, et les denrées qu'ils livrent sont évaluées sur le prix du marché.

C'est pourquoi l'arg nt circule peu dans les campagnes. Ainsi on ne dépense point d'argent dans les campagnes, ou on en dépense peu ; et, comme on n'en peut gagner d'un côté qu'autant qu'il s'en dépense de l'autre, il doit arriver que ceux qui travaillent pour les fermiers gagnent peu d'argent, ou n'en gagnent point du tout. L'argent circule donc moins dans les campagnes qu'ailleurs.

Les villes sont les grands réservoirs de la circulation. Il résulte de-là que les villes sont, en dernière analyse, les grands réservoirs où l'argent entre, et d'où il sort par un mouvement qui se soutient, ou qui se renouvelle continuellement.

Quantité d'argent nécessaire au commerce. Supposons que la moitié de notre peuplade habite la ville, où nous avons vu que les propriétaires font une consommation plus grande que celle qu'ils faisoient dans leurs villages, et où, par conséquent, on consommera plus de la moitié du produit des terres.

Évaluons, pour fixer nos idées, le produit de toutes les terres à deux mille onces d'argent. Dans cette supposition, puisque les habitans de la ville consomment plus de la moitié des productions, ils auront besoin de plus de mille onces d'argent pour acheter toutes les choses nécessaires à leur subsistance. Je suppose qu'il leur en faut douze cents, et je dis que, si cette somme leur suffit elle suffira pour entretenir le commerce dans toute la peuplade. C'est qu'elle passera aux fermiers pour revenir aux propriétaires; et, comme cette révolution ne s'achevera que pour recommencer, ce sera toujours avec la même quantité d'argent que les échanges se feront dans la ville et dans les campagnes. De-là on pouroit conjecturer que la quantité d'argent nécessaire au commerce dépend principalement de la quantité des consommations qui se font dans les villes; ou que cette quantité d'argent est à-peu-près égale à la valeur des productions que les villes consomment.

Il est au moins certain qu'elle ne sauroit être égale en valeur au produit de toutes les terres. En effet quoique nous ayons évalué ce produit à deux mille onces d'argent, il ne suffiroit pas de donner à notre peuplade ces deux mille onces, pour lui donner en argent une valeur égale au produit de toutes ses terres. L'argent perdroit d'autant plus de sa valeur qu'il seroit plus commun: les deux mille onces n'en vaudroient que douze cents. C'est donc en vain qu'on mettroit dans le commerce une plus grande quantité d'argent. Cette quantité, quelle qu'elle fût, ne pouroit jamais avoir qu'une valeur égale à-peu-près à la valeur des productions qui se consomment dans les villes.

En effet, comme les richesses des campagnes sont en productions, les richesses des villes sont en argent. Or si, dans les villes où nous supposons qu'au bout de chaque année les consommations ont été payées avec douze cents onces, nous répandons tout-à-coup huit cents onces de plus, il est évident que l'argent perdra de sa valeur, à proportion qu'il deviendra plus abondant. On paiera donc vingt onces, ou à-peu-près, ce qu'on payoit douze; et par conséquent les deux mille onces n'auront que la valeur de douze cents, ou à-peu-près. Je dis *à-peu-près*, parce que ces proportions ne peuvent pas se régler d'après des calculs précis et géométriques.

La quantité d'argent nécessaire au commerce doit encore varier suivant les circonstances.

Cette quantité doit varier suivant les circonstances.

Supposons que le paiement des baux et celui de toutes les choses qui s'achètent à crédit se font une fois l'an, et que, pour les solder, il faille aux débiteurs mille onces d'argent, il faudra, relativement à ces paiemens, mille onces d'argent dans la circulation.

Mais, si les paiemens se faisoient par semestre, il suffiroit de la moitié de cette somme; parce que cinq cents onces, payées deux fois, sont équivalentes à mille payées une. On voit que, si les paiemens se faisoient en quatre termes égaux, ce seroit assez de deux cent cinquante onces.

Pour simplifier le calcul, je fais abstraction des petites dépenses journalières qui se font argent comptant. Mais on dira sans doute que je n'établis rien de précis sur la quantité d'argent qui est dans la circulation (1). Je réponds que mon objet est uni-

---

(1) On estime que l'argent qui circule dans les états de l'Europe est, en général, égal au moins à la moitié du produit des terres, et tout au plus aux

quement de faire voir que le commerce intérieur peut se faire, et se fait, suivant les usages des pays, avec moins d'argent circulant, comme avec plus; et il n'est pas inutile de le remarquer, aujourd'hui qu'on s'imagine qu'un état n'est riche qu'à proportion qu'il a plus d'argent.

<small>Dans les grandes entreprises de commerce, il faut moins d'argent à proportion que dans les petites.</small>

Souvent il faut peu d'argent dans le commerce, et le crédit en tient lieu. Établis dans des pays différens, les trafiquans ou négocians s'envoient mutuellement des marchandises qui ont plus de prix dans les lieux où elles sont transportées; et, en continuant de vendre, chacun pour son compte, celles qu'ils ont conservées, ils vendent tous, pour le compte les uns des autres, celles qu'ils ont reçues. Par ce moyen, ils peuvent faire un gros commerce sans avoir besoin qu'il y ait entre eux une circulation d'argent. Car en évaluant, d'après le prix

---

deux tiers. *Essai sur la nature du commerce*, liv. 2, *chap*. 3. J'ai tiré de cet ouvrage le fond de ce chapitre, et plusieurs observations dont j'ai fait usage dans d'autres. C'est sur cette matière un des meilleurs ouvrages que je connoisse : mais je ne les connois pas tous, à beaucoup près.

courant, les marchandises qu'ils se sont confiées, il n'y aura à payer que ce que quelques-uns auront fourni de plus, encore pourra-t-on s'acquitter envers eux en leur envoyant d'autres marchandises. C'est ainsi que les plus grandes entreprises sont souvent celles où l'argent circule en moindre quantité.

Mais il faut de l'argent pour les dépenses journalières : il en faut pour payer le salaire des artisans qui vivent de leur travail au jour le jour : il en faut pour les petits marchands qui n'achètent et ne revendent qu'en détail, et qui ont besoin que leurs fonds leur rentrent continuellement.

> Dans les petites, il en faut moins à proportion que la circulation est plus rapide.

C'est dans les petits canaux que la circulation se fait plus sensiblement et plus rapidement. Mais plus elle est rapide, plus les mêmes pièces de monnoie passent et repassent souvent par les mêmes mains; et comme, en pareil cas, une seule tient lieu de plusieurs, il est évident que ce petit commerce peut se faire avec une quantité qui décroît à proportion que la circulation devient plus rapide. Ainsi dans les petits canaux il faut peu d'argent, parce qu'il circule avec rapidité ; et dans les grands il en faut moins encore, parce que souvent il circule à peine.

<small>On ne peut rien assurer sur la quantité d'argent qui est dans la circulation.</small> Concluons qu'il est impossible de rien assurer sur la quantité précise d'argent circulant qui est ou qui doit être dans le commerce. Je pourrois l'avoir portée beaucoup trop haut lorsque je l'ai supposée à-peu-près égale à la valeur des productions qui se consomment annuellement dans les villes. Car, au commencement de janvier, chaque citoyen n'a certainement pas tout l'argent dont il aura besoin dans le cours de l'année ; mais, parce qu'à mesure qu'il en dépense il en gagne, on conçoit qu'à la fin de l'année les mêmes pièces de monnoie sont rentrées bien des fois dans les villes, comme elles en sont sorties bien des fois.

<small>Circulation de l'argent par le change.</small> La circulation de l'argent seroit bien lente s'il falloit toujours le transporter à grands frais dans les lieux éloignés où l'on peut en avoir besoin. Il importeroit donc de pouvoir lui faire franchir en quelque sorte les plus grands intervalles. C'est à quoi on réussit par le moyen du change, dont nous allons traiter.

CHAPITRE XVII.

Du change.

Pourquoi les opérations du change, simples en elles-mêmes, sont-elles devenues dans toutes les langues des choses si difficiles à comprendre ? Étoit-il donc impossible aux banquiers de s'expliquer plus clairement ? Je n'ai point étudié leur langage : mais, dans le dessein où je suis de répandre quelques lumières sur cette partie du commerce, je n'ai besoin que d'étudier le change, il s'expliquera de lui-même, si je m'en fais des idées exactes.

Les opérations du change doivent s'expliquer d'elles-mêmes.

Je veux faire passer cent mille francs à Bordeaux. Si j'étois obligé de les faire voiturer, il m'en coûteroit des frais, et j'aurois des risques à courir. Mais il y a à Paris des Bordelais qui ont eux-mêmes besoin de faire venir de l'argent de Bordeaux, et il y a des négocians à qui cette ville doit parce qu'ils y ont envoyé des marchandises.

Lettres de change.

Je cherche et je trouve un Bordelais qui a, à Bordeaux, cinquante mille francs qu'il voudroit avoir à Paris. Il ne s'agit plus que de faire un échange de cinquante mille francs qui sont à Paris, contre cinquante mille francs qui sont à Bordeaux. Or nous y avons tous les deux le même avantage, puisque nous évitons l'un et l'autre tous frais et tous risques. En conséquence, je lui compte cinquante mille francs à Paris, et il me donne, sur celui qui a ses fonds à Bordeaux, une lettre par laquelle il lui dit de payer à mon ordre cinquante mille francs au porteur. Voilà donc la moitié de ma somme que j'ai fait passer à Bordeaux. L'autre moitié y passera de la même manière, parce que je trouve des négocians à qui il est dû dans cette ville, et qui me donnent de pareilles lettres pour cinquante mille francs que je leur compte.

Par le moyen de ces lettres, on échange donc des sommes qui sont à distance l'une de l'autre. C'est pourquoi on les a nommées *Lettres de change*.

Dans toutes les villes du royaume, il y a des personnes qui sont dans le même cas que moi ; et dans toutes aussi on a la ressource des lettres de change, parce que le commerce qu'elles font entre elles les met continuellement dans un état de dettes les unes par rapport aux autres. Il faut seulement remarquer que cette ressource est plus fréquente dans les villes marchandes ou d'un grand abord.

Mais si, toutes les fois qu'on a besoin d'une lettre de change, il falloit aller de porte en porte pour trouver le négociant qui la peut donner, ce seroit certainement un grand embarras. Voilà ce qui a réveillé l'industrie de quelques particuliers, et ce qui a produit peu-à-peu une classe d'hommes qu'on nomme *agens de change*, parce qu'avec les lettres qu'ils donnent on fait l'échange de deux sommes qui sont à distance l'une de l'autre.

Agens de change ou banquiers.

Entre plusieurs manières dont cette classe a pu se produire, j'en imagine une. Je suppose un particulier riche qui a des terres dans différentes provinces, et qui, ne sachant comment faire venir ses revenus, charge son homme d'affaires d'y pourvoir. Celui-ci cherche dans Paris des négocians qui tirent de ces provinces différentes marchandises, et qui, par conséquent, ont besoin d'y faire passer de l'argent. Il leur donne des lettres de change sur ces provinces : les négocians le paient lui-même à Paris ; et, une fois qu'il a établi sa correspondance avec eux, les revenus de son maître arrivent toutes les années avec la même facilité.

Le maître, qui ne sait point comment tout cela se fait, admire l'esprit de son homme d'affaires. Il ne cesse d'en faire l'éloge à ses connoissances. Tous les gens riches s'adressent donc à cet homme, et il les étonne tous également.

Le voilà agent de change : avec une correspondance qui s'étend continuellement, il est en état de faire trouver de l'argent par-tout, et on vient à lui de toutes parts. Alors il n'a plus besoin de servir un maître. Il prend une maison dans laquelle il établit son bureau de change, et, de la table sur laquelle il compte l'argent, et qu'on nomme *banque*, il prend le nom de *banquier*. S'il étoit seul, il porteroit son salaire au plus haut ; mais, heureusement pour le public, sa fortune, qui est une preuve de ce qu'il gagne, lui donne des concurrens, et les banquiers se multiplient.

On nommoit originairement *agio* le profit que faisoit un banquier dans son négoce ; terme qui est devenu odieux, et qui signifie aujourd'hui un profit excessif et usuraire, fait dans la banque.

Le banquier a droit à un salaire.

Il est dû sans doute un bénéfice aux banquiers. Quelquefois ils sont obligés de faire voiturer de l'argent : ils font des frais pour entretenir leurs correspondances ; enfin ils donnent leur temps et leurs soins.

On conçoit que leur salaire se réglera, comme tous les autres, par la concurrence. Mais il se trouve dans le change une multitude de circonstances que le public ignore ; et un banquier, qui a eu l'art de gagner la confiance, peut d'autant plus en abuser, qu'il fait la banque en quelque sorte exclusivement. Observons le change entre les différentes villes d'un royaume : nous l'observerons ensuite de nation à nation.

Mais il peut abuser de l'ignorance du public.

Dans le commerce, celui qui prend des marchandises pour les payer dans un terme convenu, reconnoît par écrit qu'il paiera telle somme ; et cette reconnoissance, entre les mains de celui à qui il la fait, se nomme *créance*, parce qu'elle est un titre,

Créance.

sur lequel on doit croire qu'on sera payé. Ainsi créance est opposé à dette, comme créancier à débiteur.

<small>Comment plusieurs créances disparoissent par un virement de parties.</small>

Je suppose que des marchands de Paris aient pour cent mille francs de créances sur Bordeaux, et que des marchands de Bordeaux aient pour pareille somme des créances sur Paris : toutes ces créances disparoîtront par un simple virement de parties, c'est-à-dire, lorsqu'à Bordeaux les marchands qui doivent à Paris paieront ceux à qui Paris doit, et qu'à Paris les marchands qui doivent à Bordeaux paieront ceux à qui Bordeaux doit.

<small>Comment plusieurs dettes se soldent par une seule lettre de change.</small>

Si Paris doit à Nantes cent mille francs, Nantes cent mille francs à Bordeaux, Bordeaux cent mille francs à Lyon, et Lyon cent mille francs à Paris, il suffira, pour solder toutes ces dettes, que Paris envoie à Nantes cent mille francs de lettres de change sur Lyon, parce qu'avec ces lettres Nantes paiera Bordeaux, et Bordeaux paiera Lyon. En pareil cas, les négocians peuvent faire le change entre eux, sans l'entremise d'aucun banquier, et l'opération en est bien simple.

Mais moi, qui ne fais pas le négoce, et qui ne suis point instruit de ce qui se passe dans les places de commerce, je suis obligé de m'adresser à un banquier lorsque je veux faire passer de l'argent dans une province. Or ce banquier pourroit n'avoir à payer que les frais de transport de chez lui chez quelques marchands de Paris, et cependant il dépendroit de lui de se prévaloir de mon ignorance, et d'exiger de moi un salaire beaucoup trop fort. Cet abus pourroit avoir lieu s'il n'y avoit à Paris qu'un seul banquier ; mais il y en a plusieurs, beaucoup d'honnêtes, et la concurrence les force tous à l'être.

Toute lettre de change suppose une dette de la part de celui sur qui elle est tirée. Bordeaux, par exemple, n'en peut donner sur Paris que parce que Paris doit à Bordeaux. Or ce sont les dettes ou créances réciproques entres les villes qui règlent toutes les opérations du change. *Les dettes réciproques entre les villes règlent toutes les opérations du change.*

Entre deux villes, les dettes peuvent être égales de part et d'autre : Lyon peut devoir à Paris cent mille francs, et Paris, peut devoir à Lyon pareille somme. *Les dettes réciproques sont égales ou inégales.*

Les dettes peuvent aussi être inégales : Lyon peut devoir à Paris trois cent mille francs, et Paris peut en devoir à Lyon quatre cent mille.

Lorsque les dettes sont égales, le change retourne, et se fait somme égale pour somme égale non pas valeur égale pour valeur égale.

Dans le cas d'égalité de dettes de part et d'autre, si nous n'avons égard qu'à cette seule considération, il est certain que deux marchands, dont l'un, qui est à Paris, a besoin de cent mille francs à Lyon, et dont l'autre, qui est à Lyon, a besoin de cent mille francs à Paris, doivent faire cet échange, somme égale pour somme égale. Car ils trouvent tous deux le même avantage à donner cent mille francs pour cent mille francs ; et, puisque cet échange n'oblige pas l'un à plus de frais que l'autre, aucun des deux n'est en droit d'exiger au-delà de cent mille francs.

Lorsque le change se fait d'une ville à l'autre, somme égale pour somme égale, on dit qu'il est au pair.

Remarquez que je dis *somme* et non pas *valeur :* car ces deux mots ne sont pas synonymes. Lorsqu'à Paris je vous donne cent mille francs pour toucher cent mille francs à Lyon, les sommes sont égales ; et cependant je donne une valeur moindre par rapport à moi pour une plus grande, s'il m'est plus avantageux d'avoir cent mille francs à Lyon qu'à Paris. Il en est de même de vous : vous me donnez une valeur moindre pour une plus grande, si vous trouvez un avantage à avoir cet argent à Paris plutôt qu'à Lyon. Il faut se rappeler ce que nous avons dit sur les échanges.

Dans le cas où les dettes, entre deux villes, sont inégales ; lorsque Paris doit à Lyon, par exemple, quatre cent mille livres, et que Lyon n'en doit à Paris que trois cent mille, on pourroit solder trois cent mille avec les lettres de change ; mais il restera cent mille francs qu'il faudra voiturer de Paris à Lyon.

Comment le change est au-dessus du pair dans la ville qui doit.

En soldant les trois cent mille francs de dettes respectives avec des lettres de change, les marchands peuvent faire entre eux le change au pair, c'est-à-dire, somme égale pour somme égale.

Il reste encore cent mille francs à payer. Les marchands de Paris s'adressent à un banquier, qui, n'ayant pas de fonds à Lyon, est obligé d'y faire voiturer cette somme, et à qui par conséquent, outre un salaire, on devra des frais de voiture. Or je suppose qu'on est convenu de lui donner pour le tout quatre pour cent, on lui comptera donc quatre mille francs à Paris, et il donnera des lettres sur Lyon pour cent mille.

Dans cet exemple, le change hausse au-dessus du pair, puisque les marchands donnent à Paris une somme plus grande que celle qu'on leur fait toucher à Lyon.

Comment il est au-dessous dans la ville à qui il est dû. Les marchands de Lyon ont des créances sur Paris. Ils ne sont donc pas dans le cas d'y envoyer de l'argent : ils ont plutôt besoin d'en faire venir.

Que, dans cette circonstance, quelqu'un offre de leur donner quatre-vingt-dix-huit mille francs pour cent mille francs de lettres de change sur Paris, ils accepteront la proposition; parce qu'il ne leur en coûtera, pour avoir leur argent à Lyon, que deux mille livres, au lieu de quatre mille que leurs correspondans auroient payées au banquier.

Quand on donne une moindre somme pour en recevoir une plus grande, on dit que le change est au-dessous du pair.

D'après ces explications on peut juger que le change, ainsi que l'échange, n'est d'une part qu'un achat, et de l'autre qu'une vente ; que dans ce négoce l'argent est la seule marchandise qui s'achète et qui se vend ; et que les banquiers ne sont que des marchands d'argent. Il est essentiel de ne voir dans les choses que ce qu'il y a, si on veut en parler avec clarté et précision.

Dès que le change est un achat, on peut considérer, comme prix du change, la somme que je donne à Paris pour une somme qu'on doit me livrer à Lyon. Aussi lui donne-t-on le nom de *prix du change*.

Le change se régleroit, comme je viens de l'expliquer, si on savoit toujours exactement l'état des dettes réciproques entre deux villes ; mais cela n'est pas possible, sur-tout lorsque le change se fait entre deux villes qui, telles que Paris et Lyon, font un grand commerce l'une avec l'autre.

Si on sait, par exemple, que Paris doit, on ignore la quantité, soit parce que cette quantité peut varier d'un jour à l'autre, soit parce que les négocians, qui s'assemblent dans la place du change, ne peuvent pas tous être informés sur-le-champ de ces variations ; soit enfin parce que les uns sont intéressés à exagérer la dette, tandis que les autres sont intéressés à la diminuer:

Ceux-là l'exagèrent, qui, voulant vendre des lettres sur Lyon, voudroient porter le prix du change à quatre pour cent au-dessus du pair : ceux-là la diminuent, qui, voulant acheter des lettres sur Lyon, ne voudroient payer, au-dessus du pair, que deux pour cent.

Voilà donc une altercation : mais enfin on se rapprochera, et le prix du change sera réglé, pour ce jour-là et les suivans, jusqu'à la première assemblée, à trois pour cent.

Comment dans le change une somme est le prix d'une somme égale, même d'une plus grande.

Il y a donc trois manières de considérer le prix du change. Il est au pair, il est au-dessus, il est au-dessous.

Lorsqu'il est au pair, on donne somme égale pour somme égale, et on sera peut-être étonné d'entendre dire qu'une somme égale est le prix d'une somme égale; que cent francs est le prix de cent francs. Il n'y a point de prix, dira-t-on, puisqu'on n'ajoute rien de part ni d'autre.

Mais il faut se rappeler que le prix d'une chose est relatif au besoin de celui qui la reçoit en échange : c'est d'après ce besoin qu'il l'estime ; et, à proportion qu'il en a plus ou moins besoin, il lui donne un prix plus ou moins grand. Cela étant, cent francs que vous recevez à Paris sont pour vous le prix de cent francs que vous me faites toucher à Lyon ; parce que vous estimez vous-même que cet argent a pour vous, à Paris, où il vous est utile, une plus grande valeur qu'à Lyon, où vous n'en avez pas besoin. Si les sommes sont égales, les valeurs ne le sont pas ; et, comme nous l'avons remarqué, il ne faut pas confondre somme et valeur.

Par la même raison, quand le change est au-dessous du pair, et que je vous donne, par exemple, quatre-vingt-seize livres à Paris pour en recevoir cent à Lyon, ces quatre-vingt-seize livres sont pour vous à Paris le prix de cent à Lyon. Elles en sont le prix, dis-je, tout autant que cent quatre, lorsque le change est au-dessus du pair.

On conçoit donc comment vous et moi, dans le change, nous donnons chacun une valeur moindre pour une plus grande, en quelque rapport d'ailleurs que soient les sommes entre elles. C'est que la valeur, pour me répéter encore, est uniquement fondée sur l'utilité que les choses ont relativement à ceux qui les échangent.

Avantage des banquiers dans le change.

Mais si, pour faire passer notre argent de Paris à Lyon, ou de Lyon à Paris, nous avions à traiter avec un homme, à qui il fût indifférent d'avoir son argent dans l'une ou l'autre de ces villes, il est évident qu'alors les valeurs seroient, par rapport à cet homme, comme les sommes : cent quatre livres seroient pour lui d'une plus grande valeur que cent, et cent d'une plus grande que quatre-vingt-seize. Voilà précisément le cas où se trouvent les banquiers, et c'est pourquoi ils gagnent doublement à faire le change. Ils gagnent sur vous qui voulez faire passer de l'argent de Paris à Lyon, et sur moi qui en veux faire venir de Lyon à Paris.

Soit donc que le change hausse au-dessus du pair, ou baisse au-dessous, il peut toujours y avoir du bénéfice pour le banquier, à qui il est indifférent que son argent soit dans une ville plutôt que dans une autre.

Comme il ne se trouve pas dans les mêmes circonstances que les négocians, il n'a d'autre intérêt que d'acquérir une plus grande somme pour une moindre, et cette plus grande somme a toujours pour lui une plus grande valeur.

Mais, dira-t-on, si, dans le change, un négociant donnoit toujours lui-même une plus petite valeur pour une plus grande, il gagneroit toujours ; et cependant il finiroit par se ruiner s'il donnoit toujours une plus grande somme pour une plus petite.

Comment le résultat, entre négocians, peut être, après quelque temps, le même à-peu-près que s'ils avoient toujours fait le change au pair.

Cela est vrai : mais cette objection est un sophisme qui me feroit dire qu'un négociant donne toujours, dans le change, une plus grande somme pour une plus petite, et que cette plus grande somme est toujours une plus petite valeur.

Je dis donc qu'il donne une somme tantôt plus grande, tantôt plus petite, et que cette somme, quelle qu'elle soit, est toujours pour lui d'une moindre valeur, parce qu'il juge lui-même que celle qu'on lui rend en échange a plus d'utilité pour lui. C'est là une vérité dont tout le monde peut avoir fait l'expérience.

Au reste, puisque le change, dans son cours, éprouve nécessairement des hausses et des baisses alternatives, il est évident que les marchands, tour-à-tour, donneront tantôt une plus grande somme pour une plus petite, tantôt une plus petite pour une plus grande; et il se pourroit qu'après un certain temps le résultat fût, pour les uns et pour les autres, le même, ou à-peu-près, que s'ils avoient toujours fait le change au pair.

Circonstances qui font varier le prix du change. Nous avons remarqué qu'on ne peut pas savoir exactement l'état des dettes réciproques entre plusieurs villes. On voit seulement qu'elles doivent plus qu'il ne leur est dû, lorsque le change y est au-dessus du pair; et que, lorsqu'il est au-dessous, on leur doit plus qu'elles ne doivent. Encore cette règle n'est-elle pas absolument sans exception : car, indépendamment de l'état des dettes, plusieurs circonstances peuvent faire varier le prix du change.

Si lorsqu'à Lyon le change est au-dessous du pair, et qu'on ne paie que quatre-vingt-dix-huit livres pour en recevoir cent à Paris, plusieurs personnes demandent en même temps sur Paris pour cinq à six cent mille francs de lettres de change, cette demande fera hausser le prix du change; en sorte que, pour acheter cent francs qui sont à Paris, il en faudra payer à Lyon cent, au lieu de quatre-vingt-dix-huit, ou même cent deux, cent trois. Il arrive ici ce que nous avons remarqué dans les marchés, où les prix haussent et baissent, suivant la proportion où sont les choses mises en vente avec la demande qu'on en fait. Si, dans la place du change, on offre plus de lettres qu'on n'en demande, elles seront à un plus bas prix; et elles seront à un plus haut si on en demande plus qu'on n'en offre.

La jalousie des banquiers pourra seule quelquefois faire varier le prix du change.

Je suppose que, dans une ville, un banquier riche, qui a gagné la confiance, veuille faire la banque à lui seul; il a un moyen sûr pour écarter tout concurrent. Il n'a qu'à baisser tout-à-coup le prix du change, et vendre ses lettres à perte, il sacrifiera, s'il le faut, quinze à vingt mille francs : mais il aura dégoûté ceux qui vouloient faire ce négoce avec lui; et, quand il le fera seul, il saura bien recouvrer ce qu'il a perdu et au-delà. Si, dans cette ville, il y avoit plusieurs banquiers accrédités, ils pourroient se concerter pour faire à frais communs ce que je fais faire à un seul. Il est certain qu'en général les négocians songent à diminuer, autant qu'il est possible, le nombre de leurs concurrens. Or les banquiers ont à cet égard d'autant plus de facilité, qu'ils ont persuadé que la banque est une chose fort difficile, parce qu'en effet leur jargon est fort difficile à entendre. Dans les places mêmes de commerce, le plus grand éloge qu'on croie pouvoir faire d'un marchand, c'est de dire, *Il entend le change.* On voit que l'ignorance livre les marchands à la discrétion des banquiers.

Plusieurs causes, telles que celles que je viens d'indiquer, peuvent faire varier le prix du change; mais, comme elles sont accidentelles, il est inutile de nous y arrêter. Il suffit de se souvenir que, hors le cas où elles agissent, le change, suivant qu'il est au-dessus ou au-dessous du pair, fait juger si une ville doit ou s'il lui est dû.

Cours du change. Le change hausse et baisse alternativement dans toutes les villes qui ont quelque commerce entre elles. Or ces hausses et ces baisses successives, sous lesquelles il se montre alternativement de ville en ville, est ce que je nomme *cours du change*; et voici maintenant tout le mystère de ce genre de négoce.

Un banquier observe le cours du change par lui-même et par ses correspondans. Il sait donc non seulement qu'il hausse dans telle ville, et qu'il baisse dans telle autre; il sait encore combien il hausse au-dessus du pair, ou de combien il baisse au-dessous.

Spéculations des banquiers.

L'état actuel du change étant donné, il peut prévoir, d'après ce que son expérience lui apprend sur le flux et reflux du commerce, que là où le change est haut, il ne tardera pas de baisser; et que là où il est bas il ne tardera pas de hausser.

J'ajoute même qu'il en pourra souvent juger avec certitude. Car, s'il est bien averti par ses correspondans, il saura quelles sont les villes qui doivent faire de grands envois de marchandises dans quelques mois. Il jugera donc d'avance que dans telle place où le change est haut actuellement, parce qu'elle doit, le change y sera bas quelques mois après, parce qu'elle aura acquis des créances. Que Lyon, par exemple, doive à Paris, le change y sera haut, et il faudra payer cent trois livres pour avoir sur Paris une lettre de cent. Mais, dans six mois, il sera bas si Lyon acquiert des créances sur Paris.

Or, dès qu'un banquier connoît d'avance les hausses et les baisses du change dans les principales villes de commerce, il lui sera facile de prendre de loin ces mesures pour les faire tourner à son avantage. Il saisira le moment; et, faisant passer rapidement son argent ou son crédit de place en place, il gagnera, dans chacune en peu de temps, deux, trois, quatre pour cent ou davantage. Donnons un exemple.

Exemple. Je suppose deux banquiers qui ont du crédit, l'un établi à Paris, l'autre à Lyon.

Le banquier de Lyon, qui voit que le change est à trois pour cent au-dessus du pair, parce que Lyon doit à Paris plus de cinq cent mille francs, sait qu'il se prépare un grand envoi de marchandises pour cette capitale, et que, dans trois mois, elle devra elle-même plus de cinq cent mille francs à Lyon.

Dans cette circonstance, ce banquier saisira toutes les occasions de tirer sur son correspondant à Paris; et, pour avoir la préférence, il se contentera, s'il le faut, de gagner, sur chaque lettre de change, deux et demi pour cent.

Trois mois après, lorsque Paris devra à Lyon, et que le change y sera haussé de trois pour cent au-dessus du pair, son correspondant fera la même manœuvre. Il se trouvera donc qu'en peu de mois, ils auront fait chacun un bénéfice de deux et demi ou de trois pour cent, en tirant des lettres de change l'un sur l'autre.

Remarquez que, pour avoir tiré ces lettres de change, ils ne se sont pas dessaisis de leurs fonds. Car, lorsque le banquier de Paris a payé cent mille francs, le banquier de Lyon les avoit reçus; et à son tour, celui de Paris les avoit reçus lorsque celui de Lyon les a payés. Outre le bénéfice du change, ils ont donc encore le produit de ces cent mille francs qu'ils continuent de faire valoir.

C'est qu'une lettre de change s'achète argent comptant, et se paie à terme. Vous donnez cent mille francs aujourd'hui pour en toucher cent mille dans un mois. Le banquier de Lyon jouit donc pendant un mois du produit des cent mille francs que vous lui avez comptés; et celui de Paris jouit, pendant le même intervalle, du produit des cent mille qu'il ne vous paiera que dans un mois.

Telles sont les grandes spéculations que nous admirons, parce que nous sommes portés à admirer, quand nous ne comprenons rien aux choses. Nous ressemblons tous à ce maître dont j'ai parlé, qui étoit tout étonné de l'esprit de son homme d'affaires.

<small>Langage des banquiers lorsque le change se fait de nation à nation.</small>

Les principes que nous avons donnés pour le change entre les différentes villes d'un royaume sont les mêmes pour le change de nation à nation. Mais on tient un autre langage, parce que les monnoies n'ont ni les mêmes valeurs, ni les mêmes dénominations. Un banquier vous dira : *Le prix du change de Paris pour Londres est soixante sous pour vingt-neuf, trente-un, trente-*

deux deniers sterling ; et, à ce langage, vous ne pouvez point juger si le change est au pair, au-dessus ou au-dessous, parce que vous ne savez pas ce que vaut un denier sterling.

Il vous dira encore que le prix du change de Paris pour Amsterdam est trois livres pour cinquante-quatre gros de Hollande, ou pour soixante. En un mot, il vous parlera toujours un langage que vous n'entendez pas. Vous l'entendriez s'il vous disoit : *La somme que vous voulez faire passer à Londres contient tant d'onces d'argent. Aujourd'hui le change est au pair. Voilà une lettre avec laquelle vous recevrez la même quantité d'onces à Londres en monnoie d'Angleterre, et on vous comptera tant de livres sterling.* C'est ainsi qu'il évalue lui-même les monnoies des différens pays. Car il sait bien que de Paris à Londres ou à Amsterdam, comme de Paris à Lyon, le change est au pair lorsqu'on donne cent onces pour cent onces ; qu'il est au-dessus du pair quand on en donne davantage ; et qu'il est au-dessous quand on en donne moins.

Moyens qu'on peut mettre en usage pour faire de grands bénéfices dans le change.

Je ne sais pas pourquoi les banquiers affectent un langage obscur ; mais il est certain que ce langage empêche de voir clair dans leurs opérations, et qu'il diminue le nombre de leurs concurrens, parce qu'il porte à croire que la banque est une science bien difficile. Dans l'impuissance où je suis de connoître tous les moyens qu'ils mettent en usage pour faire de grands bénéfices, je ne parlerai que de ceux que j'apperçois dans la nature de la chose.

Qu'à Paris on me charge de faire passer à Amsterdam mille onces d'argent, lorsque le change est à six pour cent au-dessus du pair ; et supposons qu'alors il soit de quatre pour cent au-dessus du pair de Paris à Londres, et de deux pour cent au-dessous de Londres à Amsterdam. Dans une pareille circonstance, on voit qu'il y a un bien plus grand profit à tirer d'abord sur Londres, pour tirer ensuite de Londres sur Amsterdam, qu'à tirer directement de Paris sur Amsterdam. L'habileté d'un banquier consiste donc à prendre quelquefois une route indirecte plutôt qu'une route directe.

On apporte chez moi mille onces d'argent que Paris doit à Londres, et on me paie quatre pour cent pour le transport. Mais, parce que j'ai du crédit en Angleterre, au lieu d'y faire passer cette somme, j'y envoie des lettres de change. Je gagne donc tout-à-la-fois, et les quatre pour cent qu'on m'a d'abord payés, et l'intérêt que mille onces d'argent rapportent en France. Tant que mon crédit pourra faire durer cette dette, je répéterai la même opération, et je pourrai faire valoir à mon profit deux, trois, quatre mille onces d'argent, ou davantage.

L'intérêt en Hollande est plus bas qu'en France, et les négocians de cette république ont souvent beaucoup plus d'argent qu'ils n'en peuvent employer dans le commerce. Si je suis accrédité parmi eux, on s'adressera sur-tout à moi pour avoir des lettres de change sur Amsterdam. J'en tirerai autant qu'on m'en demandera : l'argent que j'aurai reçu restera entre mes mains plus ou moins long-temps: j'en paierai l'intérêt en Hollande deux et demi ou trois pour cent, et j'en tirerai en France cinq à six. De la sorte je ferai continuellement valoir à mon profit des sommes qui ne seront pas à moi. Plus je m'enrichirai, plus je serai accrédité, et plus aussi je trouverai de bénéfice dans mon négoce. Je ferai la banque presqu'à moi seul.

Voilà une légère idée des profits qu'on peut faire dans le change. On voit que, si l'art de mettre en valeur les terres avoit fait les mêmes progrès que l'art de mettre l'argent en valeur, nos laboureurs ne seroient pas aussi misérables qu'ils le sont.

CHAPITRE XVIII.

Du prêt à intérêt.

Un fermier, qui prend une terre à bail, paie sur le produit au propriétaire la somme dont il est convenu, et cela est dans l'ordre. L'argent a un produit.

Or l'emprunteur seroit-il dans le même cas que le fermier ? ou l'argent a-t-il un produit dont l'emprunteur doive une partie au prêteur ?

Un septier de blé peut en produire vingt, trente ou davantage, suivant la bonté du sol et l'industrie du cultivateur.

Sans doute l'argent ne se reproduit pas de la même manière. Mais ce n'est pas au blé qu'il le faut comparer : c'est à la terre qui ne se reproduit pas plus que l'argent.

Or l'argent, dans le commerce, a un produit suivant l'industrie de celui qui l'emprunte, comme la terre en a un suivant l'industrie du fermier.

En effet un entrepreneur ne peut sou- C'est sur ce produit que les *commerçans trouvent leur subsistance ou leur salaire.* tenir son commerce qu'autant que l'argent, dont il fait les avances, lui rentre continuellement avec un produit, où il trouve sa subsistance et celle des ouvriers qu'il fait travailler, c'est-à-dire, un salaire pour eux, et un salaire pour lui.

La concurrence règle ce produit. S'il étoit seul, il se prévaudroit du besoin qu'on auroit des choses qu'il vend, et il porteroit ce produit au plus haut.

Mais dès que plusieurs entrepreneurs font le même commerce, forcés à vendre au rabais les uns des autres, ils se contentent d'un moindre salaire, et ceux qu'ils emploient sont réduits à de moindres profits. Ainsi la concurrence règle le produit qu'ils peuvent raisonnablement retirer des avances qu'ils ont faites; avances qui sont pour eux ce que sont, pour les fermiers, les frais de culture.

Ce produit sera grand quand le commerce se fera par des entrepreneurs, propriétaires de leurs fonds. Si le commerce ne pouvoit se faire que par des entrepreneurs assez riches pour en faire les fonds, un petit nombre le feroit exclusivement. Moins forcés par la concurrence à vendre au rabais, ils mettroient leur salaire à un prix d'autant plus haut qu'ils seroient moins pressés de vendre leurs marchandises, et qu'il leur seroit facile de se concerter pour attendre le moment de se prévaloir des besoins des citoyens. Alors leur salaire pourroit être porté à cent pour cent ou davantage.

Mais si le commerce se fait au contraire par des entrepreneurs à qui on a fait les avances de leurs fonds, ils seront pressés de vendre pour payer au terme de leur engagement. Il ne sera donc pas en leur pouvoir d'attendre, d'un jour à l'autre, le moment où l'on aura un plus grand besoin de leurs marchandises, et la concurrence les forcera d'autant plus à se contenter d'un moindre salaire, qu'étant en plus grand nombre, et pour la plupart dans la nécessité de faire de l'argent, il leur sera plus difficile de se concerter. On ne doutera pas qu'il ne soit à desirer que le commerce se fasse par de pareils entrepreneurs.

Il sera moins grand quand les entrepreneurs auront emprunté leurs fonds.

Or je suppose qu'après avoir prélevé tous les frais de commerce, il reste net en général pour salaire à chaque entrepreneur quinze à vingt pour cent.

Avancer à un marchand un fonds de marchandise, ou lui avancer de l'argent pour acheter ce fonds, c'est la même chose.

Comment fera un homme qui est sans

biens, et qui cependant pourroit faire quelque espèce de commerce avec industrie? Il n'a que deux moyens. Il faut qu'on lui prête un fonds de marchandises ou qu'on lui prête de l'argent pour l'acheter; et il est évident que ces deux moyens reviennent au même.

<small>Celui qui avance un fonds de marchandises, est en droit d'en retirer un profit ou un intérêt.</small>

Il s'adresse à un riche négociant qui lui dit: *Ce que je vous livrerois pour cent onces d'argent, si vous pouviez me payer comptant, je vais vous l'avancer, et dans un an vous m'en donnerez cent dix onces.* Il accepte cette proposition, où il voit pour lui un profit de cinq à dix pour cent sur quinze à vingt qu'on est dans l'usage de gagner, lorsqu'on est propriétaire de ses fonds.

Personne ne condamnera ce marché qui se fait librement, qui est tout-à-la-fois avantageux aux deux parties contractantes, et qui, en multipliant les marchands, augmente la concurrence, absolument nécessaire au commerce pour l'avantage de l'état.

On ne niera pas que le riche négociant ne soit en droit d'exiger un intérêt pour des avances qu'il court risque de perdre.

Il compte, à la vérité, sur la probité et sur l'industrie de ceux à qui il les fait; mais il peut y être trompé : il l'est quelquefois : il faut que ceux qui le paient le dédommagent des pertes qu'il fait avec les autres. Seroit-il juste de le condamner à faire des avances où il pourroit souvent perdre, sans jamais pouvoir se dédommager? Il ne les feroit certainement pas.

D'ailleurs on ne peut pas nier qu'un négociant, qui avance un fonds de marchandises, n'ait le droit de se réserver une part dans les profits que ce fonds doit produire, lui qui, avant d'avancer les fonds, avoit seul droit aux profits.

Or nous venons de remarquer qu'avancer à un entrepreneur un fonds de marchandises, ou lui avancer l'argent dont il a besoin pour acheter ce fonds, c'est la même chose. Si on est en droit, dans le premier cas, d'exiger un intérêt, on a donc le même droit dans l'autre.

Celui qui avance l'argent pour acheter ce fonds est donc en droit d'en retirer un intérêt.

Il est de fait que le prêt à intérêt soutient le commerce. Il est d'ailleurs démontré qu'il multiplie les marchands; qu'en les multipliant, il augmente la concurrence;

qu'en augmentant la concurrence, il rend le commerce plus avantageux à l'état. Le prêt à intérêt est donc une chose juste, et doit être permis.

Raisonnement des casuistes sur le prêt à intérêt. Je sais que les casuistes le condamnent lorsqu'il se fait en argent : mais je sais aussi qu'ils ne le condamnent pas lorsqu'il se fait en marchandises. Ils permettent à un négociant de prêter à dix pour cent, par exemple, des marchandises pour la valeur de mille onces d'argent, et ils ne lui permettent pas de prêter, au même intérêt, les mille onces en nature.

Quand je dis que les casuistes permettent de prêter des marchandises à dix pour cent, je ne veux pas les accuser de se servir de ce langage, *prêter à dix pour cent:* ils se contrediroient trop sensiblement. Je veux dire qu'ils permettent à un négociant de vendre dix pour cent de plus les marchandises qu'il avance pour un an. On voit que la contradiction est moins palpable.

Conduite des législateurs à cet égard. Nos législateurs, s'il est possible, raisonnent encore plus mal que les casuistes. Ils condamnent le prêt à intérêt, et ils le tolèrent. Ils le condamnent sans savoir pourquoi, et ils le tolèrent parce qu'ils y sont forcés. Leurs lois, effet de l'ignorance et des préjugés, sont inutiles, si on ne les observe pas ; et, si on les observe, elles nuisent au commerce.

L'erreur où tombent les casuistes et les législateurs vient uniquement des idées confuses qu'ils se sont faites. En effet, ils ne blâment pas le change, et ils blâment le prêt à intérêt. Mais pourquoi l'argent auroit-il un prix dans l'un, et n'en auroit-il pas dans l'autre ? Le prêt et l'emprunt sont-ils autre chose qu'un change ? Si, dans le change, on échange des sommes qui sont à distance de lieu, dans le prêt ou l'emprunt n'échange-t-on pas des sommes qui sont à distance de temps ? et, parce que ces distances ne sont pas de la même espèce, faut-il en conclure que l'échange dans un cas n'est pas un échange dans l'autre ? On ne voit donc pas que prêter à intérêt, c'est vendre ; qu'emprunter à intérêt, c'est acheter ; que l'argent qu'on prête, est la marchandise qui se vend ; que l'argent qu'on doit rendre, est le prix qui se paie ; et que

Cause de l'erreur des casuistes et des législateurs.

l'intérêt est le bénéfice dû au vendeur? Certainement, si on n'avoit vu dans le prêt à intérêt que marchandise, vente et bénéfice, on ne l'auroit pas condamné : mais on n'y a vu que les mots *prêt, intérêt, argent*; et, sans trop se rendre compte de ce qu'ils signifient, on a jugé qu'ils ne doivent pas aller ensemble.

<small>L'intérêt peut être plus haut ou plus bas, et la puissance législative doit en permettre toutes les variations.</small>

L'intérêt à dix pour cent n'est qu'une supposition que je fais, parce que j'avois besoin d'en faire une. Il peut être plus haut, comme il peut être plus bas ; c'est une chose sur laquelle le législateur ne doit rien statuer, s'il ne veut pas porter atteinte à la liberté. L'usage, qui réglera cet intérêt, le fera varier suivant les circonstances, et il en faut permettre les variations. Observons comment il doit nécessairement hausser et baisser tour-à-tour.

<small>Il hausse et baisse dans la proportion où est l'argent qu'on demande à emprunter, avec l'argent qu'on offre de prêter.</small>

Il sera haut, en quelque abondance que soit l'argent, s'il y a beaucoup de personnes qui cherchent à emprunter, et s'il y en a peu qui veuillent prêter.

Que ceux qui ont l'argent, ou qui en ont la principale partie, en aient besoin eux-mêmes pour soutenir les entreprises dans lesquelles ils se sont engagés, ils ne pourront prêter qu'en renonçant à leurs entreprises, et, par conséquent, ils ne prêteront qu'autant qu'on leur assurera un profit égal à celui qu'ils auroient fait, ou plus grand. Il faudra donc leur accorder un gros intérêt.

Mais, lors même de la rareté de l'argent, l'intérêt sera bas, si l'argent est principalement entre les mains d'une multitude de propriétaires économes qui cherchent à le placer.

L'intérêt hausse donc et baisse alternativement, dans la proportion où est l'argent qu'on demande à emprunter, avec l'argent qu'on offre de prêter. Or cette proportion peut varier continuellement.

Dans un temps où les riches propriétaires feront de plus grandes dépenses en tous genres, on empruntera davantage ; premièrement, parce qu'ils seront souvent eux-mêmes forcés à faire des emprunts; en second lieu, parce que, pour fournir à toutes les consommations qu'ils font, il s'établira un plus grand nombre d'entrepreneurs, ou de gens qui sont, pour la plupart, dans la nécessité d'emprunter. Voilà

<small>Cette proportion varie suivant les circonstances.</small>

une des raisons pourquoi l'intérêt est plus haut en France qu'en Hollande.

Dans un temps, au contraire, où les propriétaires plus économes dépenseront moins, il y aura moins d'emprunteurs; car, au lieu d'avoir eux-mêmes des emprunts à faire, ils auront de l'argent à prêter ; et, puisqu'ils consommeront moins, ils diminueront le nombre des entrepreneurs, et par conséquent des emprunteurs. Voilà une des raisons pourquoi l'intérêt est plus bas en Hollande qu'en France.

Si un nouveau genre de consommations donne naissance à une nouvelle branche de commerce, les entrepreneurs ne manqueront pas de se multiplier à proportion qu'on croira pouvoir se promettre de plus grands profits ; et l'intérêt de l'argent haussera, parce que le nombre des emprunteurs sera plus grand. (1)

---

(1) Est-il bien vrai, m'a-t-on demandé, qu'un accroissement de commerce fasse hausser l'intérêt ? Je réponds qu'il le fait nécessairement hausser, s'il augmente le nombre des emprunteurs. Or c'es ce qui peut arriver, et ce que je suppose.

Que cette branche de commerce vienne à tomber, l'argent reviendra à ceux qui l'avoient prêté. Ils chercheront à le placer une seconde fois, et l'intérêt baissera, parce que le nombre des prêteurs sera augmenté.

Si les entrepreneurs conduisent leur commerce avec autant d'économie que d'industrie, ils deviendront peu-à-peu propriétaires des sommes qu'ils avoient empruntées. Il faudra donc les retrancher du nombre des emprunteurs; et il faudra les ajouter à celui des prêteurs, lorsqu'ils auront gagné au-delà de l'argent dont ils ont besoin pour conduire leur commerce. (1)

Enfin les lois augmenteront le nombre des prêteurs quand elles permettront le prêt à intérêt. Aujourd'hui, au contraire, elles tendent à le diminuer.

Mais il est inutile de chercher à épuiser tous les moyens qui font varier la proportion où est l'argent qu'on demande à emprunter, avec l'argent qu'on offre de prêter: j'en ai assez dit pour faire voir que l'intérêt

―――――――

(1) Voilà le cas où un accroissement de commerce fait baisser l'intérêt.

doit être tantôt plus haut, tantôt plus bas.

<small>L'intérêt se règle dans les places de commerce, et ne doit se régler que là.</small>

Comme les prix se règlent au marché, d'après les altercations des vendeurs et des acheteurs, l'intérêt ou le prix de l'argent se règle, dans les places de commerce, d'après les altercations des emprunteurs et des prêteurs. Le gouvernement reconnoît qu'il ne lui appartient pas de faire des lois pour fixer le prix des choses qui se vendent au marché : pourquoi donc croit-il devoir fixer l'intérêt ou le prix de l'argent ?

<small>C'est une chose sur laquelle la puissance législative ne doit rien statuer.</small>

Pour faire une loi sage sur cette matière, il faudroit qu'il saisît la proportion de la quantité d'argent à prêter avec la quantité à emprunter. Mais puisque cette proportion varie continuellement, il ne la saisira point, ou il ne la saisira que pour un moment, et par hasard : il faudra donc qu'il fasse toujours de nouveaux réglemens, sans jamais pouvoir être sûr d'en faire un bon : ou s'il s'obstine à vouloir faire observer ceux qu'il a faits, parce qu'il ne sait pas comment en faire d'autres, il ne fera que troubler le commerce. On éludera ses réglemens dans des marchés clandestins; et l'intérêt qu'il prétendoit fixer haussera d'autant plus, que les prêteurs, ayant la loi contre eux, prêteront avec moins de sûreté.

Dans les places de commerce, au contraire, l'intérêt se régleroit toujours bien et de lui-même, parce que c'est là que les offres des prêteurs, et les demandes des emprunteurs, mettent en évidence la proportion où est l'argent à prêter avec l'argent à emprunter.

Non seulement l'intérêt peut varier d'un jour à l'autre, il varie encore suivant l'espèce de commerce. C'est ce qui nous reste à observer.

<small>L'intérêt est plus bas lorsque la confiance est grande.</small>

Il faut qu'un marchand, qui a emprunté pour lever un fonds de boutique, gagne, au-delà de sa subsistance, de quoi payer les intérêts qu'il doit. S'il a formé une grande entreprise, et qu'il la conduise avec industrie, sa dépense, pour son entretien, sera peu de chose, comparée aux profits qu'il peut faire. Il sera donc plus en état de payer : on courra donc moins de risques à lui prêter ; on lui prêtera donc avec plus de confiance, et par conséquent à moindres intérêts.

Mais si, avec un commerce qui produit

<small>Lorsque la confiance est moins</small>

<small>grande, l'intérêt est plus haut.</small> peu, il gagne à peine de quoi subsister, alors ce qu'il faut à sa subsistance est beaucoup, comparé à ce qu'il gagne. Il n'y a donc plus la même sûreté à lui prêter. Or il est naturel que l'intérêt qu'exigent les prêteurs augmente à proportion que leur confiance diminue.

<small>Intérêt clandestin et odieux.</small> A Paris, les revendeuses des halles paient cinq sols d'intérêt par semaine, pour un écu de trois livres. Cet intérêt renchérit le poisson qu'elles vendent dans les rues ; mais le peuple aime mieux acheter d'elles que d'aller aux halles se pourvoir.

Cet intérêt revient par an à plus de quatre cent trente pour cent. Quelque exorbitant qu'il soit, le gouvernement le tolère, parce qu'il est avantageux, pour les revendeuses, de pouvoir à ce prix faire leur commerce, ou peut-être encore parce qu'il ne peut pas l'empêcher.

Cependant il n'y a point de proportion entre le prix que le prêteur met à son argent, et le profit que fait la revendeuse. C'est pourquoi cet intérêt est odieux ; et il devient d'autant plus abusif, que les prêts se font clandestinement.

Il n'est pas de même des prêts faits aux entrepreneurs qui font un grand négoce. L'intérêt qu'on exige, proportionné aux profits qu'ils font, est réglé par l'usage ; parce que l'argent, dans les places de commerce, a un prix courant, comme le blé en a un dans les marchés. On traite publiquement, ou du moins on ne se cache point, et on vend son argent comme on vendroit toute autre marchandise.

<small>Intérêt qu'on exige publiquement, et qui est honnête.</small>

C'est uniquement dans ces places de commerce qu'on peut apprendre quel intérêt il est permis de retirer de son argent. Tout prêt qui s'y conforme est honnête, parce qu'il est dans la règle.

Si actuellement on demande ce que c'est que l'usure, je dis qu'il n'y en a point dans les prêts dont je viens de parler, et qui se règlent sur le prix que les négocians ont mis eux-mêmes à l'argent, et ont mis librement.

<small>Intérêt usuraire.</small>

Mais les prêts, faits aux revendeuses des halles, sont usuraires, parce qu'ils sont sans règles, clandestins, et que l'avarice du prêteur se prévaut tyranniquement de la nécessité de l'emprunteur.

Quand on considère les prêts dans ces deux extrêmes; il est aisé de comprendre où est l'usure : il ne sera pas aussi facile de déterminer où elle commence, si on considère, dans cet intervalle, les différens prix que l'argent peut avoir. Parce que, dans les places de commerce, ce prix est réglé entre des négocians qui se connoissent réciproquement pour solvables, sera-ce une raison pour qu'on doive prêter au même prix à un marchand dont les affaires sont en désordre ? Si cela est, on ne lui prêtera pas, et il sera ruiné sans ressource. Il paroit donc qu'en pareil cas les risques qu'on court permettent d'exiger un prix plus haut que celui de la place. Or quel est ce prix ? Il doit nécessairement varier suivant le degré de confiance que donnent la probité et l'industrie de l'emprunteur. Il est donc impossible de le déterminer, et le gouvernement doit laisser faire.

Si le commerce étoit parfaitement libre, la clandestinité, qui est l'aveu d'une action malhonnête, seroit le vrai caractère de l'usure, et la crainte d'être découvert en seroit le plus grand frein. Aujourd'hui que la loi défend un intérêt qu'elle devroit permettre, la clandestinité ne signifie rien, parce qu'on ne se cache que de la loi qui est désapprouvée. On l'élude ouvertement, on y est même forcé. Les prêts usuraires, selon cette loi, autorisés par l'usage qui les juge légitimes, familiarisent avec toutes sortes de prêts : on ne craint plus la honte, et on finit par être usurier publiquement.

Mais n'y a-t-il que le prix de l'argent qui puisse être usuraire ? Celui de toute autre marchandise ne peut-il pas l'être également ? Et un marchand n'est-il pas un usurier, lorsqu'il abuse de ma confiance ou de mon besoin pour gagner sur moi plus qu'il ne doit ? Il l'est, sans doute, et il l'est impunément. Or pourquoi le gouvernement veut-il qu'il n'y ait que les marchands d'argent qui ne puissent pas faire l'usure, et pourquoi cependant, en contradiction avec lui-même, la permet-il aux banquiers ? Il feroit mieux de tolérer dans tous ce qu'il ne peut pas empêcher.

CHAPITRE XIX.

De la valeur comparée des métaux dont on fait les monnoies.

<small>Les métaux sont rares ou abondans, suivant la quantité plus ou moins grande, et suivant qu'on les emploie à plus ou moins d'usage.</small>

L E cuivre, l'argent et l'or, qu'on emploie dans les monnoies, ont, comme toutes les marchandises une valeur fondée sur leur utilité; et cette valeur augmente ou diminue à proportion qu'on les juge plus rares ou plus abondans.

Supposons qu'il y ait en Europe cent fois autant de cuivre que d'argent, et vingt fois autant d'argent que d'or. Dans cette supposition, où nous ne considérons ces métaux que par rapport à la quantité, il faudra cent livres de cuivre pour faire une valeur équivalente à une livre d'argent, et vingt livres d'argent pour en faire une équivalente à une livre d'or. On exprimera donc ces transports, en disant que le cuivre est à l'argent comme cent à un, et que l'argent est à l'or comme vingt à un.

Mais si on découvre des mines fort abondantes en argent et sur-tout en or, ces métaux n'auront plus la même valeur relative. Le cuivre sera, par exemple, à l'argent comme cinquante à un, et l'argent sera à l'or comme dix à un.

Il ne peut y avoir toujours, dans le commerce, une même quantité de chacun de ces métaux. Leur valeur relative doit donc varier de temps à autre. Cependant elle ne varie pas seulement en raison de la quantité, parce que la quantité restant la même, il y a une autre cause qui peut rendre ces métaux plus rares ou plus abondans.

En effet l'usage qu'on fait d'un métal peut être plus ou moins commun. Si on employoit le cuivre dans la plupart des ustensiles où on emploie la terre, ce métal deviendroit plus rare, et, au lieu d'être à l'argent dans le rapport de cinquante à un, il pourroit être dans le rapport de trente à un. Il deviendroit au contraire plus abondant, et il seroit à l'argent comme quatre-vingt à un, si, dans nos cuisines, on venoit à se servir de fer, au lieu de batteries de cuivre.

Ce n'est donc pas uniquement par la quantité que nous jugeons de l'abondance ou de la rareté d'une chose : c'est par la quantité considérée relativement aux usages que nous en faisons. Or il est évident que cette quantité relative diminue à mesure que nous employons une chose à un plus grand nombre d'usages, et qu'elle augmente à mesure que nous l'employons à un plus petit nombre.

Nous ferons le même raisonnement sur l'or et sur l'argent. Que, lorsque ces métaux sont dans le rapport de vingt à un, l'usage s'introduise de prodiguer l'argent sur les meubles et sur les habits, l'argent deviendra plus rare, et pourra être avec l'or dans le rapport de dix à un. Mais qu'alors on vienne à préférer, dans les meubles et dans les habits, l'or à l'argent, l'or à son tour deviendra plus rare, et sera avec l'argent dans le rapport d'un à quinze.

Les métaux sont donc plus rares ou plus abondans, suivant que nous les employons à plus ou moins d'usages. Par conséquent, nous ne pouvons juger de leur valeur relative, qu'autant que nous pouvons comparer les usages qu'on fait de l'un avec ceux qu'on fait de l'autre.

Mais comment juger de ces usages et les comparer? Par la quantité qu'on demande de chacun de ces métaux dans le marché. Car on n'achète les choses qu'autant qu'on en veut faire usage. La valeur relative des métaux est donc appréciée dans les marchés. A la vérité, elle ne l'est pas géométriquement : elle ne peut l'être avec une exacte précision. Mais enfin les marchés seuls font la règle, et le gouvernement est obligé de la suivre.

Leur valeur relative se règle dans les marchés.

Si cette valeur doit varier de temps à autre, les variations n'en sont jamais brusques, parce que les usages changent toujours lentement. Aussi l'or et l'argent conservent-ils long-temps la même valeur, relativement l'un à l'autre.

Elle n'éprouve pas des variations brusques.

Entre des peuples voisins, le commerce tend à rendre les mêmes choses également abondantes chez les uns et chez les autres; et par conséquent il leur donne chez tous la même valeur; il y réussit, sur-tout quand elles sont, comme l'or et l'argent, d'un transport qui se fait facilement et sans obs-

Comment le rapport de l'or à l'argent peut être le même chez plusieurs nations.

tacle. C'est qu'alors elles circulent parmi plusieurs nations, comme elles circuleroient dans une seule; et elles se vendent dans tous les marchés, comme si elles se vendoient dans un seul marché commun.

Supposons que les états de l'Europe sont tous dans l'usage de défendre l'exportation et l'importation de l'or et de l'argent, et que cette prohibition a eu son effet.

Supposons encore qu'il y a en Angleterre et en France la même quantité d'or, mais plus d'argent dans l'un de ces royaumes que dans l'autre. Supposons enfin qu'il y a en Hollande beaucoup plus d'or que partout ailleurs, et beaucoup moins d'argent.

Dans ces suppositions où la quantité de l'or relativement à l'argent est différente d'un état à l'autre, la valeur relative de ces métaux ne pourra pas être la même dans les marchés de ces trois nations. L'or, par exemple, aura un prix en France, un autre en Hollande, un autre en Angleterre.

Mais si on permet à ces métaux de circuler librement parmi tous les peuples de l'Europe, alors on ne les appréciera pas d'après le rapport où ils sont l'un à l'autre en France, en Hollande ou en Angleterre; mais on les appréciera d'après le rapport où ils sont l'un à l'autre chez toutes les nations prises ensemble. Quoique inégalement répartis, ils seront censés être en même quantité par-tout; parce que ce qu'il y aura de plus en or, par exemple, aujourd'hui dans un état, peut en sortir et passer demain dans un autre. Voilà pourquoi, dans tous les marchés de l'Europe, on juge du rapport de l'or à l'argent comme on en jugeroit dans un seul marché commun.

On voit donc comment la valeur relative de l'or à l'argent s'apprécie de la même manière dans plusieurs états, où ces métaux passent librement de l'un chez l'autre. Mais lorsque des nations éloignées ne peuvent pas avoir entr'elles un commerce continuel, et, pour ainsi dire, journalier, alors cette valeur s'apprécie différemment chez chacune, parce qu'elle se règle dans des marchés qui n'ont point entre eux assez de relation, et, dont, par cette raison, on ne sauroit former un seul marché commun. Au Japon, par exemple, l'or est à l'argent comme un à huit, tandis qu'il est en Europe comme un à quatorze et demi, ou comme un à quinze.

J'ai dit que les marchés font la loi au gouvernement. Pour le comprendre, supposons que, dans tous les marchés de l'Europe, l'or soit à l'argent comme un à quatorze, et que cependant le gouvernement évalue en France ces métaux dans le rapport d'un à quinze, et voyons ce qui doit en résulter.

<small>Le gouvernement est forcé d'évaluer ces métaux comme on les évalue dans les marchés.</small>

En France, il faudra quinze onces d'argent pour payer une once d'or; tandis que, chez l'étranger, on paiera une once d'or avec quatorze onces d'argent, sur quinze onces d'argent, on gagnera donc une once, toutes les fois qu'on en portera chez l'étranger pour l'échanger contre de l'or; et par conséquent l'argent sortira insensiblement du royaume. Quand ensuite le gouvernement voudra le faire revenir, il perdra encore un quinzième, parce que, pour une once d'or, on ne lui donnera que quatorze onces d'argent. Or il éviteroit toutes ces pertes s'il se conformoit au prix du marché commun.

CHAPITRE XX.

Du vrai prix des choses.

Nous venons de voir comment le prix de l'or et de l'argent s'établit le même dans tous les marchés de plusieurs nations, lorsque ces métaux peuvent sans obstacles passer continuellement de l'une chez l'autre. En raisonnant d'après les mêmes principes: il nous sera facile de juger du vrai prix de chaque chose.

Les mêmes principes qui déterminent le prix de l'or et de l'argent déterminent le vrai prix de chaque chose.

Je suppose que, dans un pays grand comme la France, les provinces se sont interdit tout commerce entr'elles, et qu'il y en ait cependant où la récolte ne soit jamais suffisante, d'autres où elle ne fournisse, années communes, que ce qu'il faut à la consommation, et d'autres où il y ait presque toujours surabondance. C'est ce qui doit arriver.

Supposition de plusieurs provinces, qui se sont interdit tout commerce extérieur.

Considérons d'abord une province où les récoltes ne sont jamais suffisantes. Si nous

Le prix du blé est haut dans une province où

les récoltes ne sont jamais suffisantes, et elle se dépeuple.

supposons que le commerce intérieur y jouisse d'une liberté entière, tous ses marchés communiqueront entre eux; et, par conséquent, les denrées se vendront, dans chacune séparément, comme si elles venoient toutes se vendre dans un marché commun. Parce que, de proche en proche, on saura dans chacun ce qu'elles se vendent dans tous, il ne sera pas possible de les vendre dans l'un à beaucoup plus haut prix que dans les autres. C'est ainsi que l'or a le même prix, à peu de chose près, dans tous les marchés de l'Europe.

Dans cette province, les récoltes ne sont jamais suffisantes, c'est ce que nous avons supposé; et, puisque nous supposons encore qu'elle s'est interdit tout commerce extérieur, c'est une conséquence que les autres provinces ne puissent pas suppléer à ce qui lui manque.

Cela étant, le blé sera à un prix d'autant plus haut, qu'il y en aura moins, et qu'il en faudra davantage; et, parce que c'est une nécessité que ses habitans se réduisent au nombre qu'elle peut nourrir, elle se dépeuplera infailliblement.

Dans une province où il y a presque toujours surabondance ; les blés, en supposant le commerce intérieur parfaitement libre, se vendront, dans tous les marchés, à-peu-près au même prix, parce qu'ainsi que dans la première, ils s'y vendront comme s'ils se vendoient dans un seul marché commun.

Il est bas dans une province où les récoltes sont toujours abondantes, et la culture se dégrade.

Cette province, nous l'avons supposé, s'est aussi interdit tout commerce extérieur. Elle ne peut donc pas exporter. Ses blés seront donc à un prix d'autant plus bas, qu'elle en a plus, et qu'il lui en faut moins.

Cette surabondance étant à charge au cultivateur qui n'en vend pas une plus grande quantité de blé, et qui cependant le vend à plus bas prix, il cessera de labourer et d'ensemencer une partie de ses champs.

Il y sera même forcé; car, avec le foible bénéfice qu'il trouve dans les blés qu'il vend, il pourra d'autant moins s'engager dans de grands frais de culture, que le journalier qui, par le bas prix du pain, gagne en un jour de quoi subsister deux, ne voudra pas travailler tous les jours, ou exigera de plus forts salaires.

Il arrivera donc nécessairement que les récoltes, dans cette province, diminueront pour se mettre en proportion avec la population; comme dans l'autre, la population a diminué pour se mettre en proportion avec les récoltes.

Il est moyen dans une province où les récoltes, années communes, sont suffisantes; mais il est sujet à de grandes variations.

Considérons enfin une province où les récoltes, années communes, fournissent précisément ce qu'il faut à la consommation ; et supposons-lui, comme aux deux autres, au-dedans un commerce parfaitement libre, et point de commerce au-dehors.

Puisque, années communes, cette province ne récolte précisément que ce qu'il lui faut, il y aura rareté dans quelques années, et surabondance dans d'autres. Le prix du blé variera donc d'année en année ; mais, années communes, il y sera plus bas que dans la province où nous avons supposé que la récolte n'est jamais suffisante, et il sera plus haut que dans la province où nous avons supposé que la récolte est presque toujours surabondante.

Dans cette province, la culture et la population pourront se maintenir au même degré, ou à-peu-près. Elle sera seulement exposée à de grandes variations dans les prix, puisque nous supposons qu'on ne lui apportera pas des blés lorsqu'elle en manquera, et qu'elle n'en exportera pas lorsqu'elle en aura trop.

Dans ces trois provinces nous avons trois prix différens : dans la première, un prix haut : dans la troisième, un prix bas ; et dans la seconde, un prix moyen.

Quoique chacun de ces prix soit le vrai pour la province où il a cours, aucun ne sauroit être le vrai pour toutes trois.

Il n'est donc pas possible qu'aucun de ces prix soit pour toutes en même temps le vrai prix du blé, c'est-à-dire, le prix qu'il importe à toutes de lui donner.

Chacune apprécie le blé d'après le rapport qu'elle apperçoit, ou croit appercevoir entre la quantité et le besoin. Juge-t-elle que la quantité n'est pas suffisante, le prix est haut ; la juge-t-elle suffisante, le prix est bas.

J'appelle *proportionnels* les prix qui s'établissent sur de pareils rapports. Par où l'on voit que, quels que soient les prix, ils sont toujours proportionnels, parce qu'ils sont toujours fondés sur l'opinion qu'on a de la quantité relativement au besoin. Mais le prix, qui a cours dans une de nos provinces, quoique proportionnel chez elle, seroit disproportionnel chez les autres, et ne peut leur convenir.

<small>Le même prix ne sera le vrai pour toutes trois que lorsqu'elles commerceront entre elles avec une liberté pleine et entière.</small>

Les prix des blés ne sont si différens dans ces trois provinces, que parce que nous avons interdit tout commerce entre elles. Ils ne le seront donc plus, si nous leur accordons la liberté d'exporter réciproquement des unes chez les autres.

En effet, si elles commercent librement, il arrivera aux marchés qui se tiennent dans toutes les trois ce qui est arrivé aux marchés qui se tenoient dans chacune en particulier. Ils communiqueront les uns avec les autres, et le blé se vendra dans tous, au même prix, comme s'il se vendoit dans un seul marché commun. Alors ce prix, le même pour toutes trois, et tout-à-la-fois proportionnel chez chacune, sera celui qu'il importe également à toutes trois de donner au blé ; et, par conséquent, ce sera, pour toutes trois, le vrai prix.

Ce prix est celui qui est le plus avantageux à la province dont le sol, par sa nature, est d'un produit surabondant, parce qu'elle vendra les blés qu'elle ne consomme pas, et qu'elle ne sera plus dans le cas d'abandonner une partie de sa culture pour proportionner ses récoltes à sa consommation.

Ce prix est également avantageux à la province dont le sol est naturellement peu fertile, parce qu'elle achetera les blés dont elle manque, et qu'elle ne sera plus dans le cas de se dépeupler pour proportionner sa population à ses récoltes.

Enfin ce prix n'est pas moins avantageux à la province dont le sol ne fournit, années communes, que ce qu'il faut à sa consommation. Elle ne sera plus exposée à voir ses blés trop hausser ou trop baisser tout-à-coup et comme par secousses, parce que, dans la surabondance, elle pourra vendre au prix du marché commun, et que dans la rareté elle pourra acheter au même prix. En un mot, ce prix du blé, ce vrai prix fera verser continuellement le surabondant d'une province dans l'autre, et répandra l'abondance dans toutes.

Je dis qu'*il répandra l'abondance dans toutes*. C'est qu'une mauvaise récolte ne pourra pas occasionner une disette, même dans la province la moins fertile; car cette province a les blés qui surabondent ailleurs, puisque, par la liberté dont jouit le commerce, ils sont toujours prêts à entrer chez elle.

<small>Pour juger avec précision du vrai prix, il ne faut considérer les achats et les ventes que dans le marché commun.</small>

Quand je dis qu'elle achète au même prix que les deux autres, c'est que je considère les achats dans le marché commun où le prix est le même pour toutes trois, et je fais abstraction des frais de transport qu'elle aura à payer de plus. Je ne dis pas, comme quelques écrivains, que les frais de transport ne font pas partie du prix du blé; car certainement on ne paieroit pas ces frais, si on ne jugeoit pas que le blé les vaut. Mais j'en fais abstraction, parce que, pour juger du vrai prix qui doit être le même pour toutes les provinces, il ne faut considérer les achats et les ventes que dans le marché commun. J'ajoute que ce marché se tient toujours dans la province où le blé surabonde, ou dans celle qui est située pour servir d'entrepôt à toutes. C'est là qu'on arrive de toutes parts pour en acheter.

<small>Un même prix pourra être le</small>

Les raisonnemens, que je viens de faire

sur ces trois provinces, pourroient se faire sur un plus grand nombre, sur toutes celles de la France, par exemple; et alors on verroit qu'un commerce libre entre elles établiroit un prix, tout-à-la-fois le même pour toutes, tout-à-la-fois proportionnel dans chacune, et qui, par conséquent, seroit le vrai prix pour la France, ou le plus avantageux à toutes ses provinces.

On ne sait point quel est le vrai prix du blé en Europe, et on ne peut pas le savoir. Il y a un prix, chez chaque nation, qui est le vrai prix pour elle, mais il ne l'est que pour elle. Chacune a le sien; et, de tous ces prix, aucun ne sauroit être tout-à-la-fois proportionnel chez toutes, et, par conséquent, aucun ne sauroit être le vrai pour toutes également.

Si, dans un temps où les Anglais et les Français ne commercent point ensemble, les récoltes surabondantes en Angleterre ont été insuffisantes en France, il s'établira deux prix, tous deux fondés sur la quantité relativement au besoin, et tous deux différens, puisque la quantité relativement au besoin n'est pas la même en France et en Angleterre. Aucun de ces prix ne sera donc tout-à-la-fois proportionnel pour toutes deux : aucun ne sera également avantageux à toutes deux : aucun ne sera, pour toutes deux, le vrai prix.

Mais, si les Anglais et les Français commerçoient entre eux avec une liberté pleine et entière, le blé, qui surabonde en Angleterre, se verseroit en France; et, parce qu'alors les quantités, relativement au besoin, seroient les mêmes dans l'une et l'autre monarchie, il s'établiroit un prix qui seroit le même pour toutes deux, et ce seroit le vrai pour l'une comme pour l'autre, puisqu'il leur seroit également avantageux.

On voit par-là combien il importeroit à toutes les nations de l'Europe de lever les obstacles qu'elles mettent, pour la plupart, à l'exportation et à l'importation.

Il n'est pas possible que, dans la même année, les récoltes soient chez toutes également mauvaises : il n'est pas plus possible qu'elles soient chez toutes, dans la même année, également bonnes. Or un commerce libre, qui feroit circuler le surabondant, produiroit le même effet que si elles étoient bonnes par-tout, c'est-à-dire, que si elles étoient par-tout suffisantes à la consommation. Le blé, les frais de voiture défalqués, auroit dans toute l'Europe le même prix; ce prix seroit permanent, et le plus avantageux à toutes les nations.

Mais lorsqu'elles défendent l'exportation et l'importation, ou qu'elles mettent sur l'une et sur l'autre des droits équivalens à une prohibition; lorsqu'en permettant d'exporter, elles défendent d'importer, ou qu'en permettant d'importer, elles défendent d'exporter; lorsqu'enfin, sous prétexte de se conduire différemment suivant la différence des circonstances, elles défendent ce qu'elles ont permis, elles permettent ce qu'elles ont défendu, tour-à-tour, subitement, sans principes, sans règles, parce qu'elles n'en ont point, et qu'elles ne peuvent en avoir : alors il est impossible que le blé ait un prix qui soit le même et le vrai pour toute l'Europe, il est impossible qu'il ait nulle part un prix permanent. Aussi voit-on qu'il monte à un prix excessif chez une nation, tandis qu'il tombe à un vil prix chez une autre.

Le vrai prix ne varie qu'entre deux termes peu distans.

Ce n'est pas que le vrai prix puisse être, toutes les années, absolument le même : il doit varier sans doute ; mais il se maintiendra toujours entre deux termes peu distans l'un de l'autre. C'est ce qu'il faut expliquer.

Nous avons remarqué que les récoltes ne sauroient être ni également bonnes, ni également mauvaises, dans toute l'Europe : mais on conçoit qu'il y aura quelquefois des années où elles seront généralement plus abondantes, et que quelquefois aussi il y aura d'autres années où elles le seront généralement moins. Le vrai prix du blé baissera donc, et haussera quelquefois.

Il baissera dans la plus grande abondance générale à proportion que la quantité des blés sera plus grande que la consommation ; et, dans une moindre abondance générale, il haussera à proportion que la quantité des blés se rapprochera de ce qui s'en consomme.

Je dis qu'il *haussera dans une moindre abondance générale*, et je ne dis pas dans une disette. Car il seroit bien extraordinaire qu'il y eût de mauvaises années pour l'Europe entière. Il peut seulement y en avoir de meilleures les unes que les autres; et ce sont ces meilleures années qui feront baisser le prix du blé.

L'Europe, si toutes ces provinces commerçoient librement les unes avec les autres, recueilleroit, années communes, autant de grains qu'elle en consomme, parce que la culture se régleroit sur la consommation. Le prix des blés seroit donc constamment fondé sur une même quantité relativement au besoin, et, par conséquent, il seroit constamment le même.

Or supposons que le blé fût à vingt-quatre livres le septier: dans une abondance grande et générale, il pourra baisser à vingt-deux, à vingt, ou, si l'on veut, à dix-huit. Mais certainement l'abondance générale ne sera jamais assez grande pour le faire descendre à un vil prix.

De même, dans une moindre abondance générale, il pourra hausser à vingt-six, vingt-huit ou trente. Mais la rareté ne sera jamais généralement assez grande pour l'élever à un prix excessif. J'ai même peine à croire qu'il pût varier de dix-huit à trente:

car ces termes me paroissent bien distans.

Quand le prix n'est pas le vrai, il peut être vil ou excessif. Effets qui en résultent.

Au contraire, lorsque les nations de l'Europe s'interdisent mutuellement le commerce par des prohibitions expresses, ou par des droits équivalens, on conçoit que le prix du blé doit, tour-à-tour, tantôt chez l'une, tantôt chez l'autre, varier au point qu'il sera impossible d'assigner un terme au plus haut prix et au plus bas. Le même peuple verra tout-à-coup descendre le blé à dix livres, ou monter à cinquante. Arrêtons-nous sur les suites funestes de ces variations.

Lorsque le blé est à dix livres, le cultivateur en vend plus que lorsqu'il est à cinquante, parce qu'on en consomme davantage. Mais il n'est à dix livres que parce qu'il en a beaucoup plus qu'il n'en peut vendre, et ce plus est pour lui une non-valeur. Cependant il ne trouve point de dédommagement dans le blé qu'il vend, parce qu'il le vend à vil prix. Il a donc cultivé, et il n'en retire aucun bénéfice. Peut-être même que les frais de culture ne lui rentreront pas.

Il n'est donc pas de son intérêt d'ensemencer autant de terres qu'il auroit fait. Quand il le voudroit, il ne le pourroit pas. Il n'est pas en état d'en faire les avances.

Il n'est pas en état, dis-je, *d'en faire les avances* : premièrement, parce qu'il n'a pas assez gagné sur la vente de ses blés ; en second lieu, parce que les journaliers qui, en un jour, comme nous l'avons déjà remarqué, gagnent de quoi subsister deux, travaillent la moitié moins. Ils sont donc plus rares, et, étant plus rares, ils sont à plus haut prix. Ainsi les frais augmentent pour le cultivateur lorsque son bénéfice diminue.

Il a donc moins ensemencé ; par conséquent la récolte sera moindre, et elle se réduira à bien peu de chose si l'année est mauvaise.

Le surabondant de la récolte précédente y suppléera, dira-t-on. Je réponds que, si le cultivateur avoit pu le vendre à l'étranger, il auroit retiré un plus grand bénéfice de la vente de ses blés, parce qu'il les auroit vendus à meilleur prix et en plus grande quantité. Il auroit été en état d'ensemencer plus de terres, il y auroit trouvé son intérêt, et la récolte eût été plus abondante.

Il n'a pu conserver le surabondant de son blé sans frais et sans déchet; et c'est sans frais et sans déchet qu'il eût conservé l'argent qu'il en auroit retiré. Il seroit donc plus riche, avec cet argent, qu'il ne l'est avec le surabondant qui lui reste. Le moyen le plus sûr et le moins dispendieux de garder le blé, c'est de le garder en argent : car c'est garder le blé que de garder l'argent avec lequel on peut toujours en acheter. Pourquoi forcer le cultivateur à bâtir des greniers, à quitter la charrue pour visiter ses blés, à payer des valets pour les remuer? S'il n'est pas assez riche pour faire ces dépenses, ses blés germeront, ils seront consommés par les insectes, et le surabondant sur lequel on avoit compté ne se retrouvera plus.

Aussi observe-t-on que la disette vient toujours après l'abondance, et que, lorsque les blés ont été à vil prix, ils passent tout-à-coup à un prix excessif. Or ce prix, à charge au peuple, ne dédommage pas le cultivateur à qui une mauvaise récolte laisse d'autant moins de blé à vendre qu'il n'a ensemencé qu'une partie de ses terres.

Nous avons remarqué que, lorsque le blé est à vil prix, les journaliers se mettent à un prix trop haut : nous remarquerons ici que, lorsqu'il est à un prix excessif, ils se mettent à un prix trop bas.

Dans le premier cas, comme il faut peu gagner pour avoir de quoi acheter du pain, plusieurs passent des jours sans travailler. Au contraire, dans le second tous demandent à l'envi de l'ouvrage, ils en demandent tous les jours, et ils s'offrent au rabais. Encore plusieurs s'offrent-ils inutilement. Les cultivateurs, qui se ressentent des pertes qu'ils ont faites, ne sont pas assez riches pour faire travailler tous ceux qui se présentent.

Dans ces temps de variations les salaires sont donc nécessairement trop haut ou trop bas, et cela est vrai de tous; car l'artisan, comme le journalier, vend son travail au rabais quand le pain est cher, et quand le pain est à bon marché il met son travail à l'enchère.

Pendant ce désordre, toutes les fortunes se dérangent plus ou moins. Le grand nombre retranche sur son nécessaire, les gens riches retranchent au moins sur leurs superfluités, beaucoup d'ouvriers manquent d'ouvrages, les manufactures tombent, et on voit la misère se répandre dans les campagnes et dans les villes, que le commerce auroit pu rendre florissantes.

Effets que produiroit le vrai prix.

Si le commerce jouissoit toujours et partout d'une liberté pleine et entière, le vrai prix des grains s'établiroit nécessairement, et il seroit permanent : alors le désordre cesseroit. Les salaires, qui se proportionneroient avec le prix permanent du blé, mettroient toutes les espèces de travaux à leur vrai prix. Le cultivateur jugeroit mieux des dépenses qu'il a à faire, et il craindroit d'autant moins de s'y engager qu'il seroit assuré de trouver dans sa récolte ses frais et son bénéfice. J'en dis autant des entrepreneurs dans tous les genres. Tous emploieroient un plus grand nombre d'ouvriers, parce que tous en auroient la faculté; et que tous seroient assurés du bénéfice dû à leur industrie. Alors plus de bras oisifs. On travailleroit également dans les villes et dans les campagnes : on ne seroit par réduit à retrancher sur son nécessaire :

on pourroit au contraire se procurer de nouvelles jouissances, et le commerce seroit aussi florissant qu'il peut l'être.

On demandera peut-être à quoi on pourra reconnoître le vrai prix. On le reconnoîtra en ce que ses variations seront toujours renfermées entre deux termes peu distans, et c'est en ce sens que je l'appelle permanent. S'il ne varioit, par exemple, que de vingt à vingt-quatre, il seroit bas à vingt, haut à vingt-quatre, et moyen à vingt-deux. Tout autre prix seroit un faux prix, qui prendroit le nom de *cherté*, lorsqu'il s'éleveroit au-dessus de vingt-quatre, et qui prendroit celui de *bon marché*, lorsqu'il descendroit au-dessous de vingt. Ce faux prix causeroit nécessairement des désordres, parce que, dans le bon marché, le producteur seroit lésé, et le consommateur le seroit dans la cherté. Or le vrai prix doit être également avantageux à tout le monde.

CHAPITRE XXI.

Du monopole.

<small>Dans le commerce des superfluités, le monopole n'est jamais illicite, quelque prix qu'on mette aux ouvrages.</small>

FAIRE le monopole, c'est vendre seul. Ce mot qui est devenu odieux ne doit pas l'être toujours. Un grand peintre vend seul ses ouvrages, par la raison qu'il peut seul les faire.

Il porte son salaire au plus haut : il n'a d'autre règle que la fortune des amateurs qui sont curieux de ses tableaux.

A-t-on la fantaisie d'être peint par lui, parce qu'il saisit parfaitement les ressemblances, et toujours en beau? Il fera payer un portrait cent louis, ou même davantage, si à ce prix on lui en demande plus qu'il n'en peut faire. Son intérêt est de gagner beaucoup, en faisant peu de portraits; d'en faire peu, afin de les faire mieux, et d'assurer par-là de plus en plus sa réputation.

Ce prix peut paroître exorbitant. Cependant il ne l'est pas : c'est le vrai prix. Il est réglé par une convention faite librement entre le peintre et celui qui se fait peindre, et personne n'est lésé. N'êtes-vous pas assez riche pour payer votre portrait cent louis? Ne le faites pas faire, vous pouvez vous en passer. Êtes-vous assez riche? C'est à vous de voir lequel vous aimez le mieux de garder vos cent louis, ou de les échanger contre votre portrait.

Ce prix, parce qu'il est le vrai, est fondé sur la quantité relativement au besoin. Ici le besoin est la fantaisie que vous avez d'être peint; et la quantité est une, puisque nous ne supposons qu'un seul peintre qui saisisse les ressemblances à votre gré. Plus donc votre fantaisie sera grande, plus le peintre sera en droit d'exiger de vous un fort salaire. Votre portrait vous coûtât-il mille louis, il ne sera pas cher, c'est-à-dire, au-dessus du vrai prix.

Il ne faut pas raisonner sur les jouissances qu'on se procure par fantaisie, par caprice, par mode, comme sur les jouissances qui sont d'une nécessité absolue. Si vous étiez seul marchand de blé, et que vous me le fissiez payer cent francs le septier, vous ne

<small>Dans le commerce des choses nécessaires, il est toujours odieux.</small>

pourriez pas dire que vous me l'avez vendu d'après une convention passée librement entre vous et moi : il seroit évident que j'ai été forcé par le besoin, et que vous avez cruellement abusé de ma situation. Voilà le monopole qui devient odieux, parce qu'il est injuste.

<small>Le vrai prix des superfluités ne peut être un prix permanent.</small> Dans le commerce des choses nécessaires, le prix, lorsqu'il est le vrai, est permanent ; et c'est à cela, comme nous l'avons remarqué, qu'il se reconnoît.

Dans le commerce des superfluités, le prix n'est point permanent : il ne peut l'être, il varie comme les modes. Aujourd'hui un artiste est en vogue, demain un autre. Bientôt, au lieu d'un concurrent, il en a plusieurs. Réduit donc à se borner à de moindres salaires, il vendra à bas prix ce qu'il vendoit auparavant à prix haut. Nous avons vu à deux ou trois louis des tabatières de carton, qui sont aujourd'hui à vingt-quatre sous. Malgré cette variation, elles ont toujours été à leur vrai prix. C'est que le prix des choses de fantaisie ne peut se fixer, et qu'il peut être très-haut en comparaison de celui des choses de nécessité.

Puisque, dans le commerce des choses nécessaires, le vrai prix est un prix permanent, il est évident qu'il ne peut subsister avec le monopole, qui le feroit hausser brusquement coup sur coup. Mais, si celui qui vend seul fait hausser les prix, il suffira, pour les faire baisser, de multiplier les vendeurs.

Le prix des choses nécessaires ne peut être permanent avec le monopole.

Or ils se multiplieront d'eux-mêmes, quand on n'y mettra point d'obstacles. Comme toute espèce de commerce offre un bénéfice, il ne faut pas craindre qu'il ne se fasse pas. Si on laisse la liberté de le faire, il se fera, et le nombre des marchands croîtra, tant qu'en le faisant concurremment ils y trouveront assez de bénéfice pour subsister. S'ils venoient à se multiplier trop, ce qui doit arriver quelquefois, une partie abandonnera un commerce qui ne lui est pas avantageux, et il restera précisément le nombre de marchands dont on a besoin. Il faut, encore un coup, laisser faire : la liberté, s'il y a des monopoleurs, en purgera la société.

La liberté du commerce peut seule empêcher le monopole.

Tout vendeur veut gagner, et gagner le plus qu'il peut. Il n'en est aucun qui ne

Il est de l'intérêt de tous qu'il y ait, dans chaque branche de

voulût écarter tous ses concurrens, et vendre seul, s'il le pouvoit.

Tout acheteur voudroit acheter au plus bas prix, et il desireroit que les vendeurs, à l'envi les uns des autres, lui offrissent les choses au rabais.

Cependant tout vendeur dans un genre est acheteur dans un autre. S'il lui importe d'être sans concurrens, il lui importe que les vendeurs dont il achète en aient beaucoup, et il n'importe pas moins à ceux-ci qu'il ne soit pas seul.

De ces intérêts contraires, il en résulte que l'intérêt de tous n'est pas de vendre au plus haut prix et d'acheter au plus bas, mais de vendre et d'acheter au vrai prix. Ce vrai prix est donc le seul qui concilie les intérêts de tous les membres de la société. Or il ne pourra s'établir que lorsqu'il y aura, dans chaque branche de commerce, le plus grand nombre possible de marchands.

Il n'y a, comme nous l'avons remarqué, que les grands artistes, uniques en leur genre, qui puissent, sans injustice, faire le monopole. Ils ont, par leurs talens, le privilége de vendre seuls.

Mais, lorsqu'il s'agit du commerce des choses nécessaires, où heureusement il ne faut pas des talens rares, j'entends par monopoleurs un petit nombre de marchands qui achètent et qui revendent exclusivement; et je dis qu'il y a monopole, par conséquent injustice et désordre, toutes les fois que ce nombre n'est pas aussi grand qu'il pourroit l'être.

Aujourd'hui tout le commerce en Europe se fait donc par des monopoleurs. Je ne veux pas parler des douanes, des péages, des priviléges exclusifs qui gênent le commerce intérieur de province en province : nous traiterons ailleurs de ces abus. Je ne parle que des entraves qu'on a mises au commerce de nation à nation.

<small>Comment en Europe tout le commerce se fait par des monopoleurs.</small>

Lorsqu'en France nous défendons l'importation des marchandises anglaises, nous diminuons le nombre des marchands qui nous auroient vendu; et, par conséquent, nos marchands nationaux deviennent des monopoleurs qui vendent à plus haut prix qu'ils n'auroient fait, s'ils avoient vendu concurremment avec les marchands anglais.

Lorsque nous défendons l'exportation en

Angleterre, nous diminuons pour les Anglais le nombre des marchands qui leur auroient vendu ; et, par conséquent, ceux qui leur vendent deviennent des monopoleurs qui leur font payer les choses à plus haut prix qu'ils n'auroient fait s'ils avoient vendu concurremment avec nos marchands.

Appliquons ce raisonnement par-tout où le gouvernement défend d'exporter et d'importer, et nous reconnoîtrons que les nations semblent avoir oublié leurs vrais intérêts pour ne s'occuper que des moyens de procurer de plus gros bénéfices à des marchands monopoleurs.

En effet, comme nous diminuons le nombre de ceux qui nous vendent, et que nous achetons tout à plus haut prix lorsque nous défendons l'importation, nous diminuons le nombre de ceux qui achètent de nous, et nous vendons tout à plus bas prix lorsque nous défendons l'exportation. C'est-à-dire, que nous ne sommes jamais au vrai prix. Nous sommes au-dessus pour acheter cher, et au-dessous pour vendre à bon marché. Certainement ce n'est pas le moyen de faire un commerce avantageux. Cependant c'est dans l'espérance d'acheter à bon marché et de vendre cher qu'on a imaginé ces prohibitions. Les nations ont voulu se nuire mutuellement, et elles se sont nui chacune à elles-mêmes. Il n'y a que la concurrence du plus grand nombre possible de vendeurs et d'acheteurs qui puisse mettre les choses à leur vrai prix, c'est-à-dire, à ce prix qui, étant également avantageux à toutes les nations, exclut tout-à-la-fois la cherté et le bon marché.

CHAPITRE XXII.

De la circulation des blés.

<small>Deux sortes de disettes.</small> Lorsque, n'ayant pas de quoi attendre une seconde récolte, on n'a du blé, par exemple, que pour neuf mois, on est menacé d'en manquer, s'il n'en arrive pas; et il renchérit d'autant plus qu'on espère moins d'en voir arriver.

Ce renchérissement, qui le fait hausser au-dessus du vrai prix, devient cherté. On crie donc à la disette, non qu'on manque totalement de blé, mais parce qu'on est menacé d'en manquer, et que ceux qui ne peuvent pas le payer au prix où il est en manquent déjà.

Cette disette réelle, si en effet il n'y a pas assez de blé, n'est qu'une disette d'opinion, lorsque le blé, qui ne manque pas dans les greniers, manque seulement dans les marchés. C'est ce qui arrive quand il y a monopole. Les monopoleurs retardent de le mettre en vente, afin de trouver, dans un plus grand renchérissement, un plus grand bénéfice. Leur cupidité alarme le peuple : la disette d'opinion croît, et le blé monte à un prix excessif.

Quand la disette est réelle, nous n'avons de secours à attendre que des étrangers : il faut qu'ils nous en apportent autant qu'il nous en manque.

Si elle n'est que dans l'opinion, il suffira qu'ils nous en montrent. Au bruit seul qu'il en arrive, les marchands, qui voudront profiter du moment où il est encore à un prix haut, se hâteront de le mettre en vente, et, par conséquent, ils en feront bientôt baisser le prix.

Dans la surabondance même, il y auroit cherté et apparence de disette, si ceux qui ont les blés s'obstinoient à les garder dans leurs greniers, ou à n'en mettre en vente qu'une quantité qui ne suffiroit pas à la consommation journalière ; et, dans la plus grande rareté, il y auroit bon marché et apparence de surabondance, si on les forçoit à mettre en vente tous leurs blés à-la-fois, ou seulement une quantité plus que

Dans quelle quantité le blé doit être porté au marché.

suffisante à la consommation journalière.

Dans le premier cas, le peuple souffriroit comme dans une disette réelle; et, dans le second, les cultivateurs et les marchands seroient lésés.

Il seroit donc également nuisible de mettre en vente tout-à-la-fois une quantité de blé qui doit servir à la subsistance de plusieurs mois, ou de n'en mettre en vente à chaque fois qu'une quantité qui ne suffiroit pas à la subsistance d'un marché à l'autre.

C'est donc peu-à-peu que le blé doit sortir des greniers. Il suffit qu'on en livre autant qu'on en demande, et que la vente se fasse dans la proportion du besoin.

<small>Lorsqu'il y est porté en trop grande ou en trop petite quantité, il y a lésion pour les cultivateurs et pour le peuple.</small>

Mais les cultivateurs, pour le vendre cher, voudroient qu'il fût rare dans les marchés; et le peuple, pour l'acheter à bon marché, voudroit qu'il y fût surabondant. Cependant, dans l'un et l'autre cas, il y auroit lésion de part ou d'autre, et même des deux côtés à-la-fois.

Il est vrai que, lorsque le cultivateur vend cher, il fait un plus grand bénéfice sur ce qu'il vend: mais il vend en moindre quantité parce qu'il force le peuple à vivre de châtaignes, de pommes de terre, de racines, etc. Il l'accoutume donc à consommer moins de blé; et, en faisant diminuer la consommation, il fait diminuer ses ventes pour les années suivantes, et par conséquent ses revenus. Que sera-ce si le peuple s'ameute et pille les greniers? Le cultivateur, qui veut vendre cher, est donc la victime de sa cupidité.

Le peuple ne se trompe pas moins lorsqu'il veut acheter bon marché. Il est vrai qu'il y trouve d'abord un avantage momentané. Mais nous avons vu que le bon marché est toujours suivi d'une cherté où le peuple manque de pain, et ne peut pas même travailler pour en gagner.

La lésion que le cultivateur et le peuple se font tour-à-tour, par la cherté et le bon marché, retombe donc, par contre-coup, sur tous les deux.

Par conséquent, il importe que le blé ne se mette en vente, ni en trop grande quantité, ni en trop petite, puisqu'il importe qu'il ne soit ni cher, ni bon marché.

Mais, parce qu'on en consomme toujours, il importe qu'il y en ait toujours en vente autant qu'on a besoin d'en consommer; et c'est alors qu'il sera à son vrai prix.

Circulation des blés. Le blé ne croît pas également par-tout. Il ne s'en produit pas un épi dans les villes, où il s'en fait la plus grande consommation. On n'y sait pas même comment il se produit ailleurs; et voilà pourquoi on y raisonne communément si mal sur le commerce des blés.

Quoi qu'il en soit, pour que les blés soient en vente toujours et par-tout en quantité suffisante, il faut que des lieux où ils surabondent ils ne cessent de se verser dans les lieux où ils manquent; ce qui ne peut se faire que par un mouvement prompt et jamais interrompu : *prompt*, dis-je, *et jamais interrompu*, parce que tous les jours les consommateurs en ont le même besoin. Ce mouvement est ce que j'appelle *circulation des blés*.

Comment le versement se fait de proche en proche. Le versement se fait de proche en proche ou à distance.

De proche en proche, lorsqu'on porte le blé dans les marchés, et qu'il passe successivement de l'un dans l'autre.

Ces marchés, qui sont autant de débouchés, ne sauroient trop se multiplier. Il faut qu'il y en ait de tous côtés, et qu'ils soient dans les lieux les plus commodes pour les vendeurs, comme pour les acheteurs. Ils devroient être à leur choix, sans droits, sans gênes.

Le versement se fait à distance lorsque, dans une province, on fait des envois de blé pour une autre, ou lorsqu'on en porte chez l'étranger.

<small>Comment il se fait à distance.</small>

Pour avoir ces débouchés, il faut des chemins, des canaux, des rivières navigables et une marine marchande, point de péages, point de douanes, aucune espèce de droits.

Voilà la route tracée à la circulation : observons comment elle doit se faire.

Les soins de la culture ne permettent pas toujours à un fermier de vendre ses grains aux marchés même les plus voisins. En effet, dans un jour favorable aux labours, aux ensemencemens, à la récolte, quittera-t-il ses champs au hasard de ne plus retrouver un jour aussi favorable? Or, s'il ne peut pas toujours porter lui-même ses blés dans

<small>Pour faire circuler les blés, il faut des marchands.</small>

le marché voisin, il peut encore moins entreprendre de les porter dans les marchés éloignés.

Il faut donc qu'il s'établisse des marchands qui achètent du fermier pour revendre au consommateur.

Connoissances qui leur sont nécessaires. Mesures qu'ils ont à prendre.

Ces marchands sont des hommes que l'expérience a formés. Ils ne réussiront dans leur commerce qu'autant qu'ils s'en seront occupés uniquement, et qu'ils auront acquis un nombre de connoissances qui ne s'acquièrent qu'avec le temps.

Il faut qu'ils connoissent la qualité des blés pour n'être pas trompés sur le choix; qu'ils aient appris à les voiturer au meilleur compte possible ; qu'ils sachent apprécier le déchet, les frais de transport, et tous les risques à courir; qu'ils jugent d'où il peut arriver des blés dans les lieux où ils se proposent d'en porter, et qu'ils prévoient quand ils y arriveront. Car les marchands, qui se montreront les premiers, sont seuls assurés de vendre avec bénéfice.

Il faut donc encore, dans le cas où l'on auroit fait de fausses spéculations, s'être préparé d'autres débouchés, et savoir où l'on portera ses grains, pour n'être pas forcé de les vendre à perte.

Parce qu'on ne peut pas tout voir par soi-même, et qu'on le peut d'autant moins qu'on entreprendra un commerce plus étendu et plus au loin, il faudra avoir des correspondans intelligens, attentifs, dont la capacité soit reconnue : autrement un faux avis engageroit dans des entreprises ruineuses. Il n'est pas moins nécessaire de s'assurer de l'exactitude et de la fidélité de tous ceux à qui on confie la garde ou la vente de ses blés; et il faut avoir des hommes habitués à les voiturer, et sur qui on puisse également compter. C'est par le concours d'une multitude d'agens, toujours en mouvement, que se fait la circulation des blés. Le peuple des villes est bien loin de l'imaginer.

Il est à propos de distinguer deux sortes de marchands de blé. Les uns sont des négocians qui, faisant ce commerce en grand, entreprennent d'approvisionner des provinces éloignées, soit au-dedans, soit au-dehors du royaume. Les autres sont de petits marchands qui, le faisant en détail dans un

Deux sortes de marchands de blé. Comment ils font leur commerce.

lieu circonscrit, paroissent se borner à l'approvisionnement d'un canton. C'est par ceux-ci sur-tout que le commerce se fait de proche en proche. On les nomme *Blatiers*.

Aux négocians il faut de grands magasins dans plus d'un lieu, beaucoup de valets pour garder leurs blés, des correspondans ou associés par-tout, et des voituriers en quelque sorte sur tous les chemins. Il est évident que, s'ils peuvent faire de grands profits, ils courent aussi de grands risques. Plus leur commerce est étendu, plus ils ont de spéculations à faire, et plus aussi le succès de leur entreprise est incertain.

Ayant fait de grandes avances, ils veulent faire de gros bénéfices. Aussi ne se pressent-ils pas de vendre. Ils épient le moment. Mais, parce que le blé est une denrée qu'on ne peut garder long-temps sans beaucoup de frais, qu'il y a un déchet toujours plus grand à le garder, et toujours plus de risques à courir, si l'occasion d'un gros bénéfice se fait trop attendre, ils sont obligés de se contenter d'un moindre. Alors ils se forcent la main, et ils servent le public malgré eux. Ils n'auront pas besoin d'une longue expérience pour apprendre qu'il est de leur intérêt de vendre toutes les fois qu'ils trouvent, dans la vente, tous leurs frais et un bénéfice.

Les blatiers achètent des fermiers pour revendre. A peine ont-ils besoin d'un magasin. S'ils en ont un, la garde n'en est pas dispendieuse; et ils ont peu de déchet à craindre, parce qu'ils le vident presque aussitôt qu'ils l'ont rempli. Un valet leur suffit. Il ne leur faut qu'un âne ou un mulet pour voiturer leurs grains; et ils n'ont pas besoin de correspondans, parce qu'ils font leur commerce dans un petit canton où ils sont habitués.

Il y a pour eux moins d'avances que pour les grands négocians, moins de frais, moins de risques, et ils se contentent d'un moindre bénéfice; toujours pressés de se le procurer, parce qu'ils ne sont pas assez riches pour hasarder d'en attendre un plus grand. Leur intérêt est de vendre promptement, afin de racheter pour revendre. Ils ont besoin, pour subsister, que des achats et des ventes répétées fassent continuellement repasser par leurs mains leurs premières avances avec le bénéfice.

La circulation des blés se fait donc par un grand nombre de négocians, et par un plus grand nombre de blatiers.

Que le monopole des blés ne peut pas se faire lorsque le commerce est parfaitement libre.

Si nous avons besoin de blé, tous ces marchands n'ont pas moins besoin d'en vendre. Nous n'en manquerons donc pas si la plus grande liberté donne lieu à la plus grande concurrence.

Supposons qu'un riche négociant achète ou arrhe tous les blés d'une province dans le dessein d'y mettre la cherté, il causera sans doute un renchérissement, mais un renchérissement momentané. Car aussitôt, de toutes les provinces voisines, les blés reflueront, et le négociant, trompé dans son attente, se verra forcé, par un grand nombre de concurrens, à baisser le prix de ses blés. Il ne sera donc pas tenté de répéter cette opération. Il n'y auroit, dans ce monopole, que des risques et des pertes. Un négociant habile n'en fera pas l'essai.

Au lieu de songer à mettre la cherté dans un pays abondant en grains, et où, par conséquent, elle ne pourra pas se maintenir, un négociant a un moyen plus simple et plus sûr pour faire le commerce de ses blés avec avantage : c'est de les envoyer par-tout où la cherté est une suite naturelle de la disette. Qu'il ait les yeux ouverts sur toute l'Europe, qu'il soit toujours prêt à faire des envois : s'il est bien informé de l'état des récoltes, ou seulement de l'opinion qu'on en a chez chaque nation, il pourra d'avance prévoir dans quels lieux les prix hausseront, et prendre ses mesures pour y faire ses envois à propos.

C'est ainsi, lorsque le commerce est parfaitement libre, qu'une multitude de marchands veillent sur les besoins de tous les peuples. Reposons-nous-en donc sur l'interêt qu'ils ont à ne pas nous laisser manquer de blé : laissons-les faire, et nous n'en manquerons pas. Puisqu'il y a toujours quelque part des chertés naturelles qui leur offrent un bénéfice sûr, pourquoi s'occuperoient-ils des moyens d'en causer d'artificielles qui ne leur assureroient pas le même bénéfice ? Plus nous les jugeons intéressés, plus nous devons croire qu'ils sont éclairés sur leurs intérêts.

Mus donc par cet intérêt, les marchands,

grands et petits, multipliés en raison de nos besoins, feront circuler les blés, les mettront par-tout au niveau, par-tout au vrai prix; et chacun sera entraîné par le mouvement général, qu'il ne pourra ni ralentir, ni précipiter.

Le monopole, dira-t-on, seroit donc impossible. Sans doute il le seroit dans le cas où le commerce des blés jouiroit d'une liberté pleine, entière et permanente. Or c'est dans cette supposition que je viens d'observer la circulation des blés. Nous verrons ailleurs comment le monopole ne deviendra que trop facile. (1)

---

(1) Je m'apperçois souvent qu'on peut me faire bien des difficultés. Elles se présentent en foule dans le sujet compliqué que je traite, et que je cherche sur-tout à simplifier. Je voudrois pouvoir répondre à toutes à-la-fois. Mais cela n'est pas possible. Il faut, pour me faire entendre, que je me traine de proposition en proposition; car enfin, si on ne m'entendoit pas, j'aurois tort d'écrire. Heureusement, mon lecteur ne peut pas m'interrompre, quelque envie qu'il en ait. Il faut nécessairement qu'il laisse mon livre, ou qu'il attende ma réponse à ses difficultés. Je ne me flatte pas cependant de répondre à toutes, car il pourroit m'en faire de bien étranges.

CHAPITRE XXIII.

Le blé considéré comme mesure des valeurs.

DE toutes les marchandises, les métaux sont les plus propres à servir de mesure commune; nous en avons vu la raison. Mais, parce que, d'un siècle à l'autre, ils sont eux-mêmes plus rares ou plus abondans, et que, par conséquent, ils ont plus ou moins de valeur, ils ne peuvent pas être pris pour une mesure propre à déterminer dans quel rapport la valeur d'une marchandise, dans une époque, a été avec la valeur de cette même marchandise, dans une époque différente. Par exemple, je suppose que, dans le douzième siècle où l'argent étoit rare, une once fût le prix d'une aune de drap; aujourd'hui que l'argent est beaucoup plus abondant, il en faudra, pour payer l'aune de ce même drap, deux ou trois onces, ou peut-être quatre.

L'argent n'est pas une mesure d'après laquelle on puisse, d'une époque à une autre, apprécier les valeurs.

La valeur de l'argent est donc elle-même trop variable pour servir, dans tous les temps, de mesure à toutes les valeurs. Aussi avons-nous remarqué que, dans un siècle où il est une fois plus rare, on est aussi riche avec un revenu de cinquante onces, qu'on le seroit dans un siècle où il est une fois plus abondant, avec cent onces de revenu.

<small>Il n'est pas même une mesure d'après laquelle on puisse toujours apprécier les valeurs d'un lieu à un autre.</small>

Non seulement l'argent n'est pas une mesure exacte pour toutes les époques, il n'est pas même une mesure exacte pour tous les lieux. C'est qu'il n'a pas la même valeur par-tout.

Portés par habitude à juger des prix d'après la quantité d'argent que les choses nous coûtent, nous supposons précipitamment que ce que nous payons deux onces d'argent dans une grande ville marchande est un prix double de ce que nous payons une once dans une province où le commerce a peu de débouchés. Mais, en pareil cas, la différence entre les prix ne peut pas être exactement comme la différence du plus au moins d'argent. Ce métal est alors une mesure fausse. Il a une plus grande valeur dans la province sans commerce, où il est plus rare : il en a une moindre dans la ville marchande, où il est plus abondant. Comment donc pourroit-il mesurer le rapport où sont les prix qui ont cours dans l'une avec les prix qui ont cours dans l'autre ?

La circulation de l'argent se ralentit de campagne en campagne en raison de l'éloignement où elles sont des principales villes ; et en supposant l'éloignement le même, elle se ralentit encore en raison des obstacles qui rendent plus dispendieux le transport des marchandises. Dès que l'argent circule moins, il est plus rare ; dès qu'il est plus rare, il a plus de valeur ; dès qu'il a plus de valeur, on en donne une moindre quantité pour les choses qu'on achète, et en conséquence, ces choses paroissent à plus bas prix qu'elles ne sont.

A juger donc des revenus par la quantité d'argent qu'on reçoit chaque année, on paroît plus riche dans une ville qu'on ne l'est, et on l'est plus dans une campagne qu'on ne le paroît. C'est que, depuis que les métaux ont été pris pour mesure commune des valeurs, on est porté à ne voir des richesses que là où l'on voit beaucoup d'or et beaucoup d'argent; et cette méprise a commencé dans les villes où l'argent fait toute la richesse. Mais notre manière de voir ne change pas la nature des choses. Qu'importe, en effet, le plus ou le moins d'argent, lorsque le moins vaut le plus? Si, avec cent onces d'argent, je puis faire dans une campagne les mêmes consommations que vous faites dans une ville avec trois ou quatre cents, ne suis-je pas aussi riche que vous ?

Le blé seul est cette mesure.

Une marchandise auroit toujours une même valeur, si, toujours également nécessaire, elle étoit, dans toutes les époques et dans tous les lieux, en même quantité relativement au besoin. Alors elle seroit une mesure avec laquelle nous pourrions apprécier la valeur de l'argent dans tous les siècles et dans tous les lieux. Le blé est cette marchandise.

Il seroit superflu de prouver que le blé est toujours également nécessaire : il suffira de prouver qu'il y en a toujours une même quantité relativement au besoin. Cela est facile : car cette question, comme toutes celles qu'on fait sur l'économie politique, se résout d'elle-même.

Dans un temps où la population est plus grande, on consomme plus de blé, et il se reproduit en plus grande quantité.

Dans un temps où la population est moins grande, on consomme moins de blé, et il se reproduit en moindre quantité. Cela a été prouvé.

La production est donc, années communes, toujours en proportion avec la consommation ; et, par conséquent, la quantité relativement au besoin est toujours la même, années communes. Or c'est d'après la quantité relativement au besoin que le blé s'apprécie. Il a donc toujours la même valeur, une valeur fixe et permanente.

Il n'en seroit pas de même d'une denrée à laquelle on pourroit suppléer par d'autres, et qui, par conséquent, seroit d'une moindre nécessité. Le vin, par exemple, ne peut pas avoir une valeur fixe et invariable.

Cependant il faut remarquer que le blé lui-même ne peut avoir une valeur fixe et

Mais il n'est cette mesure que dans la supposition où le

invariable, que dans la supposition où le commerce de cette denrée se fait avec une liberté entière et permanente. S'il est gêné par des droits, des prohibitions, des monopoles, il ne peut pas se mettre à son vrai prix; et, s'il ne peut pas être à son vrai prix, il aura une valeur qui variera continuellement. Lorsque, par intervalles, on force le peuple à brouter l'herbe, il n'est pas possible de déterminer la quantité du blé relativement au besoin; et, par conséquent, il n'est plus possible d'en fixer la valeur. Je laisse à juger si l'Europe a une mesure pour apprécier les valeurs dans toutes les époques et dans tous les lieux.

Dans l'usage où l'on est communément d'affermer les terres en argent, il y a lésion pour le fermier, si le blé tombe à bas prix; et s'il monte à un prix haut, il y a lésion pour les propriétaires. Cet usage est d'autant plus nuisible, que les fermiers, étant tous obligés de payer dans les mêmes termes, et, par conséquent, de mettre tous en vente à-la-fois, font, toutes les années et dans les mêmes mois, baisser le prix du blé, à leur grand dommage et à l'avantage des monopoleurs. Il seroit donc avantageux, pour les propriétaires, pour les fermiers et pour l'état, que le prix des baux se payât en denrées. Il y auroit de l'avantage, non seulement lorsque le commerce des blés est gêné, il y en auroit encore lorsqu'il est libre, parce qu'il en seroit plus libre : car les fermiers ne seroient pas plus forcés de vendre dans un temps que dans un autre.

———

CHAPITRE XXIV.

Comment les productions se règlent d'après les consommations.

<small>Objet de ce chapitre et des suivans.</small> Après avoir expliqué tout ce qui a rapport au vrai prix des choses, je me propose d'observer la cause des progrès de l'agriculture et des arts, l'emploi des terres, l'emploi des hommes, le luxe, les revenus publics et les richesses respectives des nations. Voilà l'objet des chapitres par où je terminerai cette dernière partie.

<small>Les citoyens dépendent tous les uns des autres.</small> Le besoin que les citoyens ont les uns des autres les met tous dans une dépendance mutuelle.

<small>Comment tous dépendent des propriétaires.</small> Maîtres des terres, les propriétaires le sont de toutes les richesses qu'elles produisent. A cet égard, il paroît qu'ils sont indépendans, et que le reste des citoyens dépend d'eux. En effet tous sont à leurs gages : c'est avec le salaire qu'ils paient que subsistent les fermiers, les artisans, les mar-

chands ; et voilà pourquoi les écrivains économistes les jugent indépendans.

Mais, si les terres n'étoient pas cultivées, les matières premières manqueroient aux artisans, les marchandises manqueroient aux commerçans, les productions de toutes espèces manqueroient aux propriétaires, et le pays ne suffiroit pas à la subsistance de ses habitans. Il n'y auroit plus proprement ni artisans, ni marchands, ni propriétaires. *Comment tous dépendent des fermiers.*

Les fermiers, comme première cause des productions, paroissent donc à leur tour tenir tous les citoyens dans leur dépendance. C'est leur travail qui les fait subsister. *Comment tous dépendent des artisans.*

Cependant, si les matières premières n'étoient pas travaillées, l'agriculture et tous les arts manqueroient des instrumens les plus nécessaires. Il n'y auroit plus d'arts, par conséquent, et la société seroit détruite, ou réduite à un état misérable. Tous les citoyens sont donc encore dans la dépendance des artisans.

Notre peuplade n'avoit pas besoin de marchands lorsque les colons, seuls pro- *Comment tous dépendent des marchands.*

priétaires des terres, habitoient les champs qu'ils cultivoient. Alors chacun pouvoit, par des échanges avec ses voisins, se procurer les choses dont il manquoit. Tantôt on achetoit une denrée qu'on n'avoit pas avec le surabondant d'une autre : tantôt, avec ce même surabondant, on payoit à un artisan la matière première qu'il avoit travaillée. Ces échanges se faisoient sans monnoie, et on ne songeoit pas encore aux moyens d'apprécier exactement la valeur des choses.

Mais à mesure que les propriétaires s'établissent dans les villes, il leur est d'autant plus difficile de se procurer toutes les choses dont ils manquent, qu'ils font alors de plus grandes consommations. Il faut donc qu'il s'établisse des magasins où ils puissent se pourvoir.

Ces magasins ne sont pas moins nécessaires aux artisans qui, d'un jour à l'autre, ont besoin de matières premières, et qui ne peuvent pas, à chaque fois, les aller acheter dans les campagnes souvent éloignées. Enfin ils le sont aux fermiers à qui il importe, toutes les fois qu'ils viennent à la ville, de vendre promptement leurs productions, et d'acheter en même temps tous les ustensiles dont ils ont besoin. Voilà l'époque où tous les citoyens tombent dans la dépendance des marchands, et où les choses commencent à avoir une valeur appréciée par une mesure commune.

Tel est en général le caractère des hommes : celui de qui on dépend veut s'en prévaloir, et tous seroient despotes s'ils le pouvoient. Mais quand, à différens égards, la dépendance est mutuelle, tous sont forcés de céder les uns aux autres, et personne ne peut abuser du besoin qu'on a de lui. Ainsi les intérêts se rapprochent, ils se confondent ; et, quoique les hommes paroissent tous dépendans, tous, dans le fait, sont indépendans. Voilà l'ordre : il naît des intérêts respectifs et combinés de tous les citoyens.

> Comment l'ordre naît de cette dépendance mutuelle.

Parmi ces intérêts respectifs et combinés, il y en a un qui paroît le mobile de tous les autres : c'est celui des propriétaires. Comme les plus grandes consommations se font dans les villes, et qu'ils y ont eux-mêmes la plus grande part, leur

> Les goûts des propriétaires sont la règle des fermiers, des artisans et des marchands.

goût sera la règle des fermiers, des artisans et des marchands. On cultivera, par préférence, les denrées dont ils aiment à se nourrir, on travaillera aux ouvrages dont ils sont curieux, et on mettra en vente les marchandises qu'ils recherchent.

Il est naturel que cela arrive. Puisque les propriétaires, comme maîtres des terres, sont maîtres de toutes les productions, eux seuls peuvent payer le salaire qui fait subsister le fermier, l'artisan et le marchand. Tout l'argent, qui doit circuler, et qui, par conséquent, doit être le prix de tous les effets commerçables, est originairement à eux. Ils le reçoivent de leurs fermiers, et ils le dépensent comme il leur plaît.

Il faut que cet argent retourne aux fermiers, soit immédiatement lorsqu'ils vendront eux-mêmes aux propriétaires ; soit médiatement lorsqu'ils vendront à l'artisan ou au marchand, à qui les propriétaires auront donné, pour salaire, une partie de cet argent.

Or cette circulation sera rapide, si les fermiers, les artisans et les marchands étudient les goûts des propriétaires, et s'y conforment. Ils le feront, puisque c'est leur intérêt.

Supposons que, de génération en génération, les propriétaires se sont fait une habitude des mêmes consommations; nous en conclurons que, tant qu'il n'y a pas eu de variations dans leurs goûts, on a cultivé les mêmes productions, travaillé aux mêmes ouvrages, et fait la même espèce de commerce.

Tant que ces goûts sont les mêmes, on cultive les mêmes productions et les mêmes arts.

Voilà l'état par où notre peuplade a dû passer. Accoutumée à une vie simple, elle se sera long-temps contentée des premières productions qu'elle aura eu occasion de connoître, et il n'y en aura pas eu d'autres dans le commerce.

Plus recherchée dans la suite, elle variera dans ses goûts, préférant dans un temps ce qu'elle aura rejeté, et rejetant dans un autre ce qu'elle aura préféré.

Lorsque ces goûts changent, de nouvelles consommations donnent naissance à de nouvelles productions et à de nouveaux arts.

Mais alors les choses qu'elle recherche le plus ne seroient pas en proportion avec le besoin qu'elle s'en fait, si les fermiers, les artisans et les marchands ne s'occupoient pas à l'envi des moyens de suppléer au surcroît de cette espèce de consommation.

Or ils ont un intérêt à s'en occuper ; car, dans les commencemens, ces choses n'étant pas assez abondantes, elles sont à un plus haut prix ; ils peuvent donc compter sur un salaire plus fort.

Ils ne se contenteront pas même d'observer ces variations qui leur procurent de nouveaux profits. Dès qu'ils auront remarqué qu'elles sont possibles, ils mettront toute leur industrie à les faire naître, et il se fera une révolution dans le commerce, dans les arts et dans l'agriculture. Auparavant les consommations se régloient d'après les productions ; alors les productions se régleront d'après les consommations.

<small>Alors un plus grand commerce fait prospérer l'état.</small> Le commerce, plus étendu, embrassera un plus grand nombre d'objets. Il réveillera l'industrie des artisans et des cultivateurs, et tout prendra une nouvelle vie. Mais cela n'est vrai que dans la supposition où le commerce seroit parfaitement libre. S'il ne l'étoit pas, il dégénéreroit bientôt en un état de convulsion, qui, faisant hausser et baisser sans règles le prix des choses, feroit faire mille entreprises ruineuses pour quelques-unes qui réussiroient, et

répandroit le désordre dans les fortunes.

Notre peuplade n'en est pas encore là. Son commerce, que je suppose renfermé dans ses possessions, doit naturellement produire l'abondance. Il en ouvre toutes les sources, il les répand; et les champs, auparavant stériles, sont cultivés et deviennent fertiles. Il est certain que, tant que son commerce se soutient par les seules productions de son sol, la multitude des consommations, soit en denrées, soit en matières premières, ne peut qu'inviter les fermiers à tirer de ce sol toutes les richesses qu'il renferme.

Voilà les effets d'un commerce intérieur et libre. Un peuple alors est véritablement riche, parce que ses richesses sont à lui, et ne sont qu'à lui. C'est dans ses possessions uniquement qu'il en trouve toutes les sources, et c'est son travail seul qui les dirige.

Les consommations, multipliées tout-à-la-fois par les goûts nouveaux et par les goûts renaissans, doivent donc multiplier les productions tant qu'il reste des terres à cultiver, ou des terres à mettre en plus grande valeur. Jusques-là les richesses iront toujours en croissant, et elles n'auront un terme que dans les derniers progrès de l'agriculture. Heureux le peuple libre, qui, riche de son sol, ne seroit pas à portée de commercer avec les autres !

CHAPITRE XXV.

De l'emploi des terres.

On ne peut multiplier les productions qu'à proportion de la quantité de terres, de leur étendue, et des soins qu'on donne à la culture.

Dans quelle proportion les productions se multiplient.

Si nous supposons que toutes les terres sont en valeur, et qu'elles produisent chacune autant qu'elles peuvent produire, les productions seront au dernier terme d'abondance, et il ne sera plus possible de les augmenter.

Productions portées au dernier terme d'abondance.

Alors, si nous voulons, dans un genre de denrées, avoir une plus grande abondance, il faudra nécessairement nous résoudre à en avoir une moindre dans un autre genre. Pour avoir plus de fourrage, par exemple, il faudra mettre en prairies des champs qu'on étoit dans l'usage d'ensemencer : on aura donc une moindre récolte en blé.

Alors les productions ne peuvent devenir plus abondantes dans un genre que parce qu'elles sont plus rares dans un autre.

Les mêmes productions ne sont pas également propres à la subsistance les animaux de toutes espèces. Par conséquent, si les terres sont employées à nourrir beaucoup de chevaux, elles ne pourront pas nourrir le même nombre d'hommes.

La population est plus ou moins grande, suivant l'emploi des terres, et suivant que chaque homme consomme plus ou moins.

Suivant l'emploi des terres, la population sera donc plus ou moins grande.

Mais les hommes consomment plus ou moins à proportion qu'ils ont plus ou moins de besoins. Il faut donc que la population diminue à proportion que les besoins se multiplient davantage; ou, si la population ne diminue pas, il faut qu'on ait trouvé les moyens d'augmenter les productions en raison des consommations.

En un mot, il n'y a jamais dans un pays que la quantité d'habitans qu'il peut nourrir. Il y en aura moins, toutes choses d'ailleurs égales, si chacun d'eux consomme davantage : il y en aura moins encore, si une partie des terres est consacrée à des productions dont ils ne se nourrissent pas.

Peuple qui n'a que des besoins naturels.

Observons maintenant notre peuplade. Supposons que, dans le pays qu'elle habite, elle a dix millions d'arpens également propres à la culture ; et, afin qu'elle ne puisse pas étendre ses possessions, plaçons-la dans une île, au sein de l'Océan, ou, pour lui ôter jusqu'aux ressources que la mer pourroit lui fournir, transportons ses terres au milieu d'un immense désert, de toutes parts sablonneux et aride.

D'abord, comme nous l'avons remarqué, elle a peu de besoins. Vêtue d'écorces d'arbres ou de peaux grossièrement cousues, sans commodités, sans savoir même qu'elle en manque, elle couche sur la paille ; elle ne connoît pas l'usage du vin ; elle n'a pour nourriture que des grains, des légumes, le lait et la chair de ses troupeaux. Seulement elle n'est exposée ni à souffrir de la faim, ni à souffrir des injures de l'air, et cela lui suffit.

Dans les commencemens, peu nombreuse par rapport au pays qu'elle habite, il lui est facile de proportionner ses productions à ses consommations. Car, par les denrées dont l'échange se fait au marché, elle jugera de l'espèce et de la quantité de celles qui se consomment, et elle emploiera les terres en conséquence.

<small>Par l'emploi qu'il fait des terres, il proportionne les productions aux consommations.</small>

> Il est dans l'abondance, et il multiplie.

Quand on aura saisi cette proportion, la peuplade subsistera dans l'abondance, puisqu'elle aura tout ce qu'il faut à ses besoins; et, tant que cette abondance pourra se concilier avec un petit nombre d'habitans, la population croîtra. C'est une chose de fait que les hommes multiplient toutes les fois que les pères sont assurés de la subsistance de leurs enfans.

> Dernier terme de sa population.

Je suppose, que dans le pays qu'habite notre peuplade, chaque homme, en travaillant, peut subsister du produit d'un arpent, et ne peut subsister à moins. Or elle a dix millions d'arpens propres à la culture. La population pourra donc croître jusqu'à dix millions d'habitans; et, parvenue à ce nombre, elle ne croîtra plus.

Elle ne s'est accrue à ce point que parce que les hommes ont continué de vivre dans leur première grossièreté, et qu'ils ne se sont pas fait de nouveaux besoins.

> Comment les consommations qui se multiplient avec les besoins, changent l'emploi des terres.

Mais lorsque, par les moyens que nous avons indiqués, quelques propriétaires auront augmenté leurs possessions, et que, rassemblés dans une ville, ils chercheront plus de commodités dans la nourriture, dans le vêtement, dans le logement, alors ils consommeront davantage, et le produit d'un arpent ne suffira plus à la subsistance de chacun d'eux.

S'ils font de plus grandes consommations en viande, il faudra nourrir une plus grande quantité de troupeaux, et par conséquent mettre en pâturages des terres à blé.

S'ils boivent du vin, il faudra employer en vignes une partie des champs qu'on ensemençoit ; et il faudra en employer une partie en plantations, s'ils brûlent plus de bois.

C'est ainsi que les consommations, qui se multiplient comme les besoins, changent l'emploi des terres ; et on voit que les productions, nécessaires à la subsistance de l'homme, diminuent dans la proportion où les autres augmentent.

Plus les nouvelles consommations se multiplieront, plus il y aura de mouvement dans le commerce qui embrassera tous les jours de nouveaux objets. Ce sera donc une nécessité d'entretenir un grand nombre de chevaux pour voiturer les marchandises de

Alors un citoyen consomme à lui seul autant que plusieurs ensemble.

la campagne dans les villes, et de province en province : nouvelle raison de multiplier les prairies, aux dépens des terres à blé. Que sera-ce si les propriétaires, qui vivent dans les villes, veulent, pour leur commodité, avoir des chevaux, et se piquent d'en avoir beaucoup ? Que sera-ce s'ils mettent en jardins et en parcs des champs qu'on ensemençoit ? On conçoit que, dans cet état des choses, un seul pourra consommer, pour sa subsistance, le produit de dix, douze, quinze, vingt arpens, ou davantage. Il faut donc que la population diminue.

Tous, à l'exemple les uns des autres, consomment de plus en plus.

Mais il est naturel que les marchands et les artisans qui se sont enrichis imitent les propriétaires, et fassent aussi de plus grandes consommations. Chacun d'eux voudra, suivant ses facultés, jouir des commodités que l'usage introduit.

Les hommes qui changeront le moins sensiblement leur manière de vivre sont ceux qui, subsistant au jour le jour, gagnent trop peu pour améliorer leur condition. Tels sont les petits marchands, les petits artisans et les laboureurs. Cependant chacun d'eux fera ses efforts pour jouir, dans son état, des mêmes commodités dont d'autres jouiront; et ils y parviendront peu-à-peu, parce qu'insensiblement ils obtiendront de plus forts salaires. Alors tous à l'envi consommeront davantage. Les laboureurs, par exemple, prendront pour modèles les gros fermiers qui font de plus grandes consommations, parce qu'ils en voient faire de plus grandes aux propriétaires, leurs maîtres, et qu'ils en ont le pouvoir.

Ainsi, de proche en proche, tous, à l'exemple les uns des autres, consommeront de plus en plus. Il est vrai qu'en général chacun réglera sa dépense sur celle qu'il voit faire aux gens de son état; mais, dans toutes les conditions, la dépense sera nécessairement plus grande. Le moindre laboureur ne pourra donc plus subsister d'un seul arpent: il en consommera deux, trois ou quatre.

A ne considérer que les besoins du laboureur, la population pourroit donc être réduite à la moitié, au tiers, au quart; et elle pourroit être réduite à un vingtième, si nous ne considérons que les propriétai-

<small>Combien la population diminue.</small>

res qui consomment le produit de vingt arpens. Ainsi, sur vingt laboureurs, les nouvelles consommations en retrancheront quinze ; et sur vingt propriétaires elles en retrancheront dix-neuf. Il n'est pas nécessaire de chercher à mettre plus de précision dans ce calcul. Je veux seulement faire comprendre comment la population, que nous avons supposée de dix millions d'hommes, pourroit n'être que de cinq à six millions, ou moindre encore.

<small>Pourquoi on aura peine à le croire.</small> Comme les changemens dans la manière de vivre ne sont pas subits, la population diminuera si insensiblement, que notre peuplade ne s'en appercevra pas. Elle croira, dans les derniers temps, son pays aussi peuplé qu'il l'ait jamais été, et elle sera fort étonnée si on lui soutient le contraire. Elle n'imaginera pas que la population puisse diminuer dans un siècle où chaque citoyen jouit de plus d'abondance et de plus de commodités, et c'est néanmoins par cette raison qu'elle diminue.

<small>Comment se fait cette diminution.</small> C'est d'une génération à l'autre et insensiblement que se fait cette révolution. Puisqu'à chaque génération les consomma-

tions augmentent comme les besoins, il ne peut plus y avoir autant de familles, et elles ne sauroient être aussi nombreuses.

En effet, chaque homme veut pouvoir entretenir sa famille dans l'aisance dont l'habitude fait un besoin à tous ceux de son état. Si un laboureur juge qu'il faut à cet entretien le produit de deux ou trois arpens, il ne songera à se marier que lorsqu'il pourra disposer de ce produit. Il sera donc forcé d'attendre. Si ce moment n'arrive pas, il renoncera au mariage, et il n'aura point d'enfans. Si ce moment arrive tard, il ne se mariera que lorsqu'il sera avancé en âge, et il ne pourra plus avoir une famille nombreuse. Il y en aura sans doute quelques-uns qui se marieront sans penser à l'avenir. Mais la misère où ils tomberont sera une leçon pour les autres; et leurs enfans périront faute de subsistance, ou ne laisseront point de postérité. On peut faire le même raisonnement sur les marchands, sur les artisans et sur les propriétaires.

Concluons que l'emploi des terres est différent lorsque les besoins multipliés mul-

<small>Lorsque de plus grandes consommations changent l'emploi</small>

des terres, il n'y a point de moyens pour entretenir la même population. tiplient les consommations, et qu'alors la population diminue nécessairement.

Il est vrai que, si nous avions mis notre peuplade dans toute autre position, elle trouveroit des ressources dans les contrées dont elle seroit environnée. Elle y pourroit envoyer des colonies ; et, dans ce cas, il seroit possible que la population ne diminuât pas ; elle pourroit même croître encore. Mais, si ces contrées étoient occupées par d'autres peuples, il faudroit armer, et la guerre détruiroit les habitans que les terres ne pourroient pas nourrir.

Je conviens encore que, lorsque les troupeaux consommeront le produit d'un grand nombre d'arpens, les terres réservées pour la subsistance des hommes en deviendront plus fertiles, parce qu'on y répandra l'engrais en plus grande abondance. Mais on conviendra aussi avec moi que cette fertilité ne sera pas une compensation suffisante. Quand même, ce qui n'est pas possible, ces terres, prises séparément, produiroient autant que toutes ensemble, comment pourroient-elles suffire à la même population dans un temps où les hommes consomment à l'envi toujours davantage ?

Comment on peut juger, par la population, de la prospérité d'un état.

On dit souvent qu'on peut juger, par la population, de la prospérité d'un état : mais cela n'est pas exact ; car certainement on n'appellera pas prospérité ces temps où j'ai représenté notre peuplade, lorsque j'en portois la population à dix millions d'ames. Cependant la multiplication des hommes ne peut être aussi grande que lorsqu'ils se contentent de vivre, comme elle, chacun du produit d'un arpent.

Ce n'est donc pas la plus grande population, considérée en elle-même, qui doit faire juger de la prospérité d'un état : c'est la plus grande population qui, étant considérée par rapport aux besoins de toutes les classes de citoyens, se concilie avec l'abondance à laquelle ils ont tous droit de prétendre. Deux royaumes pourroient être peuplés inégalement, quoique le gouvernement fût également bon ou également mauvais dans l'un et dans l'autre.

La Chine, par exemple, renferme un peuple immense. C'est que l'unique nourriture de la multitude est le riz dont on fait, chaque année dans plusieurs provinces, trois moissons abondantes : car la terre ne s'y repose point, et produit souvent cent pour un. Cette multitude, qui a peu de besoins, est presque nue, ou est vêtue de coton, c'est-à-dire, d'une production si abondante, qu'un arpent peut fournir de quoi habiller trois à quatre cents personnes. Cette grande population ne prouve donc rien en faveur du gouvernement : elle prouve seulement que les terres ont une grande fertilité, et qu'elles sont cultivées par des hommes laborieux qui ont peu de besoins.

Les terres seront en valeur par-tout où l'agriculture jouira d'une entière liberté; et alors la population, en proportion avec les consommations, sera aussi grande qu'elle peut l'être. Voilà la prospérité de l'état.

Quel est le plus avantageux d'une grande population avec peu de besoins, ou d'une moindre population avec des besoins en plus grand nombre.

On pourroit demander s'il est plus avantageux pour un royaume d'avoir un million d'habitans qui subsistent, l'un portant l'autre, du produit de dix arpens par tête, ou dix millions qui subsistent chacun du produit d'un seul arpent. Il est évident que cette question reviendroit à celle-ci: *Est-il plus avantageux pour un royaume que ses habitans aient le moins de besoins possibles, ou qu'ils en aient beaucoup? ou encore : est-il plus avantageux pour un royaume que ses habitans restent dans le premier état où nous avons représenté notre peuplade, ou est-il à desirer qu'ils en sortent ?* Je réponds qu'il faut qu'ils en sortent. Mais quel est le terme où il faudroit pouvoir les arrêter ? C'est ce que nous examinerons dans le chapitre suivant.

CHAPITRE XXVI.

De l'emploi des hommes dans une société qui a des mœurs simples.

<small>Les deux extrêmes de la population.</small>

En Amérique, dans des terres abandonnées à leur fécondité naturelle, et couvertes de forêts, il faut, à la subsistance d'un sauvage, le produit de quatre-vingts ou cent arpens, parce que les animaux, dont il fait sa principale nourriture, ne peuvent pas se multiplier beaucoup dans des bois où ils trouvent peu de pâturages, et que d'ailleurs les sauvages détruisent plus qu'ils ne consomment.

A ces vastes pays presque déserts, nous pouvons opposer celui de notre peuplade, lorsque le nombre des hommes étoit égal au nombre des arpens. Voilà les deux extrêmes de la population.

<small>Arts nécessaires pour tirer un peuple de la grossièreté.</small>

Cette peuplade a, sur une horde sauvage, l'avantage de trouver l'abondance dans les lieux où elle s'est fixée : mais elle a besoin de plusieurs arts pour sortir de l'état grossier où elle se trouve d'abord.

Je n'entreprendrai pas d'expliquer comment elle en fera la découverte : cette recherche n'est pas de mon sujet. Je passe aux temps où elle connoîtra ceux qui remontent à la plus haute antiquité : l'art de moudre le froment et d'en faire du pain ; l'art d'élever des troupeaux ; l'art de former des tissus avec la laine des animaux, avec leur poil, avec le coton, le lin, etc., enfin un commencement d'architecture.

Alors elle trouve, dans le pain, une nourriture plus délicate que dans le blé qu'elle mangeoit auparavant tel qu'elle l'avoit recueilli. Elle a, dans le lait de ses troupeaux et dans leur chair, un surcroît de nourriture qui la fait subsister avec plus d'aisance. Les étoffes et tissus dont elle s'habille garantissent mieux des injures de l'air que des peaux grossièrement cousues ensemble ; et elles sont d'autant plus commodes qu'elles ont une souplesse qui laisse au corps la liberté de tous ses mouvemens. Enfin ses bâtimens, plus solides et plus grands, sont un abri plus sûr pour les choses qu'elle veut conserver, et elle y trouve plus de commodités.

Quand les étoffes sont commodes et durables, il importe peu qu'elles soient travaillées avec plus de finesse : si la nourriture est abondante et saine, il seroit peut-être dangereux qu'elle devînt plus délicate ; et, lorsque des bâtimens solides sont assez grands pour loger une famille, et renfermer toutes les choses dont elle a besoin, est-il absolument nécessaire d'y trouver toutes les commodités dont un peuple amolli s'est fait autant d'habitudes ?

La vie simple est entre deux extrêmes. Entre une vie grossière et une vie molle, je voudrois distinguer une vie simple, et en déterminer l'idée, s'il est possible, avec quelque précision.

Je me représente une vie grossière dans le premier état où a été notre peuplade : je me représente une vie molle dans ces temps où les excès en tous genres ont corrompu les mœurs. Ces extrêmes sont faciles à saisir. C'est entre l'un et l'autre que nous devons trouver la vie simple. Mais où commence-t-elle et où finit-elle? Voilà ce qu'on ne peut montrer qu'à-peu-près.

Nous passons de la vie grossière à la vie simple, et de la vie simple à la vie molle par une suite de ces choses que l'habitude nous rend nécessaires, et que, par cette raison, j'ai appelé *de seconde nécessité*. Il faut donc que les arts fassent quelques progrès pour nous tirer d'une vie grossière; et il faut qu'ils s'arrêtent après quelques progrès, pour nous empêcher de tomber dans une vie molle. Le passage de l'une à l'autre est insensible, et ce n'est jamais que du plus au moins que la vie simple s'éloigne d'un des extrêmes, comme ce n'est jamais que du plus au moins qu'elle s'approche de l'autre. Il n'est donc pas possible d'en parler avec une exacte précision.

Il est aisé de se représenter ce que c'étoit que la vie simple, lorsque les hommes, avant de s'être rassemblés dans les villes, habitoient les champs qu'ils cultivoient. Alors, quelques progrès qu'eussent faits les arts, tous se rapportoient à l'agriculture, qui étoit le premier art, l'art estimé par-dessus tous.

<small>La vie étoit simple avant la fondation des villes, parce que tous les arts se rapportoient à l'agriculture, et qu'il y avoit peu de lois.</small>

Or, tant que l'agriculture a été regardée comme le premier art, comme celui auquel tous les autres doivent se rapporter, les hommes, bien loin de pouvoir s'amollir, ont été nécessairement sobres et laborieux. Le gouvernement, simple alors, demandoit peu de lois, et n'engageoit pas dans de longues discussions. Les affaires entre particuliers, mises en arbitrages, avoient pour juges les voisins dont l'équité étoit reconnue. Les intérêts généraux se traitoient dans l'assemblée des pères de famille ou des chefs qui les représentoient ; et l'ordre se maintenoit en quelque sorte de lui-même chez un peuple qui avoit peu de besoins.

Voilà la vie simple : elle se reconnoît sensiblement à l'emploi des hommes, dans une société agricole qui se maintient avec peu de lois. Cette simplicité subsistera tant que les citoyens ne seront qu'agriculteurs ; et il s'en conservera quelques restes dans tous les temps où l'agriculture sera en quelque considération parmi eux.

Après la fondation des villes, la vie Après la fondation des villes, le gouvernement ne pouvoit plus être aussi simple, et les désordres commencèrent. Les propriétaires, comme plus riches, se trouvèrent saisis de la principale autorité : ils paroissoient y avoir plus de droit, parce qu'étant maîtres des terres, ils avoient un plus grand intérêt au bien général.

continué d'être simple tant qu'il y a eu peu de loix, et que l'agriculture a été eu considération.

Tous vouloient avoir la même part à la puissance, et tous cependant ne le pouvoient pas. Les richesses donnoient l'avantage aux uns, plus d'adresse ou plus de talens le donnoient aux autres ; et, dans ce conflit, l'autorité devoit être flottante, jusqu'à ce qu'un chef de parti s'en fût saisi, ou que la nation, assemblée, eût donné une forme au gouvernement. C'est alors qu'on créa un sénat pour veiller aux intérêts de tous ; et on lui donna un roi, c'est-à-dire, un chef (1), nom qui devient ce que nous appelons un titre, lorsque la royauté se fut arrogé la plus grande puissance. Mais les rois, dans les commencemens, n'ont eu qu'une autorité bien limitée.

Sous cette nouvelle forme de gouverne-

---

(1) *Roi*, dans les commencemens, n'a signifié que ce que nous entendons aujourd'hui par chef.

ment, il n'y avoit encore qu'un petit nombre de lois, et ce petit nombre est une preuve de la simplicité des mœurs. C'est dans les temps de corruption que les lois se multiplient. On en fait continuellement, parce qu'on en sent continuellement le besoin, et il semble qu'on en fait toujours inutilement : car elles tombent bientôt en désuétude, et on est sans cesse obligé d'en refaire.

Il faut que les arts fassent assez de progrès pour employer les citoyens qui ne pourroient pas subsister sans travail.

On juge avec raison que, lorsqu'une nation n'est recherchée, ni dans sa nourriture, ni dans son habillement, ni dans son logement, il suffit, pour la faire subsister dans l'abondance et dans l'aisance, d'employer le quart des citoyens aux travaux journaliers de la cultivation et des arts grossiers.

Un autre quart, ou à-peu-près, sont trop jeunes ou trop vieux pour contribuer, par leur travail, aux avantages de la société. Il en resteroit donc la moitié qui seroit sans occupation. C'est cette moitié qui se retire dans les villes. Elle comprend les propriétaires, qui se trouvent naturellement chargés des principaux soins du gouvernement; les marchands qui facilitent le plus grand débit de toutes les choses nécessaires à la vie ; et les artisans qui travaillent avec plus d'art les matières premières.

Si les arts restent dans cet état, où le travail d'un quart des citoyens suffit à la subsistance de tous, la plupart de ceux qui n'auront point de terres en propriété seront dans l'impuissance de subsister, puisqu'ils seront sans occupations, et ce seroit le plus grand nombre.

On ne peut pas ne pas reconnoître que ce ne fût là une source de désordres. Or, s'il importe d'un côté que chaque citoyen puisse vivre de son travail, il est certain de l'autre qu'on ne pourra donner de l'occupation à tous, qu'autant que les arts auront fait de nouveaux progrès. Il est donc de l'intérêt de la société que ces progrès se fassent.

Les artisans, qui réussissent dans ces arts perfectionnés, font du linge plus fin, de plus beau drap, des vases d'une forme plus commode, des instrumens plus solides ou plus utiles, des ustensiles de toutes espèces, propres à de nouveaux usages, ou plus propres aux anciens que ceux dont on se servoit. Tous ces arts, tant qu'on n'y mettra

Ces progrès se concilieront avec la simplicité, tant que les ouvrages seront d'un prix proportionné aux facultés du commun des citoyens.

point trop de recherches, se concilieront avec la simplicité.

Ce que j'appelle *recherche* peut se trouver dans les matières premières et dans le travail : dans les matières premières, lorsqu'on préfère celles qu'on tire de l'étranger, uniquement parce qu'elles sont plus rares, et sans y trouver d'ailleurs aucun avantage : dans le travail, lorsqu'on préfère un ouvrage plus fini, quoiqu'il n'en soit ni plus solide, ni plus utile.

Or, dès qu'il y aura moins de recherches dans les matières premières et dans le travail, les ouvrages en seront à moins haut prix. Dès que les ouvrages seront à moins haut prix, ils seront plus proportionnés aux facultés des citoyens. L'usage n'en sera donc interdit à aucun d'eux : tous en jouiront, ou se flatteront au moins d'en pouvoir jouir. Ce sont sur-tout les jouissances exclusives qui font disparoître la simplicité. Quand on commence à croire qu'on en vaut mieux, parce qu'on jouit des choses dont les autres ne jouissent pas, on ne cherche plus à valoir que par ces sortes de choses : on croit se distinguer en affectant d'en jouir, lors même qu'on n'en sent plus la jouissance ; et on cesse d'être simple, non seulement parce qu'on n'est pas comme les autres, mais encore parce qu'on veut paroître ce qu'on n'est pas.

Tel est donc l'emploi des hommes chez notre peuplade. Elle a des magistrats qu'elle a chargés de soins du gouvernement, des laboureurs qui cultivent les terres, des artisans pour les arts grossiers, d'autres artisans pour les arts perfectionnés, et des marchands qui mettent tous les citoyens à portée des choses à leur usage. *Emploi des hommes dans une société dont les mœurs sont simples.*

Tout le monde travaille à l'envi dans cette société; et, parce que chacun a le choix de ses occupations, et jouit d'une liberté entière, le travail de l'un ne nuit point au travail de l'autre. La concurrence, qui distribue les emplois, met chacun à sa place: tous subsistent, et l'état est riche des travaux de tous. Voilà le terme où les arts doivent tendre, et où ils devroient s'arrêter.

En effet, si, pour faire de nouveaux progrès, ils mettent trop de recherches dans les choses d'usage; s'ils nous font un besoin d'une multitude de choses qui ne servent *Comment les arts deviennent dangereux par leurs progrès.*

qu'à la magnificence; s'il nous en font un autre d'une multitude de frivolités, c'est alors que les citoyens, bien loin de contribuer par leurs travaux à élever et à consolider l'édifice de la société, paroissent au contraire le sapper par les fondemens. Le luxe, dont nous allons traiter, enlevera les artisans aux arts les plus utiles : il enlevera le laboureur à la charrue : il fera hausser le prix des choses les plus nécessaires à la vie ; et, pour un petit nombre de citoyens qui vivront dans l'opulence, la multitude tombera dans la misère.

Ils ne sont point dangereux, et ils sont au contraire utiles lorsqu'ils procurent aux uns les moyens de subsister en travaillant, et qu'ils n'exposent pas les autres à tomber dans la mollesse.

Un peuple ne sortira point de la simplicité, lorsqu'au lieu de marcher pieds nus, il aura des chaussures commodes; lorsqu'aux vases de bois, de pierre, de terre, il préférera des vases plus solides, faits avec des métaux communs; lorsqu'il se servira de linge ; lorsque ses vêtemens seront d'une forme plus propre aux usages auxquels il les destine; lorsqu'il aura des ustensiles de toutes espèces, mais d'un prix proportionné aux facultés de tous : en un mot, il n'en sortira point, lorsque, dans les arts qu'il crée ou qu'il perfectionne, il ne cherchera que des choses d'un usage commun. Concluons que, puisque dans une société tous les citoyens doivent être occupés, il est avantageux ou même nécessaire que les arts fassent assez de progrès pour fournir de l'occupation à tous. Ce sont les choses dont l'usage fait sentir la nécessité qui doivent être la règle de l'emploi des hommes, et procurer aux uns les moyens de subsister en travaillant, sans exposer les autres à tomber dans la mollesse.

Le sujet de ce chapitre s'éclaircira encore dans le suivant, où nous traiterons du luxe, c'est-à-dire, d'un genre de vie qui est le plus éloigné de la simplicité.

CHAPITRE XXVII.

Du luxe.

Idée confuse qu'on se fait du luxe.

DEPUIS qu'on écrit sur le luxe, les uns en font l'apologie, les autres en font la satire, et on ne prouve rien. C'est qu'on ne cherche pas à s'entendre.

On parle du luxe comme d'une chose dont on se seroit fait une idée absolue, et cependant nous n'en avons qu'une idée relative. Ce qui est luxe pour un peuple ne l'est pas pour un autre; et, pour le même peuple, ce qui l'a été peut cesser de l'être.

Luxe, dans la première acception du mot, est la même chose qu'excès; et, quand on l'emploie en ce sens, on commence à s'entendre. Mais, lorsque nous oublions cette première acception, et que nous courons, pour ainsi dire, à une multitude d'idées accessoires, sans nous arrêter à aucune, nous ne savons ce que nous voulons dire.

Substituons, pour un moment, le mot d'*excès* à celui de *luxe*.

La vie grossière de notre peuplade, lors de son établissement, seroit un excès de recherches aux yeux d'un sauvage, qui, accoutumé à vivre de chasse et de pêche, ne comprend pas la nécessité des besoins qu'elle s'est faits. Parce que la terre, sans être travaillée, fournit à sa subsistance, il lui paroît que ceux qui la cultivent sont trop recherchés sur les moyens de subsister.

Ce qui est excès aux yeux d'un sauvage, n'en est pas un aux yeux d'un citoyen.

Voilà donc, à son jugement, un excès, qui n'en est pas un au jugement de notre peuplade, ni au nôtre.

Mais chez notre peuplade même chaque nouvelle commodité, dont l'usage s'introduira, pourra être regardée comme un excès de recherches par tous ceux qui n'en sentiront pas encore le besoin. Est-elle donc condamnée à tomber d'excès en excès, à mesure qu'elle fera des progrès dans les arts?

Ce qui paroît excès à quelques citoyens, peut ne pas paroître excès à quelques autres.

Les hommes ne jugent différemment de ce que tous s'accordent à nommer excès que parce que, n'ayant pas les mêmes besoins, il est naturel que ce qui paroît excès

Pourquoi.

à l'un ne le paroisse pas à l'autre. Voilà sans doute pourquoi on a tant de peine à savoir ce qu'on veut dire quand on parle du luxe.

Le luxe consiste dans les choses que tous les citoyens doivent s'accorder à regarder comme un excès.

Je distingue deux sortes d'excès : les uns qui ne le sont que parce qu'ils paroissent tels aux yeux d'un certain nombre ; les autres qui le sont parce qu'ils doivent paroître tels aux yeux de tous. C'est dans ces derniers que je fais consister le luxe. Voyons donc quelles sont les choses qui doivent paroître un excès aux yeux de tous.

Il n'y a point d'excès dans l'usage des choses qui sont de nature à pouvoir être communes à tous.

Quelque recherchées que les choses aient pu paroître dans les commencemens, elles ne sont point un excès lorsqu'elles sont de nature à devenir d'un usage commun. Alors elles sont une suite des progrès qu'il est important de faire faire aux arts; et il viendra un temps où tout le monde s'accordera à les regarder comme nécessaires. On voit même qu'elles peuvent se concilier avec la simplicité.

Il y a excès dans l'usage des choses qui sont réservées pour le petit nombre, à l'exclusion du plus grand; et cet excès constitue le luxe.

Quand au contraire les choses, de nature à ne pouvoir être communes, sont réservées pour le petit nombre, à l'exclusion du plus grand, elles doivent toujours être regardées comme un excès : ceux-mêmes qui aiment le plus à en jouir n'en pourront pas disconvenir. Le luxe consiste donc dans les choses qui paroissent un excès aux yeux de tous, parce qu'elles sont, par leur nature, réservées pour le petit nombre à l'exclusion du plus grand.

Le linge, qui a été un luxe dans son origine, n'en est pas un aujourd'hui. L'or et l'argent, qui, dans les meubles et dans les habits, a toujours été un luxe, en sera toujours un.

Le soie étoit un luxe pour les Romains, parce qu'ils la tiroient des Indes, et que, par conséquent, elle ne pouvoit pas être commune chez eux. Elle a commencé à être moins luxe pour nous, quand elle a commencé à être une production de notre climat ; et elle le sera moins, à proportion qu'elle deviendra plus commune.

Enfin les pommes de terre seroient un luxe sur nos tables si nos champs n'en produisoient pas, et qu'il fallût les faire venir à grands frais de l'Amérique septentrionale, d'où elles viennent originairement. Les gens riches, dont le goût est en proportion avec la rareté des mets, les jugeroient excellentes; et un plat de cette racine, dernière ressource des paysans à qui le pain manque, feroit la célébrité d'un repas.

Le luxe peut avoir lieu dans les choses qu'on fait venir de loin.

Pour juger s'il y a du luxe dans l'usage des choses, il suffiroit donc souvent de considérer l'éloignement des lieux d'où on les tire. En effet, lorsque le commerce se fait entre deux nations voisines, le luxe peut ne s'introduire ni chez l'une, ni chez l'autre; parce que les mêmes choses peuvent, par des échanges, devenir communes chez toutes deux.

Il n'en est pas de même lorsque le commerce se fait entre deux peuples fort éloignés. Ce qui est commun chez nous devient luxe aux Indes, où il est nécessairement rare; et ce qui est commun aux Indes devient luxe chez nous, où il est rare aussi nécessairement.

Il peut avoir lieu dans celles qu'on prend chez une nation voisine, et dans celles qu'on trouve chez soi.

Le luxe peut donc avoir lieu dans l'usage des choses qu'on fait venir de loin : mais ce n'est pas le seul. Il peut y en avoir un dans l'usage des choses qu'on tire d'une nation voisine, et même dans l'usage de celles qu'on trouve chez soi.

On prétend que, si la France payoit en vin de Champagne les dentelles de Bruxelles, elle donneroit, pour le produit d'un seul arpent de lin, le produit de plus de seize mille arpens en vignes (1). Les dentelles quoiqu'elles ne nous viennent pas de loin, sont donc une chose dont l'usage ne peut pas être commun, ou une chose de luxe.

Mais, quand les dentelles se feroient en France, elles n'en seroient pas moins luxe : elles seroient même encore à plus haut prix, et, par conséquent, d'un usage moins commun.

Le prix de la main-d'œuvre transforme donc en choses de luxe les matières premières que notre sol produit en plus grande abondance. Il y a beaucoup de ce luxe dans nos meubles, dans nos équipages, dans nos bijoux, etc.

La main-d'œuvre transforme en luxe les choses les plus communes.

Quoique tous ces luxes tendent à corrompre les mœurs, ils ne sont pas tous également nuisibles. Considérons-les d'a-

Effet du luxe lorsqu'il consiste dans les choses qu'on tire de l'étranger.

_____

(1) Essai sur la nature du commerce, part. Ière, chap. 15.

bord par rapport à l'état, nous les considérerons ensuite par rapport aux particuliers.

Deux nations commerceront avec le même avantage, toutes les fois que chacune recevra en productions une quantité égale à la quantité qu'elle livrera. Mais, si l'une donne le produit de seize mille arpens pour le produit d'un seul, il est évident qu'elle sera prodigieusement lésée. Le luxe des dentelles est donc nuisible à la France. Il enlève une grande subsistance, et, par conséquent, il tend à diminuer la population.

Il pourroit être avantageux pour l'Europe d'envoyer aux Indes le surabondant de ses productions. Mais, si elle n'avoit un surabondant que parce qu'elle se dépeuple, elle feroit mieux d'employer ses terres à la subsistance de ses propres habitans, et d'augmenter ses productions, afin d'augmenter sa population.

Il lui a été sur-tout avantageux de se débarrasser, dans ce commerce, d'une partie de l'or et de l'argent que l'Amérique lui fournissoit en trop grande abondance. Mais les choses de luxe, qu'elle tire des Indes, lui coûtent en échange des millions d'hommes. Combien n'en périt-il pas dans le trajet! Combien dans des climats mal-sains, où elle est obligée d'avoir des entrepôts! Combien dans les guerres avec les Indiens! Combien enfin dans les guerres que ce commerce suscite entre les nations rivales! Je croirai ce luxe avantageux pour l'Europe lorsqu'il sera prouvé qu'elle a une surabondance de population.

Quant aux choses de luxe qui viennent de notre sol et de notre industrie, elles peuvent avoir quelque utilité; mais elles ne sont pas sans abus.

Effet du luxe lorsqu'il consiste dans des choses q. l'on tire de son sol et de son industrie.

Lorsque, dans la primeur, un homme riche achète cent écus un litron de petits pois, c'est un luxe, tout le monde en convient. Mais il seroit à souhaiter que tous les excès des hommes à argent fussent de cette espèce : car leurs richesses se verseroient immédiatement sur les champs comme un engrais propre à les rendre fertiles.

Il n'est pas douteux que les sommes que nous dépensons en meubles, en équipages, en bijoux, ne se versent aussi sur nos champs, lorsque nous employons à ces ouvrages nos propres ouvriers, puisque ces ouvriers les rendent en détail au laboureur qui les fait subsister. Mais elles ne s'y versent pas immédiatement. Elles commencent par enrichir l'ouvrier; elles l'accoutument à des jouissances qui sont un luxe pour lui : et ces jouissances excitent l'envie ou l'émulation de tous ceux qui se flattent de réussir dans le même métier.

En effet, comme cet ouvrier est un paysan dont tous les parens sont laboureurs, sa condition améliorée fera voir à tout son village combien l'industrie dans les villes a d'avantages sur les travaux de la campagne. On désertera donc les villages. Sur dix paysans qui auront pris des métiers un seul réussira, et neuf ne gagneront pas de quoi vivre. Il y aura donc dix hommes de perdus pour l'agriculture, et neuf pauvres de plus dans la ville. Voilà, pour l'état, les inconvéniens que produit le luxe, lorsqu'il consiste dans des ouvrages auxquels nous employons nos propres ouvriers.

Trois sortes de luxe. Pour juger des inconvéniens du luxe par rapport aux particuliers, j'en distingue de trois espèces : luxe de magnificence, luxe de commodités, luxe de frivolités.

Le premier me paroît le moins ruineux, parce qu'une partie des choses qui ont servi à la magnificence peuvent y servir encore ; et que d'ailleurs, lorsqu'elles sont de nature à ne pas se consommer, elles conservent une grande valeur, même après avoir été employées à nos usages. De ce genre sont la vaisselle d'or ou d'argent, les diamans, les vases de pierres rares, les statues, les tableaux, etc.

Luxe de magnificence.

Celui de commodités, plus contagieux, parce qu'il est proportionné aux facultés d'un plus grand nombre de citoyens, peut être fort dispendieux : car il devient plus grand à mesure qu'on s'amollit davantage, et la plupart des choses qu'on y emploie perdent toute leur valeur.

Luxe de commodités.

Enfin le luxe de frivolités, assujetti aux caprices de la mode, qui le reproduit continuellement sous des formes nouvelles, jette dans des dépenses dont on ne voit point les bornes, et cependant les frivolités, pour la plupart, n'ont de valeur qu'au moment où on les achète.

Luxe de frivolités.

<small>Combien il faut raisonner mal pour les juger utiles.</small>

Quelle est la fortune qui peut suffire à toutes ces sortes de luxe ? Il faut donc des ressources, et on en trouve malheureusement pour achever sa ruine. On dira sans doute que le luxe fait subsister une multitude d'ouvriers, et que, lorsque les richesses restent dans l'état, il importe peu qu'elles passent d'une famille dans une autre.

Mais, quand le désordre est dans toutes les fortunes, peut-il ne pas y en avoir dans l'état ? Que deviennent les mœurs lorsque les principaux citoyens, qu'on prend pour exemple, forcés à être tout-à-la-fois avides et prodigues, ne connoissent que le besoin d'argent, que tout moyen d'en faire est reçu parmi eux, et qu'aucun ne déshonore ? Le luxe fait subsister une multitude d'ouvriers, j'en conviens. Mais faut-il fermer les yeux sur la misère qui se répand dans les campagnes ? Qui donc a plus de droit à la subsistance, est-ce l'artisan des choses de luxe, ou le laboureur ?

<small>C'est dans la simplicité des mœurs uniquement qu'une nation peut trouver l'abondance.</small>

C'est une chose de fait que la vie simple peut seule rendre un peuple riche, puissant et heureux. Voyez la Grèce dans ses

temps florissans : c'est à un reste de sim- la puissance et le bonheur.
plicité qu'elle devoit cette puissance qui
étonne les nations amollies. Voyez même
les peuples de l'Asie avant Cyrus. Ils
avoient des vices, ils connoissoient le faste;
mais le luxe n'avoit pas encore répandu son
poison mortel sur toutes les parties de la
société. Si la magnificence se montroit dans
des trésors qu'on amassoit pour le besoin,
dans de grandes entreprises, dans des travaux aussi vastes qu'utiles; si elle se montroit dans les meubles, dans l'habillement,
au moins ne connoissoit-on pas toutes nos
commodités, et on connoissoit moins encore
toutes les frivolités, dont nous n'avons pas
honte de nous faire autant de besoins. Le
luxe même de la table, quel qu'il fût, n'a-
voit lieu que dans des festins d'apparat.
Il consistoit dans l'abondance plutôt que
dans la délicatesse. Ce n'étoit pas deux fois
par jour, jusques dans les maisons des particuliers, une profusion de mets, apprêtés
avec élégance, et étalés avec faste.

    Je ferois volontiers l'apologie du luxe Autrefois le luxe étoit plus tolérable en Asie qu'il ne l'est aujourd'hui en Europe.
des anciens peuples de l'Asie. Je le vois
se concilier avec un reste de simplicité

jusques dans les palais des souverains. S'il est grand, je le vois soutenu par des richesses plus grandes encore, et je comprends qu'il a pu être de quelque utilité. Mais nous qui, dans notre misère, n'avons que des ressources ruineuses, et qui, pour nous procurer ces ressources, ne craignons pas de nous déshonorer, nous voulons vivre dans le luxe, et nous voulons que notre luxe soit utile !

———

CHAPITRE XXVIII.

De l'impôt, source des revenus publics.

En considérant comment les richesses se produisent, se distribuent et se conservent, nous avons vu que le commerce a besoin d'une puissance qui le protège. J'appelle *revenus publics* ou *de l'état* les revenus qu'on accorde à cette puissance. Il s'agit de savoir pourquoi et par qui ils doivent être payés. Ce qu'on entend par revenus publics ou de l'état.

Une société civile est fondée sur un contrat, exprès ou tacite, par lequel tous les citoyens s'engagent, chacun pour leur part, à contribuer à l'avantage commun. Tout citoyen doit se rendre utile.

En général, pour contribuer à cet avantage, il suffit d'être utile ; et on le sera, toutes les fois qu'on aura un état, et qu'on en remplira les devoirs.

Cette manière de contribuer est une obligation que tous les citoyens, sans exception ont contractée en se réunissant en corps de société.

Un homme inutile n'est donc pas un citoyen. A charge à la société, il ne fait rien pour elle : elle ne lui doit rien.

<small>Subsides ou impôts à payer.</small>

Mais il ne suffit pas toujours d'avoir un état et d'en remplir les devoirs. Dans le gouvernement de toute société civile, il y a des dépenses publiques, nécessaires, indispensables, et auxquelles, par conséquent, les citoyens doivent contribuer.

Ils ne le peuvent qu'en deux manières ; l'une en travaillant eux-mêmes aux ouvrages publics, l'autre en fournissant la subsistance à ceux qui travaillent. Or, comme cette subsistance et ce travail peuvent s'évaluer en argent, nous réduirons, pour plus de simplicité, à une contribution faite en argent, ces deux manières de contribuer. Une pareille contribution, si elle est réglée par la nation même, se nomme *subside* ou *don gratuit*; et on le nomme *impôt*, si elle est imposée par le gouvernement. On demande qui doit payer les subsides ou impôts ?

<small>Deux classes de citoyens : les</small>

Il n'y a en général que deux classes de

citoyens : celle des propriétaires, à qui propriétaires et les salariés.
toutes les terres et toutes les productions
appartiennent; et celle des salariés, qui,
n'ayant ni terres, ni productions en propre,
subsistent avec les salaires dûs à leur travail.

La première peut facilement contribuer, Les propriétaires peuvent payer les subsides.
parce que, toutes les productions étant à
elle, si elle n'a pas tout l'argent, elle a plus
que l'équivalent (1), et que d'ailleurs il
passe entièrement par ses mains.

La seconde ne le sauroit. Elle ne peut Les salariés ne le peuvent pas.
pas fournir la subsistance à ceux qui travaillent, puisqu'elle n'a point de productions en propre. Elle ne peut pas leur donner
l'argent dont ils ont besoin pour acheter
cette subsistance, puisqu'elle n'a pour tout
argent que son salaire, et que ce salaire,
réduit au plus bas par la concurrence, n'est
précisément que ce qu'il lui faut pour subsister elle-même.

---

(1) Il faut se souvenir que, quelque quantité d'argent qu'il y ait chez une nation, il ne peut jamais avoir une valeur égale à la valeur de toutes les productions.

Représentons-nous des peuples qui n'ont aucun de nos préjugés, des peuples tels que ceux que j'ai supposés; la première idée qui s'offrira à eux seroit-elle de dire ? *Il faut que ceux qui n'ont rien contribuent aux dépenses publiques comme ceux qui ont quelque chose;* ou autrement, *il faut que ceux qui n'ont que des bras et de l'industrie pour tout avoir, contribuent aux dépenses publiques avec un argent qu'ils n'ont pas.* Or la classe salariée ne gagnant que l'argent nécessaire à sa subsistance, mettre un impôt sur elle, c'est vouloir qu'elle paie avec un argent qu'elle n'a pas.

Si on fait payer l'industrie, elle se fait rembourser.

Les impôts sur l'industrie nous paroissent raisonnables et justes, parce que, sans avoir approfondi les choses, sans même y avoir pensé, nous les jugeons raisonnables et justes toutes les fois qu'elles sont dans l'ordre que nous trouvons établi. Cependant cet ordre n'est souvent qu'un abus. Notre conduite le prouve, lors même que nous n'en voulons pas convenir.

En effet, si nous allons chez des marchands sur qui on a mis une nouvelle imposition, nous ne serons pas étonnés qu'ils veuillent vendre à plus haut prix. Nous jugerons même qu'ils sont fondés en raison, et nous paierons le prix qu'ils exigent. Nous sommes donc en contradiction avec nous-mêmes ; nous voulons que les marchands contribuent aux dépenses publiques, et, quand ils ont contribué, nous voulons les rembourser. Ne seroit-il pas plus simple de nous charger nous-mêmes de toutes ces dépenses ?

Mais il y a des marchands et des artisans qui s'enrichissent. Voilà sans doute ce qui entretient notre préjugé. Eh bien ! qu'on les fasse contribuer, ils se feront rembourser. Il est donc impossible qu'ils contribuent.

On dira sans doute que, dans la nécessité où ils sont de vendre, ils ne se feront pas toujours rembourser dans la proportion des impositions ; et que, par conséquent, ils en porteront une partie.

Cela peut être : mais il faut remarquer que la partie dont ils resteront chargés sera prise sur leur salaire, et que par conséquent ils seront réduits à consommer moins qu'ils n'auroient fait. Voilà donc,

<small>Si elle ne se fait pas rembourser en entier, l'impôt qu'on met sur elle n'en retombe pas moins sur les propriétaires des terres.</small>

dans un état tel que la France, plusieurs millions de citoyens qui sont forcés à retrancher sur leurs consommations. Or je demande si les terres rapporteront le même revenu lorsqu'on vendra une moindre quantité de productions à plusieurs millions de citoyens. Soit donc que les salariés se fassent rembourser en entier, ou ne se fassent rembourser qu'en partie, il est démontré que, dans un cas comme dans l'autre, l'impôt qu'on met sur eux retombe également sur les propriétaires. En effet, il faut bien que les propriétaires paient pour les salariés, puisque ce sont les propriétaires qui paient les salaires. En un mot, de quelque façon qu'on s'y prenne, il faut qu'ils paient tout.

Elle ne doit point payer chez une nation qui subsiste du produit de son sol.

Ou le pays qu'une nation habite fournit abondamment tout ce qui est nécessaire aux besoins des citoyens, ou il n'en fournit qu'une partie, quelque soin qu'on donne à la culture des terres.

Dans le premier cas, la nation, riche par son sol, se suffit à elle-même. Mais les productions, qui font toute sa richesse, appartiennent entièrement et uniquement aux propriétaires des terres. Cette classe peut donc seule faire toutes les dépenses publiques.

Dans le second cas, cette nation sera, je suppose, sur des côtes peu fertiles, dont le produit ne suffira qu'à la subsistance de la dixième partie de ses citoyens. Condamnée par son sol à la pauvreté, elle ne peut être riche qu'autant qu'elle s'appropriera les productions qui croissent sur un sol étranger. Or elle s'en appropriera par son industrie, ou plutôt elle ne s'est accrue par degrés que parce qu'elle s'en est approprié peu-à-peu. Elle fait le trafic. C'est par elle que les peuples, qui ne commercent pas immédiatement et par eux-mêmes, font l'échange de leur surabondant; et elle trouve, dans les profits qu'elle fait sur les uns et sur les autres, les productions dont elle a besoin.

<small>Elle doit payer chez une nation qui subsiste de son trafic.</small>

Riche uniquement par son industrie, elle n'a qu'une richesse précaire qui lui sera enlevée aussitôt que les autres peuples voudront faire par eux-mêmes leurs échanges. Elle se dépeuplera donc à mesure qu'elle perdra son trafic; et, lorsqu'elle l'aura tout-à-fait perdu, elle se trouvera réduite à la dixième partie de ses citoyens, puisque nous supposons qu'elle n'a, dans le produit de son sol, que de quoi faire subsister cette dixième partie.

Mais, tant que son commerce est florissant, les neuf dixièmes des richesses de cette nation, ou des productions qu'elle consomme, appartiennent à la classe marchande, qui les a acquis, par son travail et par son industrie, sur les peuples étrangers. Si cette classe ne payoit pas de subsides, ceux qui seroient payés par les propriétaires ne suffiroient pas aux dépenses publiques. Il faut donc qu'elle contribue pour neuf dixièmes, lorsque les propriétaires contribueront pour un.

Cependant, lorsque cette classe paie neuf dixièmes, c'est qu'elle les fait payer aux peuples dont elle est commissionnaire; et, par conséquent, les dépenses publiques d'une nation marchande sont payées, pour la plus grande partie, par des propriétaires des terres dans les pays étrangers.

Cette nation fait fort bien d'exiger des subsides de ses trafiquans, puisqu'elle n'a pas d'autre moyen de fournir aux dépenses publiques. Elle fait d'autant mieux, que ce ne sont pas ses propriétaires qui paient pour ses trafiquans : ce sont les propriétaires des autres nations. C'est sur eux proprement qu'elle fait retomber les impôts : c'est avec leurs productions qu'elle subsiste; et elle met à contribution tous les peuples pour qui elle fait le trafic.

Telle est à-peu-près la situation de la Hollande. Ainsi, parce que, dans cette république, l'industrie paie des subsides, il n'en faudroit pas conclure qu'elle doive, en France, payer des impôts.

Mais, dira-t-on, est-ce qu'il ne peut pas y avoir en France, comme en Hollande, des trafiquans qui mettent à contribution les propriétaires des nations étrangères ? Il y aura donc, pour la France, le même avantage que pour la Hollande, à imposer ses trafiquans.

Mais chez cette nation l'impôt sur l'industrie est un vice inhérent à la constitution de l'état.

Je réponds qu'en France les trafiquans commenceront par mettre à contribution les propriétaires nationaux : c'est à ces propriétaires qu'ils feront payer la plus grande partie de l'impôt mis sur l'industrie; et, par conséquent, ils ne le paieront pas eux-mêmes. J'avoue que quelques-uns en feront payer une partie aux propriétaires étrangers; mais cet avantage ne seroit pas une raison pour imposer les trafiquans Français.

Si la Hollande impose ses trafiquans, ce n'est pas parce qu'elle y trouve l'avantage de mettre à contribution les nations étrangères, c'est parce qu'elle ne peut pas faire autrement.

En effet, on conviendra que cette république auroit un commerce bien plus florissant si elle pouvoit exempter de toute taxe ceux qui le font. Elle ne le peut pas : elle est forcée à exiger des subsides de la part de ses trafiquans. Elle y est forcée par sa constitution même, qui est une suite nécessaire de sa position : en un mot, elle y est forcée, parce que les subsides, s'ils n'étoient pris que sur les terres, ne suffiroient pas aux dépenses publiques. L'impôt sur l'industrie et donc chez elle un vice inhérent à la constitution de l'état, et il faut qu'elle subsiste avec ce vice. Tel est le sort d'une nation qui n'a qu' une richesse précaire.

Chez une nation, riche par son sol, ce vice Mais la France n'est pas forcée à mettre des impôts sur l'industrie : la France, dis-je, où la classe des propriétaires a toutes les richesses, qui seroient bien surabondantes si les terres étoient mieux cultivées.

La France est riche en productions, et le surabondant de ces productions est le fonds avec lequel ses marchands font le commerce. Ils exportent ce surabondant qui nous seroit inutile : ils l'échangent, et, en nous apportant des productions utiles, ils augmentent la masse de nos richesses.

Mettons des impôts sur nos trafiquans, ils vendront à plus haut prix le surabondant qu'ils exporteront, ils en vendront moins, par conséquent ; et ils nous rapporteront, en échange, une moindre quantité de marchandises étrangères, dont le prix haussera pour nous.

Alors nous serons moins riches, parce que le surabondant, qui cessera de se consommer, cessera de se reproduire, et que nous serons privés des richesses qu'il nous auroit procurées par des échanges.

L'impôt sur l'industrie, toujours illusoire, puisque, dans toutes les suppositions, il retombe toujours sur les propriétaires, est donc un vice qui ne doit être souffert que lorsqu'il tient à la constitution même, et qu'il ne peut être extirpé. Il diminue nécessairement la consommation; et, en diminuant la consommation, il empêche la reproduction. Il tend donc à détériorer l'agriculture.

CHAPITRE XXIX.

Des richesses respectives des nations.

Nous avons distingué des richesses foncières et des richesses mobilières.

<small>Qu'il ne peut y avoir que deux sortes de richesses.</small>

Parmi les richesses foncières, je mets non seulement toutes les productions, mais encore tous les bestiaux : en effet ils doivent être regardés comme un produit des terres qui les nourrissent.

Parmi les richesses mobilières, je mets toutes les choses auxquelles la main-d'œuvre a fait prendre une nouvelle forme. Voilà à quoi se réduisent toutes les richesses : il seroit impossible d'en imaginer d'une troisième espèce.

Si on disoit que l'or et l'argent sont d'un autre genre, je demanderois si ces métaux ne se forment pas dans la terre, et s'il n'est pas vrai qu'ils ne se produisent réellement pour nous que lorsque nous les tirons de la mine et que nous les affinons.

L'or et l'argent sont donc des richesses foncières qui, comme le blé, sont le produit de la terre et de notre travail ; et ces métaux sont des richesses mobilières lorsque nous leur avons fait prendre des formes qui les rendent propres à divers usages, lorsque nous en avons fait de la monnoie, des vases, etc.

Puisque toutes les richesses sont dues au travail, la nation la plus riche est celle où l'on travaille le plus. Nous avons vu que toutes ces richesses ne se multiplient qu'en raison de notre travail. Nous devons toutes les productions au travail du cultivateur ; et nous devons au travail de l'artisan ou de l'artiste toutes les formes données aux matières premières.

Nous avons vu encore que toutes ces richesses ne sont à leur valeur qu'autant que la circulation les fait passer, des lieux où elles surabondent, dans les lieux où elles manquent. Cette circulation est l'effet du commerce. La valeur des richesses est donc en partie due aux travaux des marchands.

Enfin nous avons vu combien, pour être produites et conservées, les richesses ont besoin d'une puissance qui protège le cultivateur, l'artisan, l'artiste et le marchand, c'est-à-dire, qui maintienne l'ordre sans avoir de préférences.

Les travaux de cette puissance concourent donc à l'accroissement comme à la conservation des richesses.

D'après ce résumé, il est aisé de juger quelle est la nation qui doit être la plus riche.

C'est celle où il y a à-la-fois le plus de travaux dans tous les genres.

Toutes les terres sont-elles aussi bien cultivées qu'elles peuvent l'être ? Tous les ateliers des artisans et des artistes sont-ils remplis d'ouvriers continuellement occupés ? Des marchands en nombre suffisant font-ils circuler promptement et continuellement tout ce qui surabonde ? Enfin la vigilance de la puissance souveraine, ce travail qui veille sur tous les travaux, maintient-elle, sans préférences, l'ordre et la liberté ? Alors une nation est aussi riche qu'elle peut l'être.

Qu'on ne demande donc pas s'il faut préférer l'agriculture aux manufactures, ou les manufactures à l'agriculture. Il ne faut rien préférer : il faut s'occuper de tout.

<small>Un peuple, pour être aussi riche qu'il peut l'être, doit donc s'occuper de toutes le espèces de travaux, sans</small>

<small>donner de préférence exclusive à aucun.</small>

C'est au particulier qu'il appartient d'avoir des préférences : il a de droit la liberté de choisir le genre de travail qui lui convient. Or il perdroit ce droit si le gouvernement protégeoit exclusivement ou par préférence un genre de travail.

Un peuple, destiné par son sol à être agricole, négligera-t-il les productions que la nature veut lui prodiguer, ces richesses qui sont à lui, qui ne sont qu'à lui, et qu'on ne peut lui enlever ?

Les négligera-t-il, dis-je, pour passer ses jours dans des ateliers ? A la vérité, il acquerra de vraies richesses ; mais ce sont des richesses du second ordre ; elles sont précaires, et les autres nations peuvent se les approprier.

Ce peuple, parce qu'il est agricole, dédaignera-t-il tous les travaux qui ne se rapportent pas immédiatement à l'agriculture ? Voudra-t-il n'avoir ni artisans, ni artistes ? Il tirera donc de dehors toutes les choses mobilières, et il sera dans la nécessité de les acheter à plus haut prix, parce qu'il aura les frais de transport à payer. Il auroit pu avoir chez lui un grand nombre d'ouvriers qui auroient consommé ses productions, et il leur enverra à grands frais ces productions pour les faire subsister dans les pays étrangers.

Soit donc qu'un peuple donne la préférence à l'agriculture, soit qu'il la donne aux manufactures, il est certain que, dans l'un et l'autre cas, il n'est jamais aussi riche qu'il auroit pu l'être.

Négligera-t-il l'agriculture et les manufactures pour s'occuper principalement du trafic ? Il se réduira donc à n'être que le facteur des autres peuples. Il n'aura rien à lui, et il ne subsistera qu'autant que les nations ne lui envieront pas le bénéfice qu'il fait sur elles. Le commerce de commission ne doit être préféré que lorsqu'un peuple, n'ayant par lui-même ni assez de denrées, ni assez de matières premières, relativement à sa population, n'a pas d'autres ressources pour subsister.

Afin donc qu'un pays agricole soit aussi riche qu'il peut l'être, il faut qu'on s'y occupe en même temps de toutes les espèces de travaux : il faut que les différentes occupations se répartissent entre les citoyens, et que, dans chaque profession, le nombre des travailleurs se proportionne au besoin qu'on en a. Or nous avons vu comment cette répartition se fait naturellement, lorsque le commerce jouit d'une liberté pleine, entière et permanente.

Combien il seroit avantageux aux nations de l'Europe de se conduire d'après ces principes.

Qu'on me permette de supposer, pour un moment, que toutes les nations de l'Europe se conduisent d'après ces principes qu'elles ne connoîtront peut-être jamais.

Dans cette supposition, chacune acquerroit des richesses réelles et solides, et leurs richesses respectives seroient en raison de la fertilité du sol et de l'industrie des habitans.

Elles commerceroient entre elles avec une liberté entière; et, dans ce commerce, qui feroit circuler le surabondant, elles trouveroient chacune leur avantage.

Toutes également occupées, elles sentiroient le besoin qu'elles ont les unes des autres. Elles ne songeroient point à s'enlever mutuellement leurs manufactures ou leur trafic : il leur suffiroit à chacune de travailler, et d'avoir un travail à échanger. Que nous importe, par exemple, qu'une certaine espèce de drap se fasse en France ou en Angleterre, si les Anglais sont obligés d'échanger leur drap contre d'autres ouvrages de nos manufactures? Travaillons seulement, et nous n'aurons rien à envier aux autres nations. Autant nous avons besoin de travailler pour elles, autant elles ont besoin de travailler pour nous. Si nous voulions nous passer de leurs travaux, elles voudroient se passer des nôtres : nous leur nuirions, elles nous nuiroient.

Des travaux de toutes espèces, et la liberté du choix accordée à tous les citoyens, voilà la vraie source des richesses; et on voit que cette source répandra l'abondance plus ou moins, suivant qu'elle sera plus ou moins libre dans son cours.

Ce chapitre seroit fini si je n'avois pas des préjugés à combattre.

Une nation tente-t-elle un nouveau commerce? Toutes veulent le faire. S'établit-il chez l'une une nouvelle manufacture? Chacune veut l'établir chez elle. Il semble que nous ne pensions qu'à faire ce qu'on fait ailleurs, et que nous ne songions point à ce que nous pouvons faire chez nous. C'est

Combien elles ont tort de chercher à s'unier mutuellement leurs manufactures et leur commerce.

que, n'ayant pas la liberté de faire ce que nous voulons, nous croyons trouver cette liberté dans un nouveau genre de trafic ou de manufacture, qui semble nous assurer la protection du gouvernement.

Si nous commencions par nous occuper des choses auxquelles notre sol et notre industrie nous destinent, nous ne travaillerions pas inutilement, puisque les étrangers rechercheroient nos ouvrages. Ils nous resteront au contraire, si nous travaillons dans des genres où ils doivent mieux réussir que nous.

Mais, quand nous réussirions aussi bien qu'eux, avons-nous fait tout ce que nous pouvons faire pour vouloir faire tout ce que font les autres ? Si nos anciennes manufactures languissent, pourquoi en établirions-nous de nouvelles ? et pourquoi multiplier nos manufactures si nous avons des terres incultes, ou si celles que nous cultivons ne sont pas à leur valeur ? Nous avons des travaux à faire, nous ne les faisons pas, et nous envions aux autres nations les travaux qu'elles font ! Cependant, si nous n'avions à échanger avec elles que des ouvrages semblables aux leurs, il n'y auroit plus de commerce entre elles et nous. Ces réflexions sont bien triviales : mais pourquoi craindrois-je de dire des choses triviales, quand on n'a pas honte de les ignorer? Les connoissons-nous ces choses triviales, lorsque, pour favoriser, dit-on, nos manufactures, nous prohibons les marchandises étrangères, ou que nous les assujettissons à des droits exorbitans?

Occupées à se nuire mutuellement, les nations voudroient chacune jouir exclusivement des avantages du commerce. Chacune, dans les échanges qu'elle fait, voudroit que tout le bénéfice fût pour elle. Elles ne voient pas que, par la nature des échanges, il y a nécessairement bénéfice des deux côtés, puisque de part et d'autre on donne moins pour plus.

<small>Combien elles ont tort de vouloir trouver chacune exclusivement un bénéfice dans les échanges qu'elles font.</small>

Un particulier, qui ne connoît pas le prix des marchés, peut être trompé dans les achats qu'il fait. Les nations sont marchandes : c'est chez elles que les marchés se tiennent : le prix des choses leur est connu. Par quel art donc les forcerons-nous à nous donner toujours plus pour moins, par rapport à elles, quand nous ne leur donnerons jamais que moins pour plus par rapport à nous? Cet art est cependant le grand objet de la politique: c'est la pierre philosophale qu'elle cherche, et qu'elle ne trouvera certainement pas.

<small>Combien elles ont tort de vouloir attirer chacune chez elles l'or et l'argent de l'étranger.</small> Mais, direz-vous, il importe d'attirer chez nous, autant qu'il est possible, l'or et l'argent des nations étrangères. Il faut donc empêcher qu'elles ne nous vendent les choses produites ou manufacturées chez elles, et les forcer d'acheter les choses produites ou manufacturées chez nous.

Vous croyez donc qu'un million en or et en argent est une plus grande richesse qu'un million en productions, ou qu'un million en matières premières mises en œuvres! Vous en êtes encore à ignorer que les productions sont la première richesse! Que ferez-vous donc si les autres nations qui raisonneront tout aussi mal que vous, veulent aussi attirer chez elles votre or et votre argent? C'est ce qu'elles tenteront. Tous les peuples seront donc occupés à empêcher que les marchandises étrangères n'entrent chez eux; et, s'ils y réussissent, par exemple, si elle donnoit la première à l'exportation et à l'importation une liberté pleine et entière.

neroit au commerce une liberté entière, et permanente, tandis que les autres ne lui donneroient qu'une liberté restreinte et passagere.

Je réponds que, si elle accordoit la première, et par conséquent seule, cette liberté, il n'y auroit pour elle ni avantage, ni désavantage, puisque alors elle n'exporteroit point, et qu'on n'importeroit point chez elle. Car, pour que l'exportation soit possible en France, il faut que nous puissions importer chez l'étranger, et il faut que l'étranger exporte pour qu'en France l'importation puisse avoir lieu.

Cette question est donc mal présentée. Je demanderois plutôt quel seroit l'avantage ou le désavantage de la France, si elle accordoit à l'exportation et à l'importation une liberté permanente et jamais interrompue, tandis qu'ailleurs l'exportation et l'importation seroient tour-à-tour permises et prohibées.

Les grains sont une des branches du commerce de commission que fait la Hollande, et cette république ne permet pas toujours l'exportation et l'importation. Elle sent que, si elle gênoit ce commerce, elle c'est une conséquence nécessaire que les marchandises nationales ne sortent de chez aucun. Pour avoir voulu, chacun exclusivement, trouver un grand bénéfice dans le commerce, ils cesseront de commercer entre eux, et ils se priveront à l'envi de tout bénéfice.

Voilà l'effet des prohibitions. Qui néanmoins oseroit assurer que l'Europe ouvrira les yeux ! Je le desire : mais je connois la force des préjugés, et je ne l'espère pas.

En effet le commerce n'est pas pour l'Europe un échange de travaux dans lequel toutes les nations trouveroient chacune leur avantage : c'est un état de guerre où elles ne songent qu'à se dépouiller mutuellement. Elles pensent encore comme dans ces temps barbares, où les peuples ne savoient s'enrichir que des dépouilles de leurs voisins. Toujours rivales, elles ne travaillent qu'à se nuire mutuellement. Il n'y en a point qui ne voulût anéantir toutes les autres; et aucune ne songe aux moyens d'accroître sa puissance réelle.

On demande quel seroit l'avantage ou le désavantage d'une nation, de la France,

<small>Source de ces préjugés.</small>

<small>Quel seroit l'avantage d'une nation qui don-</small>

seroit d'autant plus exposée à manquer de grains, que ses terres n'en produisent pas assez pour sa consommation.

En Pologne, l'exportation des grains est toujours permise, parce que, années communes, les récoltes y sont toujours surabondantes. Comme elle tire de dehors toutes les choses manufacturées, elle a besoin de cette surabondance pour ses achats, et elle se l'assure par son travail. Si elle avoit chez elle toutes les manufactures dont elle manque, ses récoltes seroient moins surabondantes, parce qu'elle seroit plus peuplée, et peut-être qu'elle défendroit l'exportation.

En Angleterre, l'exportation et rarement prohibée : mais la liberté d'importer est plus ou moins restreinte par des droits qui haussent ou qui baissent suivant les circonstances.

Ailleurs enfin, on permet l'exportation quand les blés sont à bon marché, et on permet l'importation quand ils sont chers. Cependant la liberté, soit d'exporter, soit d'importer, n'est jamais pleine et entière: elle est toujours plus ou moins limitée par des droits. Voilà à-peu-près ce qui se passe en Europe. Je dis *à-peu-près*, parce qu'il me suffit de raisonner sur des suppositions. Il sera toujours facile d'appliquer mes raisonnemens à la conduite changeante du gouvernement chez différens peuples.

La France, nous le supposons, donne seule à l'exportation une liberté pleine, entière, permanente, sans restriction, sans limitation, sans interruption. Tous ses ports sont toujours ouverts, et on n'y exige jamais aucun droit ni d'entrée, ni de sortie.

Je dis que, dans cette supposition, le commerce des grains doit être pour la France plus avantageux que pour toute autre nation.

Il est certain que le vendeur vend plus avantageusement, lorsqu'un plus grand nombre d'acheteurs lui font à l'envi un plus grand nombre de demandes. La France trouvera donc de l'avantage dans la vente de ses grains, si, ne se bornant pas à vendre à ceux qui consomment chez elle, elle vend encore à ceux qui consomment dans les états où il lui est permis d'importer.

Il est évident que, si elle pouvoit également importer dans toute l'Europe, elle vendroit avec plus d'avantage encore, puisqu'un plus grand nombre d'acheteurs lui feroit un plus grand nombre de demandes. Si son avantage n'est pas tel qu'il pourroit être, c'est donc parce qu'elle ne peut pas importer par-tout également.

On dira sans doute que les grains renchériront en France, si nous en vendons à tous les étrangers qui nous en demandent.

Mais nous avons supposé que l'importation en France est aussi libre que l'exportation, et nous avons remarqué qu'il y a des nations qui exportent leurs grains: or ces nations en importeront chez nous lorsqu'elles trouveront dans le haut prix un bénéfice à nous en vendre. Sur quoi il faut observer que ce haut prix n'est pas cherté : c'est le vrai prix établi par la concurrence, vrai prix qui a son haut, son bas et son moyen terme.

Tant que ce prix ne sera pas monté à son terme le plus haut, on ne nous apportera pas des blés, et nous n'aurons pas besoin qu'on nous en apporte. Quand il sera monté à son terme le plus haut, toutes les nations qui exportent des blés nous en apporteront ; et nous acheterons avec d'autant plus d'avantages, qu'un plus grand nombre de vendeurs nous feront un plus grand nombre d'offres. Nous acheterions avec plus d'avantages encore, si on nous en apportoit de toutes les parties de l'Europe, puisque les offres se multiplieroient avec les vendeurs. Qu'on réfléchisse sur la situation de la France : faite pour être l'entrepôt du Nord et du Midi, pourroit-elle craindre de manquer ou d'acheter cher ? On voit au contraire qu'elle deviendroit le marché commun de toute l'Europe.

La France, soit qu'elle vendît, soit qu'elle achetât des blés, auroit donc, dans la supposition que nous avons faite, un grand avantage sur les nations qui défendent l'exportation et l'importation, sur celles qui ne permettent que l'une ou l'autre, et sur celles enfin qui ne les permettent toutes deux que passagèrement et avec des restrictions. Car, en défendant l'exportation, elles diminuent le nombre de leurs acheteurs, et par conséquent elles vendent à plus bas prix; et, en défendant l'importation, elles achètent à plus haut, parce qu'elles diminuent le nombre de leurs vendeurs.

Concluons que les états de l'Europe, s'ils s'obstinent à ne pas laisser une entière liberté au commerce, ne seront jamais aussi riches ni aussi peuplés qu'ils pourroient l'être; que si un d'eux accordoit une liberté entière et permanente, tandis que les autres n'en accorderoient qu'une passagère et restreinte, il seroit, toutes choses d'ailleurs égales, le plus riche de tous; et qu'enfin, si tous cessoient de mettre des entraves au commerce, ils seroient tous aussi riches qu'ils peuvent l'être; et qu'alors leurs richesses respectives seroient, comme nous l'avons déjà remarqué, en raison de la fertilité du sol et de l'industrie des habitans.

CHAPITRE XXX.

Récapitulation sommaire de la première partie.

La valeur des choses, ou l'estime que nous en faisons, fondée sur l'utilité, est en proportion avec nos besoins : d'où il résulte que le surabondant, considéré comme surabondant, n'a point de valeur, et qu'il n'en peut acquérir une, qu'autant qu'on juge qu'il deviendra nécessaire.

Nos besoins sont naturels ou factices.

Dans l'homme isolé, les besoins naturels sont une suite de sa consommation. Dans l'homme citoyen, ils sont une suite de la constitution sans laquelle la société ne sauroit subsister.

Ces besoins sont en petit nombre, et ne donnent de la valeur qu'aux choses de première nécessité. Les besoins factices, au contraire, se multiplient avec nos habitudes, et donnent de la valeur à une multitude de productions et de matières travaillées, que nous avons mises parmi les choses de seconde nécessité.

La valeur de ces choses, en proportion avec leur rareté et leur abondance, varie encore suivant l'opinion vraie ou fausse que nous avons de cette rareté et de cette abondance.

Ces valeurs estimées, par comparaison, sont ce qu'on nomme le prix des choses. D'où il arrive que, dans les échanges, les choses sont réciproquement le prix l'une de l'autre, et que nous sommes tout-à-la-fois, sous divers rapports, vendeurs et acheteurs.

C'est par la concurrence des vendeurs et des acheteurs que se règlent les prix. Ils ne peuvent se régler qu'aux marchés, et ils y varieront peu, s'il est permis à chacun d'y apporter ce qu'il veut et la quantité qu'il veut.

Or les échanges qui se font dans les marchés sont ce qu'on nomme commerce.

Ils supposent, d'un côté, productions surabondantes, et, de l'autre, consommations à faire.

C'est donc le surabondant qui est dans le commerce, soit que les colons fassent par eux-mêmes leurs échanges, et alors le commerce se fait immédiatement entre les producteurs et les consommateurs ; soit que les échanges se fassent par l'entremise des marchands, trafiquans ou négocians ; et alors les commerçans sont comme des canaux de communication entre les producteurs et les consommateurs.

Le surabondant, qui n'avoit point de valeur entre les mains des producteurs, en acquiert une lorsqu'il est mis entre les mains des consommateurs. Le commerce donne donc de la valeur à des choses qui n'en avoient pas. Il augmente donc la masse des richesses.

Cette masse s'accroît encore avec les arts, qui, en donnant des formes aux matières premières, leur donnent une valeur, parce qu'ils les rendent propres à divers usages.

C'est à l'industrie du colon, de l'artisan et du marchand, que la société doit toutes ses richesses. Cette industrie méritoit un salaire. Ce salaire, réglé par la concurrence, règle les consommations auxquelles chacun a droit de prétendre, et les citoyens se trouvent distribués par classes.

Nous avons deux sortes de richesses : les richesses foncières, que nous devons au colon, et qui se remplacent; les richesses mobilières, que nous devons à l'artisan ou à l'artiste, et qui s'accumulent.

Toutes ces richesses se produisent, se distribuent et se conservent en raison des travaux du colon, de l'artisan, de l'artiste, du marchand et de la puissance souveraine qui maintient l'ordre et la liberté.

Elles abondent sur-tout après la fondation des villes, parce qu'alors de plus grandes consommations donnent un nouvel essor à l'industrie. Les terres sont mieux cultivées, les arts se multiplient et se perfectionnent.

Tous ceux qui se partagent ces richesses acquièrent sur elles un droit de propriété, qui est sacré et inviolable. On acquiert ce droit soi-même par son travail, ou on l'acquiert parce qu'il a été cédé par ceux qui l'ont acquis. Dans un cas comme dans l'autre, on dispose seul des choses qu'on a en propriété; aucune puissance ne peut, sans injustice, y mettre un prix au-dessous de celui que nous y mettons nous-mêmes; et c'est à la concurrence uniquement qu'il appartient de régler le prix de chaque chose.

Comme le champ est au propriétaire, et que tous ceux qui sont employés à la culture acquièrent un droit de co-propriété sur le produit : de même, dans toute entreprise, il y a un fonds qui appartient à ceux qui l'ont fourni, et un produit dont ils doivent faire part aux ouvriers qu'ils font travailler. Cette co-propriété est représentée par le salaire que l'usage règle, et dont personne ne doit être privé.

Les richesses s'étant multipliées, un commerce plus étendu fit sentir la nécessité d'apprécier avec plus de précision la valeur de chaque chose. On chercha donc une mesure commune.

Comme, dans les échanges, les valeurs se mesurent réciproquement, toute espèce de marchandises pouvoit être employée à cet usage. On donna la préférence aux métaux, comme à la marchandise avec laquelle on pourroit plus commodément mesurer toutes les autres, et on créa la monnoie.

C'est donc parce qu'ils avoient une valeur comme marchandise que les métaux en eurent une comme monnoie ; et, en devenant monnoie, il ne cessèrent pas d'être marchandise.

L'usage de la monnoie, en facilitant les échanges, donna plus de mouvement au commerce, et augmenta la masse des richesses. Mais il fit tomber dans des méprises sur ce qu'on appeloit valeur. Quand on crut voir le prix des choses dans une mesure qui, telle qu'une once d'argent, est toujours la même, on ne douta point qu'elles n'eussent une valeur absolue ; et, parce qu'on jugea qu'elles ont une valeur égale toutes les fois qu'elles sont estimées égales en valeur à une même quantité d'argent, on supposa faussement que dans les échanges on donne toujours valeur égale pour valeur égale.

L'argent ne facilite le commerce que parce qu'on le donne continuellement en échange. Il se ramasse pour se distribuer, il se distribue pour se ramasser ; et, ne cessant de passer et de repasser d'une main dans une autre, il circule continuellement.

Pourvu que cette circulation se fasse librement, il importe peu qu'il y ait plus ou moins d'argent dans le commerce. La quantité en peut être moindre, comme plus grande. On ne sauroit la déterminer avec précision. On peut seulement conjecturer que, quelle qu'elle soit, elle est tout au plus égale en valeur à la valeur des productions qui se consomment dans les villes.

La circulation de l'argent se nomme change lorsque, par l'échange de deux sommes qui sont à distance, on leur fait en quelque sorte franchir à toutes deux un intervalle pour remplacer l'une et l'autre.

Le change est devenu une branche de commerce, dans laquelle l'argent est la seule marchandise qui s'achète et qui se vend. Les opérations, qui en sont simples, se règlent d'après les dettes réciproques qui sont entre les villes; et elles assurent le plus grand bénéfice aux négocians qui ont gagné la confiance.

Comme l'argent a un prix dans le change, il en a un dans le prêt, et ce prix est ce qu'on nomme intérêt. Or l'argent, dans le commerce, ayant un produit, celui qui le prête doit avoir un intérêt dans ce produit, comme un propriétaire doit en avoir un dans le produit d'une terre qu'il donne ou prête à ferme. Cet intérêt, qui hausse et baisse suivant les circonstances, ne peut être réglé que dans les places de commerce. Il est juste lorsqu'il ne met à l'argent que le prix que les commerçans y ont mis librement et publiquement : il est usuraire lorsque ce prix est arbitraire et clandestin.

Les métaux dont on fait les monnoies, plus rares ou plus abondans, suivant qu'on les emploie à plus ou moins d'usages, tendent à se rendre également communs chez les nations qui ont entr'elles un commerce libre et jamais interrompu. C'est pourquoi leur valeur relative se règle, dans tous les marchés de ces nations, comme elle se régleroit dans un seul. Chez toutes, l'or et l'argent ont chacun le même prix, parce que, chez toutes, ces métaux sont dans le même rapport l'un à l'autre.

Comme un commerce libre et jamais interrompu tend à rendre l'or et l'argent également communs chez plusieurs nations, et donne, par cette raison, à chacun de ces métaux un même prix chez toutes : de même un commerce libre et jamais interrompu tendroit à rendre le blé également commun chez plusieurs nations, et lui donneroit chez toutes le même prix.

Ce prix, fondé sur la quantité relativement à la consommation, seroit le vrai prix pour toutes, parce qu'il seroit le plus avantageux à chacune. Alors les salaires se proportionneroient toujours au prix permanent des blés : ils ne monteroient jamais trop haut, ils ne descendroient jamais trop bas ; et chaque chose seroit constamment à son vrai prix.

Mais, lorsque le commerce n'est pas libre, si le blé manque chez une nation, il continue de manquer, et il monte à un prix excessif qui est au détriment du consommateur; et, s'il est surabondant chez une autre, il continue de l'être, et il tombe à un vil prix qui est au détriment du producteur. Il n'y a donc plus de vrai prix : il n'y a que cherté ou bon marché, c'est-à-dire, lésion pour l'acheteur ou le vendeur.

C'est alors que, le nombre des marchands n'étant pas aussi grand qu'il peut l'être, le monopole, qui s'établit sur les ruines de la liberté, met le blé en vente en trop grande ou en trop petite quantité, suivant qu'il est de son intérêt d'en faire baisser ou hausser le prix. Cependant, s'il importe qu'il s'en vende toujours parce qu'on en consomme toujours, il n'importe pas moins qu'il ne s'en mette en vente qu'autant qu'on a besoin d'en consommer. Or cette proportion ne sera saisie que lorsque le plus grand nombre possible de marchands fera circuler les blés par-tout avec un mouvement prompt et jamais interrompu.

C'est parce que cette circulation a toujours été plus ou moins arrêtée que l'Europe ne peut pas avoir dans le blé une mesure propre à déterminer les valeurs dans des époques différentes et dans des lieux différens. Dès que les grains ne sauroient être à leur vrai prix, dès qu'ils ne peuvent pas avoir un prix permanent, comment seroient-ils une mesure commune pour toutes les époques et pour tous les lieux?

La liberté peut seule donner à chaque chose son vrai prix, et faire fleurir le commerce. C'est alors que l'ordre s'établit naturellement, que les productions en tous genres se multiplient comme les consommations ; que toutes les terres sont mises en valeur ; que chaque citoyen trouve sa subsistance dans son travail, et que l'abondance se répand. Elle se répand, dis-je, tant que les mœurs sont simples : mais la misère commence avec le luxe.

Pour entretenir cette abondance, il faut une puissance qui protège les arts et le commerce, c'est-à-dire, qui maintienne l'ordre et la liberté. Cette puissance a des dépenses à faire, et c'est aux propriétaires seuls à payer les subsides ou les impôts dont elle a besoin.

Si cette puissance maintient l'ordre et la liberté, une nation, qui s'occupera de tout sans préférence exclusive, sera aussi riche qu'elle peut l'être. Que, dans tous les gouvernemens, on protège donc également les travaux de toutes espèces, et que sans restriction, sans interruption, on permette d'exporter et d'importer les choses même les plus nécessaires ; alors toutes les nations seront riches, et leurs richesses respectives seront en raison de la fertilité du sol et de l'industrie des habitans.

SECONDE PARTIE.

Le commerce et le gouvernement considérés, relativement l'un à l'autre, d'après des suppositions.

Presque entièrement semblables les uns aux autres par les besoins qui sont une suite de notre conformation, nous différons sur-tout par les besoins qui sont une suite de nos habitudes, et qui, se multipliant à proportion du progrès des arts, développent par degrés notre sensibilité et notre intelligence. Bornés aux besoins que j'ai nommés naturels, les peuples sont comme abrutis. Il semble que rien n'appelle leurs regards : à peine sont-ils capables de faire quelques observations. Mais leur vue se porte sur de nouveaux objets à mesure qu'ils se font de nouveaux besoins. Ils remarquent ce qu'ils ne remarquoient pas auparavant. On diroit que les choses ne

_{Objet de cette seconde partie.}

commencent à exister pour eux, qu'au moment où ils ont un intérêt à savoir qu'elles existent.

Quelque avantageux que soit ce progrès, il seroit dangereux pour un peuple de se piquer de trop de sensibilité, et de n'avoir une surabondance d'esprit que pour l'appliquer à des choses frivoles. Voilà cependant ce qui arrive par-tout où les besoins se multiplient à l'excès. Alors, jouet plus que jamais des circonstances qui changent continuellement, un peuple change continuellement lui-même, et s'applaudit de tous ses changemens. Ses usages se combattent, se détruisent, se reproduisent, se transforment : toujours différent de lui-même, il ne sait jamais ce qu'il est. Il se conduit au hasard d'après ses habitudes, ses opinions, ses préjugés. Il ne songe point à se réformer : il ne pense pas en avoir besoin. Préoccupé de ce qu'il croit être, les lois ou les abus, l'ordre ou le désordre, tout semble lui être égal ; et son illusion est telle, qu'il s'imagine voir sa prospérité dans les choses mêmes qui prouvent sa décadence.

Est-ce en combattant directement les

usages d'un pareil peuple qu'on pourroit se flatter de l'éclairer ? Il est trop aveuglé, et ses yeux se refuseroient à la lumière, dès qu'elle lui montreroit des vérités qu'il ne veut pas voir.

Afin donc qu'il jugeât de ses erreurs, il faudroit qu'il ignorât que ce sont les siennes. Or on pourroit, par des suppositions, essayer de les lui montrer dans d'autres peuples, où il auroit quelque peine à se reconnoître. On pourroit au moins lui faire voir sensiblement les avantages dont il se prive, si on lui faisoit remarquer ceux dont jouiroit un peuple qui n'auroit pas ses préjugés. C'est ce que je me propose dans cette seconde partie. Cette méthode est d'ailleurs l'unique moyen de simplifier les questions trop compliquées qui se font sur le commerce, considéré par rapport au gouvernement ; et il faut les simplifier si on veut les traiter avec précision.

CHAPITRE PREMIER.

Répartition des richesses lorsque le commerce jouit d'une liberté entière et permanente.

<small>Suppositions où le commerce jouit d'une liberté entière.</small>

JE suppose que le pays qu'occupe notre peuplade est grand comme l'Angleterre, la France, l'Espagne, ou comme ces trois royaumes ensemble. Il faut qu'il ait une certaine étendue, et que le commerce trouve un fonds considérable dans la variété des productions que les provinces auront besoin d'échanger.

Ce pays est rempli de hameaux, de villages, de bourgs, de villes. C'est une multitude de cités libres qui se gouvernent à-peu-près par les mêmes lois; et qui, se souvenant de leur origine, se regardent comme une seule et même famille, quoiqu'elles forment déjà plusieurs peuples.

Tous ces peuples, occupés de l'agriculture et des arts qui s'y rapportent ou qui tendent à la faire fleurir, mènent une vie simple, et vivent en paix. Les magistratures sont, pour les citoyens, le dernier terme de l'ambition, et aucun d'eux n'a encore imaginé d'aspirer à la tyrannie.

Ces peuples ne connoissent ni les péages, ni les douanes, ni les impôts arbitraires, ni les priviléges, ni les polices qui gênent la liberté. Chez eux, chacun sait ce qu'il veut et jouit librement des fruits de son travail.

Enfin ils n'ont point d'ennemis, puisque nous les avons placés dans un pays inaccessible à toute nation étrangère.

Voilà les suppositions d'après lesquelles on peut se faire une idée de ce que j'entends par un commerce qui jouit d'une liberté entière. Il s'agissoit uniquement de déterminer cette idée ; et il importe peu que quelques-unes de ces suppositions ne paroissent pas vraisemblables.

Pour faire fleurir le commerce dans toutes les provinces où je répands des cités, il faut que, réciproquement de l'une dans l'autre, le surabondant se verse sans obstacle, et qu'il supplée à ce qui manque dans les lieux où il se répand. C'est une espèce de flux et de reflux où les choses se balancent par un mouvement alternatif, et tendent à se mettre au niveau.

Chez les peuples que nous observons, la nature seule peut opposer des obstacles au commerce, et on les lève, ou du moins on les diminue. On facilite la navigation sur les rivières, on creuse des canaux, on fait des chemins. Ces ouvrages qui nous étonnent, parce que nous, qui ne faisons rien qu'à force d'argent, nous sommes rarement assez riches pour les entreprendre, coûtent peu à une nation sobre qui a des bras. Elle y voit son intérêt : elle sent qu'elle travaille pour elle ; et elle exécute les plus grandes choses. Elle n'est pas dans la nécessité d'imposer des taxes, parce que tous contribuent volontairement, l'un de son travail, l'autre de ses denrées, pour fournir à la subsistance des travailleurs.

Le transport des marchandises se fait donc avec le moins de frais possibles. Partout on a des débouchés pour faire sortir les choses surabondantes ; par-tout ces débouchés sont autant de portes pour faire arriver les choses nécessaires; et par conséquent les échanges, entre toutes les provinces, se font toujours avec une facilité égale, autant du moins que la nature du sol le permet. S'il y a quelque différence, elle vient uniquement des obstacles que la nature a mis, et qu'il n'a pas été facile d'applanir également par-tout. Mais où il y a plus d'obstacles, il y a aussi plus d'industrie; et l'art semble réparer les torts de la nature. Voyons comment, dans un pays tel que celui que je viens de supposer, les richesses se répandent naturellement par-tout.

Les campagnes, abondantes chacune en divers genres de productions, sont proprement la première source des richesses.

<small>Richesses des campagnes.</small>

Dans les bourgs, dans les villages, dans les hameaux, dans les fermes mêmes, on travaille les matières premières pour les rendre propres aux usages du colon qui cultive son champ, ou du fermier qui cultive le champ d'un autre. On y fait des charrues, des jougs, des chariots, des tombereaux, des pioches, des bêches, de grosses toiles, de gros draps et autres ouvrages qui demandent peu d'art, et qui se consomment aux environs des lieux où ils se fabriquent.

Ces manufactures, quelque grossières qu'elles soient, donnent une nouvelle valeur aux matières premières. Elles sont donc autant de canaux par où la source des richesses se distribue, pour se répandre de côté et d'autre à une certaine distance.

Je dis *à une certaine distance*, parce que les ouvrages qui sortent de ces manufactures ne sont un fonds de commerce que pour le canton où elles sont établies. De peu de valeur en eux-mêmes, et devenus chers par les frais de transport, ils ne seroient pas de débit dans les lieux éloignés où on en fait de semblables.

Richesses des villes. Les richesses des villes consistent dans les revenus des propriétaires et dans l'industrie des habitans, industrie dont le revenu est en argent. Ainsi c'est l'argent qui fait la principale richesse des villes, comme les productions font la principale richesse des campagnes.

C'est dans les villes que se font les plus grandes consommations. C'est le lieu où les artisans les plus habiles en tous genres érigent des manufactures de prix. Ce sont des marchés toujours subsistans, où l'on vient des campagnes acheter les ouvrages qui ne se font pas dans les villages, ou qui ne s'y font pas aussi bien. Voilà les canaux où les richesses en argent circulent plus sensiblement.

Si l'industrie, dans une ville, n'étoit payée que par les propriétaires qui l'habitent, elle n'augmenteroit pas la quantité d'argent qui y circule. Cependant elle le feroit circuler avec plus de vitesse, et cette vitesse rendroit la même quantité d'argent équivalente à une plus grande.

Mais si, comme nous venons de le remarquer, les ouvrages qui se font dans les campagnes ne sont pas de nature à être vendus au loin, il n'en est pas de même de ceux qui sortent des manufactures établies dans les villes. Comme ils sont d'un plus grand prix, l'augmentation, occasionnée par les frais de transports, est peu de chose par comparaison à ce prix. Les artisans ne sont donc pas réduits à n'être payés que par les propriétaires des villes qu'ils habitent. L'argent leur arrive de tous les lieux où leurs ouvrages sont recherchés. Ce sont eux proprement qui creusent les canaux par où les richesses concourent dans les villes ; canaux qui forment plus de branches et des branches plus étendues, à mesure que l'industrie fait des progrès.

Telle est donc, en général, la répartition des richesses entre les campagnes et les villes ; c'est que les campagnes sont riches en productions par le travail du laboureur, et que les villes sont riches en argent par les revenus des propriétaires et par l'industrie des artisans. Mais il ne faut pas s'imaginer que je veuille dire que l'argent est pour les villes une richesses exclusive. Sans doute qu'il passe continuellement dans les campagnes où il s'échange contre des productions : mais il revient toujours dans les villes comme dans des réservoirs, d'où il reflue de nouveau dans les campagnes.

De campagne en campagne et de ville en ville, la répartition ne se fait pas et ne peut pas se faire d'une manière égale.

Répartition des richesses de campagne en campagne. Le laboureur observe les denrées qui sont de débit. Plus on lui en demande, plus il en demande lui-même aux champs qu'il cultive, et il applique toute son industrie à mettre en valeur chaque espèce de terrain. Les campagnes, voisines des principales villes où l'on consomme davantage, sont donc les plus riches en productions.

Dans les campagnes éloignées, cette richesse sera en raison du plus ou moins de facilité à transporter les denrées dans les principales villes. Quelque soin qu'on ait donné à faire des chemins, à creuser des canaux, à rendre les rivières navigables, il n'a pas été possible d'ouvrir par-tout des débouchés également commodes. La nature opposoit souvent des obstacles qui, même après avoir été applanis, occasionnoient encore de grands frais pour le transport des marchandises.

Il n'est pas de l'intérêt du laboureur d'avoir des denrées au-delà de ce qui s'en consomme. Les provinces où l'exportation est moins facile seront donc moins riches en productions. Moins riches, dis-je, par comparaison avec les autres; mais assez riches pour elles-mêmes, parce qu'elles en auront autant qu'il en faut à leur consommation.

Dans les provinces dont le sol sera le plus ingrat, les habitans seront plus laborieux et auront plus d'industrie. Ils mettront en valeur jusqu'aux rochers qu'ils couvriront de productions. Dans les saisons où ils n'auront pas assez d'ouvrages chez eux, ils en iront chercher dans les provinces voisines. Ils reviendront dans leurs villages avec des profits qui les mettront en état de former quelques petites entreprises. Ils augmenteront le nombre de leurs bestiaux : ils défricheront quelques morceaux de terre; et ils érigeront des manufactures communes pour mettre eux-mêmes en œuvre les matières premières de leur sol. C'est ainsi que les provinces les moins fertiles pourront, à proportion de leur étendue, être presque aussi peuplées que les autres.

Répartition des richesses entre les villes. Les villes ne sont pas toutes dans une situation également favorable au commerce, parce que toutes n'ont pas les mêmes moyens pour communiquer au loin. Il ne peut pas y avoir par-tout de grandes rivières, des canaux de communication et des chemins également praticables. Il y aura donc des villes d'un plus grand abord, plus marchandes par conséquent, et plus peuplées. Ce sont les principales.

Si une cité conquéroit toutes les autres, sa ville, siége alors de la souveraineté, seroit la capitale, et pourroit se peupler au point qu'elle renfermeroit la vingtième partie des citoyens. Nous verrons ailleurs ce qu'une pareille capitale doit produire dans un état. Mais il n'y en a point encore chez les peuples sortis de notre peuplade. Jusqu'à présent ils n'ont été occupés qu'à se gouverner chacun séparément, et aucun d'eux n'a eu occasion de découvrir qu'il pourroit faire des conquêtes. Il faut bien des circonstances pour préparer à un peuple les moyens de conquérir ; et, quand toutes ces circonstances se sont réunies, il n'ambitionne de dominer au loin que lorsqu'ayant fait des conquêtes sans dessein, il juge qu'il en peut faire : cette ambition n'est donc pas la première idée qui s'offre à lui.

Toutes les cités par conséquent sont libres et indépendantes; et, si nous les considérons dans un temps où les dissentions ne les ont pas encore armées les unes contre les autres, nous jugerons que leurs villes communiquent entre elles sans obstacles.

Dans cette supposition, les richesses se répartissent entre les villes, en raison de la consommation qui s'y fait.

Dans les principales qui renferment une grande population, et qui comptent parmi les citoyens beaucoup de riches propriétaires, il y aura un grand concours d'artisans et de marchands de toutes espèces, et l'argent y circulera avec plus de vîtesse et en plus grande quantité.

Dans les moindres villes, il y aura moins de richesses, ou moins d'argent dans la circulation; parce qu'étant moins peuplées elles consommeront moins, et que, consommant moins, elles n'auront ni autant d'artisans, ni autant de marchands.

Mais, quoique plus ou moins riches en argent, toutes les villes sont dans l'abondance des choses dont elles se sont fait des besoins; parce que, dans toutes, la population est en proportion avec les subsistances qu'elles peuvent se procurer. Les moins riches ne se sont formées que parce qu'elles ont trouvé de quoi subsister dans les lieux où elles se sont établies. Or elles y trouvent tous les jours d'autant plus de quoi subsister, que leurs citoyens ont tous les jours plus d'industrie, et que cette industrie n'est arrêtée par aucun obstacle.

Concluons que la répartition des richesses entre les villes n'en condamne aucune à manquer des choses qui lui sont nécessaires. Comparées les unes aux autres, elles sont plus ou moins riches en argent, comme elles sont plus ou moins peuplées ; mais l'abondance est dans toutes.

Après avoir vu quelles sont les richesses des provinces, des campagnes et des villes, il nous reste à observer la répartition qui doit s'en faire entre les citoyens. Ils n'ont qu'un moyen de s'enrichir, le commerce.

Répartition des richesses entre les citoyens.

Or nous avons distingué le commerce de productions, qui est celui du colon et du fermier, le commerce de manufactures, qui est celui de l'artisan, et le commerce de commission, ou le trafic, qui est celui du marchand.

Dans toutes ces espèces de commerce, on ne gagne qu'à proportion du haut prix qu'on peut mettre aux choses qu'on vend. Ce sera donc d'après ces prix que se fera la répartition des richesses entre les commerçans.

Si, sous ce prétexte d'approvisionner les villes, des compagnies privilégiées avoient seules la permission d'y apporter des blés, on conçoit qu'elles s'enrichiroient promptement et prodigieusement. Dans les campagnes où les récoltes auroient été abondantes, elles acheteroient les blés au plus bas prix, parce qu'on ne les pourroit livrer qu'à elles ; et bientôt après elles les vendroient au plus haut, parce qu'en les retenant dans leurs magasins, pour n'en mettre jamais en vente qu'une quantité au-dessous de la consommation, elles occasionneroient la disette dans les lieux mêmes où étoit l'abondance. Ce monopole n'est pas connu dans nos cités.

Comme chacun a la liberté de vendre à qui il veut, et quand il veut, ce sont les vendeurs et les acheteurs qui décident uniquement et librement du prix de chaque chose.

Ce prix, comme nous l'avons vu, haussera ou baissera d'un marché à l'autre. Cependant, si on excepte les cas de grande abondance ou de grande disette, les prix varieront en général peu sensiblement, parce que la concurrence sera toujours à-peu-près la même.

Encore est-il rare, quand le commerce est libre, que le passage de l'abondance à la disette cause une variation considérable dans les prix.

Cela arriveroit, si toutes les provinces éprouvoient à-la-fois dans une année la même abondance, et la même disette dans une autre. C'est ce qui ne peut pas avoir lieu dans un pays d'une certaine étendue, dont les parties sont à des expositions différentes. D'ordinaire, quand une province est dans la disette, une autre est dans l'abondance.

Or l'abondance dans une province y fait baisser fort peu le prix des denrées, lorsque le commerce a la liberté d'exporter le surabondant.

De même la disette en fait peu hausser le prix dans une autre, où le commerce ne tarde pas d'apporter l'abondance.

Ce n'est donc pas à proportion d'une abondance ou d'une disette locale que les prix varient plus sensiblement : c'est plutôt à proportion que le commerce a moins de liberté. Aussi avons-nous fait voir que, lorsque la liberté est entière et permanente, les choses tendent à se rendre également communes par-tout, et qu'en conséquence elles se mettent par-tout au même prix ou à-peu-près.

Quelle que soit donc cette variation, les richesses, entre ceux qui font le commerce de productions, ne pourront pas se répartir bien inégalement chez des peuples où ce commerce jouit d'une liberté entière, et où par conséquent la concurrence des vendeurs et des acheteurs est la seule règle des prix.

Il ne sera donc pas au pouvoir de quelques colons ou fermiers de vendre leurs denrées autant qu'ils voudront. Le prix du marché sera nécessairement le prix de tous; et ils se forceront mutuellement à se contenter des mêmes profits.

Dans cet état des choses, le commerce de productions n'enrichira pas les uns aux dépens des autres, parce qu'aucun ne gagnera trop, et que tous gagneront. Tous participeront aux jouissances auxquelles l'usage leur donne des droits; et si quelques-uns, plus industrieux, vivent dans une plus grande aisance, les autres ne tomberont pas dans la misère; parce que, pour subsister, il suffira de travailler comme on travaille communément. Il ne faut pas craindre que les prix du marché en privent aucun des profits qu'il doit faire. Pour que cela arrivât, il faudroit que tous les cultivateurs consentissent à vendre à perte; ce qui ne peut pas être.

Le commerce de manufactures répartira les richesses de la même manière. La concurrence réglera le salaire des artisans, suivant le genre des ouvrages. Les uns gagneront plus, les autres moins. Mais tous subsisteront, et chacun, dans son métier, se contentera de jouir des choses dont jouissent en général ceux qui le font concurremment avec lui.

Il en sera du commerce de commission,

comme des deux autres, puisque la concurrence réglera le salaire des marchands.

Si les marchandises venoient d'un pays étranger et éloigné, on ignoreroit, dans nos cités, ce qu'elles ont coûté sur les lieux, et les marchands, qui se prévaudroient de cette ignorance, pourroient faire de grands profits, sur-tout lorsqu'ils auroient peu de concurrens. Mais, d'après nos suppositions, cet inconvénient n'est pas à craindre. Puisque nos cités ne commercent qu'entr'elles, les marchandises qu'on met en vente sont des productions de leur sol, ou des ouvrages de leurs manufactures; c'est-à-dire, des choses dont les prix, connus de tout le monde, sont toujours réglés par la concurrence.

En prouvant dans la première partie de cet ouvrage que le vrai prix est le même au marché commun où toutes les nations viennent librement vendre et acheter, j'ai remarqué que ce prix est plus haut ou plus bas pour elles, suivant qu'elles sont éloignées ou voisines du marché commun.

Les prix ne seront donc pas les mêmes par-tout où nos cités se sont établies. Premièrement, ils seront plus hauts dans les villes que dans les campagnes. C'est qu'outre le salaire dû aux marchands, on leur doit encore les frais de voiture, et un dédommagement pour les risques qu'ils ont courus.

En second lieu, les prix seront plus hauts dans les principales villes, parce qu'on y fait de plus grandes consommations. On y est mieux nourri, mieux vêtu, mieux logé, mieux meublé. Or plus on consomme, plus on demande; et plus on demande, plus, toutes choses d'ailleurs égales, on achète à haut prix.

D'ailleurs il faudra aller chercher les productions dans une plus grande étendue de pays, à proportion que les consommations seront plus grandes. Il y aura donc plus de risques et plus de frais de voiture à payer.

Mais enfin, quoique les prix ne soient pas les mêmes par-tout, ils seront par-tout réglés par la concurrence : par-tout ils seront ce qu'ils doivent être, et les richesses se répartiront avec peu d'inégalité parmi ceux qui concourront dans le même genre de commerce. Chacun aura de quoi subsister suivant sa condition, et personne ne pourra s'enrichir beaucoup plus que ses concurrens.

Celui qui n'aura pas assez de revenu en argent pour vivre dans une ville, en aura assez en productions pour vivre dans une campagne : l'ouvrier, qui n'aura aucune espèce de revenu, trouvera sa subsistance dans un salaire proportionné au prix des denrées; et, parce que personne ne pourra s'enrichir exclusivement, personne aussi ne pourra tomber dans la misère.

Je conçois qu'aujourd'hui un négociant qui gagne quarante ou cinquante pour cent accumulera de grandes richesses, si, continuant de vivre avec la sobriété dont il s'est fait une habitude, il remet, chaque année dans le commerce, la plus grande partie de ses profits. Ce n'est donc pas parce qu'il dépense peu, qu'il s'enrichit : c'est parce qu'il gagne beaucoup; et, s'il gagnoit peu, il ne s'enrichiroit pas, quelle que fût d'ailleurs son économie. Mais, chez les peuples que nous observons, les gains se borneront à procurer aux marchands l'usage des choses nécessaires à leur état.

Il n'y a qu'une classe de citoyens que

l'économie pourroit enrichir; ce sont les propriétaires. En économisant sur leurs revenus, ils mettroient leurs terres en plus grande valeur, et il est à desirer qu'ils le fassent. Cette manière de s'enrichir feroit subsister, avec plus d'aisance, les journaliers auxquels ils donneroient du travail; et elle seroit avantageuse à l'état, auquel elle fourniroit des productions en plus grande abondance. Mais ce ne peut être que très-lentement qu'on acquiert des richesses par cette voie, et elles sont nécessairement bornées.

Tout concourt donc, chez les peuples que nous avons supposés, à mettre des bornes à la fortune des particuliers; il semble qu'ils ne doivent pas connoître la passion de l'argent. Chez eux chacun a le nécessaire: un grand nombre vit dans l'aisance: peu sont riches; personne n'est opulent. C'est ce que doit naturellement produire la liberté du commerce, lorsqu'elle met chaque chose à son vrai prix, et qu'elle proportionne les salaires aux prix des subsistances.

CHAPITRE II.

Circulation des richesses lorsque le commerce jouit d'une liberté entière.

<small>Les manufactures produisent une circulation générale de richesses.</small> LES arts multiplient les choses de seconde nécessité, ils les perfectionnent; et, à proportion de leurs progrès, ils mettent dans le commerce une plus grande quantité de marchandises, et des marchandises d'un plus haut prix.

Nous avons vu des manufactures jusques dans des villages ; mais ce sont des manufactures qui ne vendent pas au loin, et qui, par conséquent, ne font circuler les richesses que dans les lieux où elles sont établies.

C'est donc aux manufactures érigées dans les villes à produire une circulation générale parmi toutes nos cités. Les ouvrages qui en sortent, faits pour être recherchés par-tout, se vendent par-tout ; et le commerce qu'on en fait occasionne de toutes parts une suite d'échanges qui met tout en valeur.

Je nomme *marchandes* les provinces où il y a des manufactures de cette espèce, et *agricoles* celles où il n'y en a pas. Observons le commerce entre les unes et les autres.

Si une province agricole achète des draps et des toiles avec le surabondant de ses productions, ou avec une quantité d'argent équivalente à ce surabondant, elle fait un commerce avantageux. Car, en livrant le surabondant de ses productions elle abandonne une chose qui lui est inutile; et, en livrant une somme équivalente, elle abandonne un argent avec lequel on achetera ce surabondant, et qui par conséquent lui rentrera.

Circonstances où les provinces marchandes et les provinces agricoles commercent avec le même avantage.

Ce commerce est également avantageux aux provinces marchandes, soit qu'on les paie en productions, soit qu'on les paie en argent; car elles ont besoin de ces productions et de cet argent pour leur subsistance, et pour l'entretien de leurs manufactures. Il arrivera souvent qu'elles subsisteront en partie du produit des provinces agricoles mais celles-ci n'en souffriront pas si elles ne livrent jamais que leur surabondant.

Cette position respective des provinces assureroit à toutes la même abondance, si elle pouvoit toujours être la même.

Il n'est pas douteux que, dans les provinces marchandes, les manufactures ne nuisent plus ou moins à la culture des productions nécessaires à la subsistance de l'homme. On y cultivera par préférence les matières premières que les manufacturiers sont dans l'usage de payer à plus haut prix, et l'appât du gain portera les habitans à être artisans plutôt que laboureurs. Ces provinces seront donc forcées de porter leur argent dans les provinces agricoles, pour se pourvoir des denrées qui manqueront à leur subsistance; et elles y en porteront d'autant plus, qu'elles se peupleront davantage. Or les manufacures, qui sont un attrait pour l'industrie, y feront venir tous les jours et de toutes parts de nouveaux habitans.

Les subsistances, dans une province marchande, ne sont donc pas en proportion avec la population. Mais il lui est facile de remédier à cet inconvénient, puisqu'avec le produit de ses manufactures elle peut acheter tout ce qui lui manque.

Plus les provinces marchandes ont besoin de subsistance, plus elles en demandent aux provinces agricoles, et par conséquent elles y font fleurir l'agriculture.

Par la même raison, moins les provinces agricoles ont de manufactures, plus elles les font fleurir dans les provinces marchandes. C'est ainsi que les unes, manquant de ce qui est surabondant chez les autres, elles concourent toutes à leur avantage commun.

Cependant il y a un inconvénient pour une province agricole, c'est qu'il ne lui est pas possible de n'acheter jamais qu'en raison de son surabondant. En effet, chaque particulier ayant la liberté de disposer de son bien comme il lui plaît, par quels moyens pourroit-elle parvenir à régler ses dépenses dans cette proportion ? Pour les augmenter au-delà de son surabondant, ne suffira-t-il pas que l'usage, par exemple, des beaux draps et du beau linge devienne plus commun ? Il faudra

Comment le commerce peut se faire avec quelque désavantage pour les provinces agricoles.

donc qu'elle livre une partie des denrées nécessaires à sa consommation, ou qu'elle donne une somme avec laquelle on viendra les acheter.

Dans un cas comme dans l'autre, il ne lui en restera pas assez : ce qui les fera monter à un prix plus haut, et ce qui forcera une partie des habitans à aller vivre ailleurs.

Plus elle consommera en draps et en toiles de prix, plus tout renchérira pour elle, parce que les subsistances qu'elle sera obligée de donner en échange deviendront tous les jours plus rares.

Cependant les draps et les toiles dont il se fait une plus grande consommation renchérissent encore, et font passer une plus grande quantité d'argent dans les provinces marchandes.

Celles-ci, devenues plus riches, forment de nouvelles entreprises. Elles étendent leur commerce de plus en plus; et elles appellent de toutes parts de nouveaux citoyens, parce qu'elles offrent à l'industrie de forts salaires. C'est ainsi qu'elles semblent devoir s'enrichir et se peupler aux dépens des provinces agricoles, et qu'elles paroissent en préparer la ruine. Mais elles ne la causeront pas.

On jugera peut-être qu'il est indifférent pour l'état que les richesses et les hommes passent d'une province dans une autre, pourvu que la somme des richesses et des hommes se retrouve toujours la même. Cependant il ne faudroit pas, pour peupler davantage quelques provinces et pour les enrichir, faire des autres autant de déserts, ou n'y laisser qu'un peuple misérable. Si l'agriculture tomboit dans les provinces agricoles, parce qu'elles ne seroient plus ni assez peuplées, ni assez riches, les provinces marchandes qui en auroient causé la ruine se ruineroient elles-mêmes par contre-coup, parce qu'elles n'en pourroient rien tirer, et qu'elles n'y pourroient rien porter.

Tout sembleroit tendre à cette ruine générale, si le commerce de manufactures appartenoit aux provinces marchandes exclusivement.

Ce n'est pas ainsi qu'elles l'ont : on peut le partager avec elles, et on le partagera.

Comment les avantages se balancent entre les

province marchandes et les provinces agricoles.

A mesure donc qu'elles font tout renchérir, l'industrie se réveille dans les provinces agricoles, où l'on voudroit continuer de porter de beau linge et de beaux draps, et où l'on éprouve qu'il est tous les jours plus difficile d'en acheter au prix des provinces marchandes. Il leur est facile de juger combien il leur seroit avantageux d'avoir des manufactures chez elles où la main-d'œuvre est à moins haut prix.

Or si, dans les provinces marchandes, il y a des manufactures florissantes, il y en a aussi qui le sont peu. L'appât du gain les a trop multipliées, et elles se nuisent par la concurrence. Il y a donc des manufacturiers intéressés à s'établir ailleurs. Ils passent dans les provinces agricoles où ils sont appelés.

Dans les commencemens, ils ne font que des draps médiocres, parce qu'ils n'ont pas eu le choix des ouvriers; les plus habiles étant restés dans les provinces marchandes où de riches fabricans leur donnent de plus forts salaires.

Mais ils livrent leurs draps au plus bas prix possible ; et ils en trouvent le débit dans un pays où l'on n'est plus en général assez riche pour en acheter de plus beaux.

Peu-à-peu cependant ils forment de meilleurs ouvriers. Alors ils font des draps qui le disputent en beauté à ceux des provinces marchandes ; et ils les vendent à un prix plus bas, parce que la main-d'œuvre leur coûte peu, et qu'ils vivent avec beaucoup d'économie.

Les provinces marchandes voient donc qu'une partie de leur commerce leur échappe. Pour le retenir autant qu'il est en leur pouvoir, elles baissent le prix de leurs draps, de leurs toiles, etc. Elles y sont forcées par la concurrence des manufactures érigées dans les provinces agricoles.

De la sorte, il y aura entre toutes les provinces un balancement continuel de richesses et de population; balancement qui sera entretenu par l'industrie et par la concurrence, et qui, sans arriver à un équilibre permanent, paroîtra toujours y tendre, et en sera toujours fort près. Toutes, en un mot, seront riches et peuplées en raison de la fertilité de leur sol et de leur industrie.

Une province seroit dans l'erreur si elle croyoit s'enrichir en attirant chez elle tout l'or et tout l'argent.

Si une province croyoit s'enrichir en s'occupant des moyens d'attirer et de retenir chez elle l'or et l'argent de toutes les autres, ce seroit de sa part une erreur aussi funeste que grossière. Tout renchériroit bientôt pour elle : elle se dépeupleroit : elle seroit tôt ou tard forcée de répandre au-dehors son or et son argent ; et elle ne sauroit plus comment le faire revenir, parce que, dans le renchérissement de toutes choses, elle auroit perdu ses manufactures, et qu'il lui faudroit bien du temps pour les rétablir.

Il faut donc que l'or et l'argent entre et sorte librement. C'est alors que les richesses se balanceront entre toutes les provinces : toutes seront donc dans l'abondance par l'échange de leur travail.

Il est vrai que, lorsqu'une province est plus riche en métal, elle paroît avoir un avantage sur les autres. Comme le prix des productions de la terre et celui du travail sont évalués en argent, ils sont plus hauts chez elle. Ils doubleront, par exemple, si elle a le double d'argent dans la circulation. Avec le produit d'un de ses arpens qui sera évalué quatre onces d'argent, elle achetera le produit de deux arpens qui, dans une autre province, ne rapporteront en argent que deux onces chacun. De même le produit du travail d'un de ses habitans sera l'équilibre du produit du travail de deux habitans d'une autre province. Elle vendra par conséquent le double en argent ce qu'on achetera d'elle, et elle achetera la moitié moins ce qu'on lui vendra.

Cet avantage seroit réel et grand pour elle, si elle avoit le privilége exclusif du commerce de manufactures : elle ne l'a pas. Si elle se croit plus riche, parce qu'elle a plus d'argent, elle est donc dans l'illusion.

En effet, les provinces lésées s'occuperont des moyens d'attirer l'argent chez elles, et elles y réussiront par le bon marché de leurs manufactures. Elles vendront beaucoup, tandis que la province riche en métal, vendra peu, ou ne vendra point; et cependant elle achetera d'autant plus qu'elle fera de plus grandes consommations. L'argent sortira donc de chez elle pour n'y plus rentrer, et il entrera chez les autres pour n'en plus sortir, ou du moins pour n'en sortir que lorsqu'elles auront fait la même faute.

Comment les richesses passent et repassent d'une province dans une autre, et se distribuent dans toutes à-peu-près également.

Pour développer mes idées, j'ai été obligé de faire voir comment les provinces paroîtroient devoir s'enrichir les unes aux dépens des autres. C'est néanmoins ce qui ne peut pas arriver, quand on suppose qu'elles donnent au commerce une liberté entière et permanente. Car, si la circulation des richesses peut alors se faire avec quelque inégalité, il ne faut pas craindre que cette inégalité puisse jamais aller jusqu'à mettre la misère en opposition avec l'opulence. Tous les peuples travailleront à l'exemple les uns des autres, parce que tous voudront participer aux mêmes avantages. Dans cette concurrence, les manufactures tomberont peu-à-peu dans les provinces qu'elles auront enrichies, et où la main-d'œuvre aura haussé, pendant qu'elles se releveront dans d'autres provinces qu'elles doivent enrichir, et où le prix de la main-d'œuvre est plus bas. Elles passeront de province en province. Par-tout elles déposeront une partie des richesses de la nation; et le commerce sera comme un fleuve qui se distribueroit dans une multitude de canaux pour arroser successivement toutes les terres.

Cette révolution ne s'achevera que pour recommencer. Lorsque, dans une province, le haut prix de la main-d'œuvre commencera à faire tomber les manufactures, le bas prix les relevera dans une autre. Elles seront donc alternativement plus ou moins riches. Mais, parce qu'aucune ne le sera trop, aucune aussi ne sera pauvre. C'est que les richesses reflueront continuellement des unes dans les autres, et que, suivant les différentes pentes que le commerce leur fera prendre, elles se verseront successivement par-tout. Cette révolution sera sans inconvéniens, parce qu'elle se fera naturellement et sans violence. C'est insensiblement que quelques provinces perdront une partie de leur commerce: c'est insensiblement que d'autres en recouvreront ce qu'elles auront perdu. La liberté a donc l'avantage de les garantir toutes de la pauvreté, et en même temps d'arrêter dans chacune le progrès des richesses, lorsque l'excès en ce genre pourroit nuire.

Dans le commencement de ce chapitre, j'ai été obligé de distinguer deux sortes de provinces, les unes marchandes, et les autres agricoles : mais on voit que, par la liberté du commerce, elles sont toutes en même temps et agricoles et marchandes. C'est que, dans chacune, on s'occupe de tout, et qu'aucune ne connoît les préférences exclusives.

CHAPITRE III.

Mœurs simples d'une nation isolée chez qui le commerce jouit d'une liberté entière.

Placés à-peu-près sous le même ciel, les peuples que nous observons jouissent en général des mêmes productions; seulement avec plus ou moins d'abondance, suivant la nature du sol et l'industrie des cultivateurs. Une denrée, rare dans une province, sera commune dans une autre, ou une denrée, commune ailleurs, sera rare.

Tous les peuples que nous supposons ont les mêmes mœurs.

Ces peuples ont, pour commercer entre eux, un fonds dans les productions dont chacun d'eux surabonde; et, à mesure du progrès des arts, ils ont un autre fonds dans leur industrie.

Ce double fonds leur fournit de quoi faire des échanges de toutes espèces; et, par ces échanges, tous jouissent des mêmes productions et des mêmes commodités.

On jouit des mêmes productions, parce qu'avec le surabondant de celles qui croissent dans ses terres on se procure celles qui n'y croissent pas.

On jouit des mêmes commodités, parce que, ou l'on cultive les mêmes arts, ou l'on commerce avec ceux qui les cultivent.

Or ce sont les besoins que nous nous sommes faits et les moyens que nous employons pour y satisfaire qui font nos coutumes, nos usages, nos habitudes, en un mot, nos mœurs.

Les besoins sont les mêmes pour tous les peuples que nous supposons : les moyens d'y satisfaire sont aussi les mêmes. Les mœurs sont donc les mêmes encore.

Pour leur donner de nouvelles mœurs, il faudroit donc transporter chez eux des productions étrangères à leur sol, ou des commodités étrangères à leurs arts.

Leurs mœurs sont simples, parce qu'ils ne peuvent pas connoître le luxe. Mais non seulement ils ont les mêmes mœurs : je dis encore que leurs mœurs sont simples, et ne peuvent être que simples. C'est qu'il leur est impossible de connoître le luxe.

Nous avons vu que le luxe consiste dans ces jouissances qui sont le partage d'un petit nombre à l'exclusion du plus grand; que ces jouissances n'ont lieu qu'autant qu'on dédaigne les choses communes pour rechercher les choses rares et d'un grand prix ; et qu'enfin les choses ne sont rares et d'un grand prix que parce qu'elles viennent d'un pays éloigné, ou parce qu'elles sont travaillées avec beaucoup d'art.

Or, d'après nos suppositions, aucune rareté étrangère ne peut arriver chez les peuples que nous observons. Il ne sera pas plus en leur pouvoir de se procurer des ouvrages auxquels un grand travail donneroit un grand prix. Comme personne ne seroit assez riche pour les payer, aucun artisan n'imaginera d'en faire.

Nous venons de prouver qu'il ne peut pas y avoir, chez de pareils peuples, de ces fortunes disproportionnées, qui se forment des dépouilles d'une multitude de familles réduites à la misère. Comment ce désordre pourroit-il avoir lieu dans un pays où le commerce, seul moyen de se procurer de l'aisance, baisse et se relève alternativement d'une province à l'autre, et entretient par-tout les richesses à-peu-près au même niveau, ou tend continuellement à les y ramener ?

Or, dès que les richesses n'iront pas se perdre dans un petit nombre de familles, il n'y aura pas de ces jouissances exclusives, qui insultent à la misère publique, et qui semblent effacer du nombre des hommes la plus grande partie des citoyens.

Je ne veux pas dire que tous participeront également aux mêmes jouissances ; sans doute que tous, par exemple, ne porteront pas du drap d'une égale finesse : mais tous porteront du drap. Chacun, suivant son état, jouira des commodités que procurent les arts. Chacun sera dans l'abondance et dans l'aisance, parce que tous auront l'usage des choses dont leur condition leur permet de se faire des besoins ; et, si les fortunes ne sont pas égales, ce sera uniquement parce que les talens ne sont pas égaux. Mais, encore un coup, personne ne pourra faire des dépenses excessives, parce que personne ne pourra s'enrichir exclusivement.

Je ne vois qu'un moyen pour introduire le luxe parmi ces peuples, ce seroit de substituer des priviléges exclusifs à la liberté du commerce. Alors il y auroit bientôt une grande disproportion entre les fortunes; et des choses, auparavant communes, deviendroient rares par le haut prix auquel elles seroient portées. En pareil cas, le verre et la faïence, par exemple, seroient un luxe; et c'est ainsi que la porcelaine et les glaces en sont un chez nous.

CHAPITRE IV.

Atteintes portées au commerce: guerres.

<small>Divisés par des guerres, les peuples ruinent mutuellement leur commerce.</small> Nous avons vu ce que peut la liberté. Il est temps de semer la dissention parmi nos peuples, et de mettre des gênes au commerce: nos suppositions en seront plus vraisemblables.

Divisés par des guerres, ils forment plusieurs nations qui ont des intérêts contraires.

Or, si nous pouvons supposer que chacune de ces nations commerce librement chez elle, nous ne pouvons plus supposer qu'elles commercent toutes librement les unes avec les autres.

Le commerce extérieur, toujours gêné et quelquefois suspendu, sera d'autant moins florissant qu'il sera plus dispendieux, soit par les pertes auxquelles il exposera, soit par les efforts qu'on fera pour le soutenir.

Ces nations se nuisent donc mutuellement : premièrement, parce qu'elles se privent chacune des avantages qu'elles se procuroient les unes aux autres par des échanges.

En second lieu, elles se nuisent encore, parce qu'elles dévastent réciproquement leurs terres. A chaque fois qu'elles prennent les armes, elles détruisent un fonds de richesses qu'elles auroient mis dans la circulation, et qui ne peut plus y être. Il y aura des champs que la guerre ne permettra pas d'ensemencer : il y en aura d'autres où elle ne laissera point de récoltes à faire. Les productions diminueront, par conséquent, et avec elles la population.

Je veux que quelques-unes de ces nations se couvrent de gloire, de cette gloire que les peuples, dans leur stupidité, attachent aux conquêtes, et que les historiens, plus stupides encore, aiment à célébrer jusqu'au point d'ennuyer le lecteur : quel sera leur avantage? Elles régneront au loin dans des pays autrefois peuplés et fertiles, et aujourd'hui en partie déserts et incultes. Car ce n'est qu'en exterminant qu'elles assureront

Le peuple conquérant étend sa domination sur des pays qu'il a rendus en partie déserts et incultes, et il dépeuple ses provinces.

leur domination sur des peuples auparavant libres. Supposons que nos cités soient réduites à quatre nations ennemies, qui sont à-peu-près également puissantes, ou qui cherchent à se maintenir dans une espèce d'équilibre.

Sont-elles également puissantes? Elles se nuiront également.

Cherchent-elles à se maintenir dans une espèce d'équilibre? Elles se réuniront deux ou trois contre une puissance dont la prépondérance menace de les assujettir, et elles se nuiront encore. La guerre coûtera des provinces à la nation même qui aura fait des conquêtes. Car je regarde comme perdues les provinces où la population et la culture auront été ruinées ou considérablement déteriorées. En effet, un empire, qui se dépeupleroit et qui tomberoit en friches, n'en seroit pas plus grand pour avoir reculé ses bornes.

Mais cet équilibre, parviendra-t-on à l'établir? Jamais : on ne fera que de fausses démarches, et l'inquiétude paroîtra l'unique cause motrice des puissances : elles se livreront avec confiance aux projets les plus ruineux, pour les exécuter d'une manière plus ruineuse encore.

Or, dans ce désordre, les terres seront-elles aussi riches en productions que lorsqu'elles étoient partagées entre une multitude de cités paisibles ? Elles le seront d'autant moins que, la guerre ôtant toute liberté au commerce, le surabondant cessera de passer réciproquement d'une nation chez l'autre. Il ne se consommera donc plus : or, dès qu'il cessera de se consommer, il cessera de se reproduire.

Dégradation de l'agriculture et chûte de plusieurs manufactures.

Pendant que l'agriculture se dégradera, plusieurs manufactures tomberont; et celles qui subsisteront encore n'auront plus le même débit. Elles ne pourront d'ordinaire vendre qu'à la nation chez qui elles seront établies; et elles lui vendront moins, parce que cette nation sera elle-même moins riche.

On dira sans doute que ces peuples ne seront pas toujours en guerre. En effet, il y aura des intervalles de paix : mais, dans ces intervalles, on ne réparera pas tous les maux que la guerre aura faits; et cependant on mettra de nouveaux obstacles au commerce.

CHAPITRE V.

Atteintes portées au commerce: douanes, péages.

<small>Supposition de quatre monarchies.</small> LES quatre nations que nous avons supposées dans le chapitre précédent sont actuellement quatre monarchies dont les monarques ont à l'envi l'ambition d'être riches et puissans : mais malheureusement ils font précisément tout ce qu'il faut pour n'être ni l'un ni l'autre. Ils sont dans l'illusion, et ils n'en peuvent sortir. Parce que chacun d'eux croit n'avoir rien à craindre de ses voisins, et voit même qu'il s'en fait redouter quelquefois, ils se croient tous également puissans ou à-peu-près. Les mêmes fautes qu'ils répètent à l'exemple les uns des autres les maintiennent dans un équilibre de foiblesse qu'ils prennent pour un équilibre de puissance : leur grande maxime, c'est qu'il faut affoiblir ses ennemis. Voilà à quoi se réduit toute la politique, qui doit

leur donner, tour-à-tour, la supériorité; d'ailleurs ils n'ont point de maxime pour acquérir de véritables forces.

Un d'eux imagina, pour augmenter ses revenus, de mettre des taxes sur toutes les marchandises étrangères qui entroient dans ses états; et à cet effet il établit des douanes et des péages. Les autres établirent aussi des douanes et des péages.

Les quatre monarques établissent des douanes et des péages pour augmenter leurs revenus.

Quelque temps après, il imagina que ses revenus augmenteroient encore s'il mettoit des taxes sur les marchandises qui sortoient de son royaume; il en mit donc, et les autres en mirent à son exemple.

Lorsqu'il ne fut plus permis de rien exporter, ni de rien importer, qu'au préalable on n'eût payé une certaine taxe, tout renchérit dans ces quatre monarchies en raison des taxes imposées; et ce renchérissement, qui diminua d'abord la consommation, et ensuite la reproduction, ralentit tout-à-coup le commerce. Il y eut des manufacturiers qui, ne pouvant pas être assurés de vendre, ne travaillèrent plus. Ceux qui continuèrent dans leur métier, travaillèrent moins, et les laboureurs négligèrent tout

Tort qu'ils font au commerce.

surabondant qui leur devenoit inutile. C'est ainsi que les douanes et les péages portèrent atteinte à l'agriculture, aux arts, au commerce, et réduisirent à la mendicité un grand nombre de citoyens qui auparavant vivoient de leur travail.

Un commerce libre, entre ces quatre royaumes, auroit fait refluer, de l'un dans l'autre, le surabondant de tous; et chaque souverain eût fondé sa puissance sur un peuple nombreux, enrichi par les arts et par l'agriculture.

Ils doublent, ils triplent les taxes, et leurs revenus diminuent.

Ce n'est pas ainsi que nos quatre monarques voyoient les choses. Au contraire, ils doublèrent les taxes, parce qu'ils crurent doubler leurs revenus, qu'ils ne doublèrent pas. Ils les triplèrent, ils les quadruplèrent; et ils ne comprenoient pas comment, bien loin d'avoir plus de revenus, ils en avoient moins. Ils ne voyoient pas qu'ils avoient fait diminuer les consommations.

Le commerce languissoit, et on crut en avoir trouvé la cause. Comment, disoit-on, dans les quatre monarchies, nos manufactures ne tomberoient-elles pas, puisque nous sommes dans l'usage de préférer les ouvrages qui se font chez l'étranger à ceux qui se font chez nous ? Alors un des monarques imagina d'assujettir l'importation à de nouvelles taxes, et de supprimer une partie de celles qu'il avoit mises sur l'exportation. Mais les trois autres, qui n'étoient pas moins politiques, en firent autant, et le commerce ne se releva nulle part.

Il y avoit un grand bénéfice à frauder les droits de péages et de douanes, et on les fraudoit. Il fut donc défendu, dans les quatre royaumes, sous de grièves peines, de vendre des marchandises étrangères, pour lesquelles on n'auroit pas payé la taxe imposée. Mais on continua de vendre en fraude : on vendit seulement à plus haut prix, en dédommagement des risques auxquels on s'exposoit. Les commerçans, qui faisoient cette fraude, se nommoient *contrebandiers*.

Fraudes des droits ou contrebande.

Il fallut répandre, sur toutes les frontières, des troupes pour empêcher la contrebande, qu'on n'empêchoit pas. Voilà donc les quatre monarchies armées en temps de paix, afin d'interdire tout commerce entre elles.

Gens armés pour empêcher la contrebande, et employés pour percevoir les droits.

Sous prétexte de percevoir les droits du souverain, les employés dans les douanes et péages commettoient bien des vexations; et le gouvernement, qui les protégeoit, sembloit se concerter avec eux pour forcer tous les commerçans à devenir contrebandiers.

Ces employés étoient en grand nombre, les gens qu'on armoit dans le dessein d'empêcher les fraudes étoient en plus grand nombre encore. Tous ces hommes, à charge à l'état, consommoient une grande partie des droits de péages et de douanes ; et cependant c'étoient autant de citoyens enlevés aux arts et à l'agriculture.

CHAPITRE VI.

Atteintes portées au commerce : impôts sur l'industrie.

Nos cités, dès leur fondation, et par conséquent long-temps avant la monarchie, avoient reconnu la nécessité où sont les citoyens de contribuer aux dépenses publiques.

Composées uniquement de colons, ce n'est qu'à des colons qu'elles pouvoient demander des subsides. En conséquence, on les prit sur chaque champ, et chacun paya en raison des productions qu'il recueilloit.

Ce subside se levoit à peu de frais. La répartition s'en faisoit, dans chaque canton, par les colons mêmes. Chacun payoit sans contrainte; et, comme personne ne pouvoit se plaindre d'être surchargé, personne aussi ne songeoit à payer moins qu'il ne devoit. Lorsque, dans la suite, des citoyens se trouvèrent sans possessions, on n'imagina pas

Comment tout fleurit chez une nation où on ne met point de taxe sur l'industrie.

de leur demander des subsides. Il ne pouvoit pas encore venir dans la pensée de faire payer des hommes qui n'avoient rien. L'usage, qui fait règle même quand il est raisonnable, ne le permettoit pas.

Ces citoyens, qui n'avoient que des bras, subsistèrent donc de leur travail, et ils ne payèrent rien.

Cet usage se maintint avec le progrès des arts, parce que tout usage dure. Les artisans et les marchands, ainsi que les fermiers et les journaliers, vécurent donc de leur salaire, et on ne pensa point à leur demander des subsides.

Tant que cet usage subsista, tout fleurit. L'industrie, assurée d'un salaire que la concurrence seule régloit, et sur lequel il n'y avoit rien à retrancher, s'occupa des moyens d'augmenter ce salaire, soit en créant de nouveaux arts, soit en perfectionnant les arts déjà connus.

Alors tout devenoit utile. Le surabondant trouvoit un emploi à mesure que les arts et le commerce faisoient des progrès. On consommoit davantage : les productions croissoient en raison des consommations;

et les terres étoient tous les jours mieux cultivées.

Les choses subsistèrent dans cet état jusqu'aux temps de la monarchie. Elles s'y maintinrent même encore sous les premiers monarques. Mais enfin il falloit qu'il se fît une révolution.

Parce que des artisans et des marchands vivoient dans l'aisance, on demanda : Mais pourquoi ces hommes, qui sont riches, ne fournissent-ils pas une partie des subsides ? Comment ont-ils pu en être exempts ? Faut-il que les propriétaires paient seuls toutes les charges, et tout citoyen ne doit-il pas contribuer aux dépenses publiques ? Ce raisonnement parut un trait de lumière. *Motif des taxes mises sur l'industrie.*

On mit donc des impôts sur l'industrie, et il ne fut plus permis de travailler en aucun genre, qu'autant qu'on auroit payé une certaine somme à l'état. *Il ne fut plus permis de travailler !* Voilà une loi bien étrange. Cependant, quand on veut que celui qui n'a rien paie pour avoir la permission de gagner sa subsistance, il faut bien défendre le travail à ceux qui ne paient pas; et, par conséquent, leur ôter tout moyen de subsister.

Dans tous les métiers, on ne fait pas les mêmes profits, non plus que dans toutes les espèces de commerce. Il parut donc juste de faire différentes classes, soit d'artisans, soit de marchands, afin de les imposer chacune à proportion des profits qu'elles pouvoient faire.

Cette opération n'étoit pas facile. Comment estimer ce qu'un homme peut gagner par son industrie? Il arrivera nécessairement que, dans le même métier et dans le même commerce, celui qui gagnera moins paiera autant que celui qui gagnera plus. C'est un inconvénient qu'on ne voyoit pas, ou qu'on ne vouloit pas voir.

Maîtrises et communautés établies à cet effet. On donna le nom de *corps de métier* aux différentes classes d'artisans; et, parce qu'on ne pouvoit y être admis qu'autant qu'on étoit passé maître, on leur donna encore le nom de *maîtrises*. Quant aux différentes classes de marchands, on les nomma *communautés*.

Autant on distingua de métiers dans les arts mécaniques, autant on fit de maîtrises;

et autant on distingua de branches dans le commerce, autant on fit de communautés.

Quand on eut fait ces distinctions, on régla l'impôt que chaque maîtrise ou communauté devoit payer; et en conséquence ceux qui se trouvèrent dans ces corps eurent non seulement le droit de travailler, ils eurent encore celui d'interdire tout travail à ceux qui n'y étoient pas admis; c'est-à-dire, de les réduire à mendier leur pain.

Travailler, sans être d'un de ces corps, c'étoit une fraude; et, parce qu'on n'avoit pas voulu rester sans rien faire, ou plutôt, parce qu'on avoit été forcé à travailler pour subsister soi-même et faire subsister sa famille, on étoit saisi et condamné à une amende qu'on ne pouvoit pas payer, ou qu'on ne payoit que pour tomber dans la misère.

Comme les principales branches du commerce se réunissent au tronc d'où elles naissent, qu'à ces principales branches il s'en réunit d'autres encore, et ainsi de suite, on conçoit qu'il sera d'autant plus difficile de démêler toutes ces branches, qu'on divisera

Procès entre ces corps.

et soudivisera davantage les communautés de marchands. Cependant elles se diviseront et soudiviseront, parce que le souverain, voyant qu'à chaque nouvelle communauté il est payé d'un nouvel impôt, se croira plus riche lorsqu'il les aura multipliées.

Alors les communautés se confondent, comme des branches, au tronc où elles se réunissent. Elles ne peuvent plus distinguer leurs priviléges : elles se reprochent d'empiéter les unes sur les autres, et les procès naissent. Il en sera de même des maîtrises.

Dépenses auxquelles ils sont forcés. Tous ces corps seront forcés à de grandes dépenses, soit pour payer les impôts, soit pour suivre leurs procès, soit pour faire la recherche de ceux qui travailleront sans avoir été incorporés dans une maîtrise ou dans une communauté.

Forcés à des dépenses, chacun d'eux levera sur ses membres des fonds communs; et ces fonds seront dissipés en assemblées, en repas, en édifices, et souvent en malversations.

Ces dépenses seront reprises sur les marchandises qu'ils débitent. Ils feront la loi aux consommateurs, parce qu'ayant seul le droit de travailler, ils fixent à volonté le prix de leur travail. En quelque nombre que soient les artisans et les marchands, il faut que tout renchérisse, parce qu'il faut que les maîtrises et les communautés retrouvent toujours de quoi renouveler les fonds communs qu'elles dissipent.

Il y a d'ailleurs, dans ces maîtrises et communautés, l'esprit du corps, une sorte de point d'honneur, qui force à vendre au même prix que les autres. On passeroit pour un traître si on vendoit à plus bas prix, et on s'exposeroit à quelque mauvaise affaire pour peu qu'on y donnât le moindre prétexte.

Accoutumés à faire la loi, ces corps vendent cher l'avantage de participer à leurs priviléges. Ce n'est pas assez de payer l'apprentissage. Tant qu'il dure, on ne travaille que pour le compte du maître; et il faut employer plusieurs années pour apprendre un métier qu'on pourroit quelquefois savoir au bout de quelques mois. Celui qui a le plus de dispositions est condamné à un apprentissage aussi long que

Abus des apprentissages.

celui qui en a le moins. Il arrive de-là que tous ceux qui n'ont rien sont exclus à jamais de tout corps de métier. A-t-on été reçu ? si on ne réussit pas, il n'est plus temps de faire un autre apprentissage : on n'auroit plus de quoi payer, et on est condamné à mendier.

Mal que font au commerce les maîtrises et les communautés.

Lorsque, dans nos cités, les professions étoient libres, les artisans se trouvoient en quelque sorte répandus par-tout. Les laboureurs, dans les momens qu'ils ne donnoient pas à la culture, pouvoient travailler à quelque art mécanique. Ils pouvoient donner de l'occupation à des enfans qui n'étoient pas encore assez forts pour les travaux de la campagne, et ils employoient à la culture les profits qu'ils avoient faits. Cette ressource leur fut enlevée lorsqu'on eut mis tous les métiers en corps de maîtrise.

Les maîtrises et les communautés enlèvent donc l'aisance aux habitans de la campagne : elles réduisent à la mendicité les citoyens industrieux qui n'ont pas de quoi payer un apprentissage : elles forcent à payer cher un maître pour apprendre de lui ce qu'on pourroit souvent apprendre beaucoup mieux tout seul : enfin elles portent coup au commerce, parce qu'en faisant tout renchérir, elles diminuent la consommation, et conséquemment la production, la cultivation et la population. Peut-on réfléchir sur ces abus, et ne pas reconnoître combien ils sont contraires au bien public ?

CHAPITRE VII.

Atteintes portées au commerce: compagnies privilégiées et exclusives.

<small>Les privilèges des maîtrises et des communautés sont des droits iniques.</small>

LES privilèges, accordés aux maîtrises et aux communautés, sont des droits iniques qui ne paroissent dans l'ordre que parce que nous les trouvons établis. Il est vrai que la concurrence d'un grand nombre d'artisans et de marchands met des bornes au bénéfice que les maîtrises et les communautés pourroient tirer du monopole. Mais il n'en est pas moins vrai, d'après ce que nous venons de démontrer, que ces corps ôtent l'aisance à plusieurs citoyens, en réduisent d'autres à la mendicité, font tout renchérir, et portent dommage à l'agriculture comme au commerce.

<small>On imagine d'accorder de pareils privilèges à des compagnies peu nombreuses.</small>

Cependant, lorsqu'on se fut accoutumé à regarder, dans un corps nombreux, le monopole comme une chose dans l'ordre, il fut naturel de le regarder encore comme dans l'ordre, lorsqu'il se trouveroit dans des corps moins nombreux. Un abus, qui est passé en usage, devient règle; et, parce qu'on a d'abord mal jugé, on continue de juger mal.

Il étoit facile de prévoir que les bénéfices, en vertu d'un privilége, grands pour chaque membre dans un corps nombreux, seroient plus grands à proportion qu'on diminueroit le nombre des membres. Il ne s'agissoit donc plus que d'établir ce nouveau monopole, et on y trouva peu d'obstacles.

Le sel, fort commun dans nos quatre monarchies, étoit, par la liberté du commerce, à un prix proportionné aux facultés des citoyens les moins riches; et il s'en faisoit une grande consommation, parce qu'il est nécessaire aux hommes, aux bestiaux, et même aux terres, pour lesquelles il est un excellent engrais.

Il devoit donc y avoir un grand bénéfice à faire le monopole du sel. On en forma le projet, et on créa à cet effet une compagnie privilégiée et exclusive. Elle donnoit au souverain une somme considérable, et elle

Une compagnie fait le monopole du sel.

accordoit, aux grands qui la protégeoient, une part dans son bénéfice. Ceux qui composoient cette compagnie se nommoient *traitans*, parce qu'ils avoient traité avec le roi. Ils faisoient seuls, en son nom, le commerce du sel dans toute l'étendue du royaume. Le premier monarque qui trouva cette source de richesses ouvrit les yeux aux autres, et fut imité.

<small>Aussi-tôt le prix du sel hausse d'un à huit.</small>

Le prix du sel haussa tout-à-coup d'un à six, sept ou huit; et cependant les traitans, qui avoient seuls le droit de l'acheter en première main, le payoient si mal, qu'on cessa d'exploiter plusieurs salines.

<small>On est réduit à contraindre les citoyens à en pr...</small>

Tel fut l'abus de ce monopole, que la consommation de sel diminua au point que, pour faire valoir cette branche de commerce, il fallut contraindre les citoyens à en prendre, chacun par tête, une certaine quantité. Le sel fut donc un engrais enlevé aux terres: on cessa d'en donner aux bestiaux; et beaucoup de sujets ne continuèrent à en consommer que parce qu'on les contraignoit à ne pas se passer d'une chose nécessaire.

<small>Combien ce...</small>

La compagnie des traitans coûtoit immensément à l'état. Combien d'employés répandus dans toutes les provinces pour le débit du sel ! Combien des gens armés pour empêcher la contrebande ! Combien de recherches pour s'assurer si tous les sujets avoient acheté la quantité imposée ! Combien de vexations ! Combien de frais en contraintes, saisies, amendes, confiscations ! En un mot, combien de familles réduites à la mendicité !

monopole créoit à l'état.

Voilà le désordre que produisoit cette compagnie privilégiée et exclusive. Cependant elle ne rendoit pas au roi la moitié de ce qu'elle enlevoit aux citoyens. La plus grande partie de l'autre moitié se consommoit en frais. Le reste se partageoit entre les traitans : et, s'ils n'avoient pas assez de bénéfice, comme en effet ils ne s'en trouvoient jamais assez, on leur accordoit ordonnance sur ordonnance pour donner tous les jours plus d'étendue à leurs priviléges, c'est-à-dire, pour les autoriser à vexer le peuple de plus en plus.

Combien il rendoit peu au roi.

Le bénéfice de ce monopole, lorsqu'une fois il fut connu, répandit un esprit d'avidité et de rapine. On eût dit qu'il falloit

Autres compagnies de monopoleurs qui font tout renchérir. Naissance du luxe.

que chaque branche de commerce se fît exclusivement par des compagnies. Il s'en formoit tous les jours ; des protecteurs sollicitoient pour elles, souvent avec succès. Ils vendoient leur crédit, et ils ne s'en cachoient pas. Chacun croyoit pouvoir se permettre ce qu'il voyoit faire. C'étoit le monopole des grands.

Ces compagnies avoient toujours pour prétexte le bien de l'état ; et elles ne manquoient pas de faire voir, dans les priviléges qu'on leur accorderoit, de grands avantages pour le commerce même. Elles réussirent sur-tout lorsqu'elles proposèrent d'établir de nouvelles manufactures.

Il est certain que de nouvelles manufactures méritent d'être privilégiées, c'est-à-dire, multipliées ; et plus elles peuvent être utiles, plus il faut récompenser ceux à qui on les doit. Mais on accorda des priviléges exclusifs, et aussitôt le luxe sortit de ces manufactures. Les ouvrages qui s'y vendoient devinrent chers et rares, au lieu qu'ils auroient été à bas prix et communs. Je reviens aux conséquences que j'ai déjà répétées: *Diminution dans la consomma-*

tion, dans la production, dans la cultivation, dans la population; et, j'ajoute; naissance du luxe, accroissement de misère.

CHAPITRE VIII.

Atteintes portées au commerce : impôts sur les consommations.

<small>Impôts sur les consommations.</small> LE vrai moyen de faire contribuer tout le monde, c'étoit de mettre des impôts sur les consommations, et nos quatre monarques en mirent sur toutes. Ils se persuadoient que cette imposition seroit d'un grand produit pour eux, et en même temps d'un poids médiocre pour leurs sujets. Car, en fait d'administration, on concilie souvent les contradictoires.

Mais ils se trompoient, et sur le produit qui n'est pas aussi grand qu'il le paroît, et sur le poids qui est plus grand qu'on ne pense.

<small>Le produit n'est pas aussi grand qu'il le paroît.</small> PREMIÈREMENT, le produit n'est pas aussi grand qu'il le paroît.

Il est vrai que, tout le monde étant forcé de consommer, tout le monde est forcé de payer; et, si on s'arrête à cette seule considération, on voit croître le produit en raison des consommateurs.

Mais il faut d'abord défalquer les frais de perception; frais qui croissent eux-mêmes en raison du nombre des compagnies auxquelles on afferme ou on donne en régie chacun de ces impôts, et en raison du nombre des commis qu'elles ont à leurs gages.

D'ailleurs ces compagnies savent seules ce que chaque imposition peut produire, et elles mettent tout leur art à le cacher au gouvernement, qui lui-même ferme souvent les yeux sur les abus qu'il voit. La perception, si elle étoit simple, éclaireroit le public, et seroit moins dispendieuse : mais elles la compliquent à dessein, parce que ce n'est pas sur elles que les frais en retombent; et il leur est d'autant plus facile de la compliquer, que la multiplicité des impôts finit par faire, de cette partie de l'administration, une science à laquelle personne ne peut rien comprendre. (1)

Voilà donc une grande partie du pro-

---

(1) On sait combien Sully, qui étoit fait pour bien voir, a eu de peine à débrouiller ce chaos.

duit qui se dissipe nécessairement ; et ce qu'on peut supposer de plus avantageux pour le monarque, c'est qu'il lui en revienne environ la moitié. (1)

Mais il se trompe encore s'il croit que son revenu est augmenté de cette moitié.

Les impôts, multipliés comme les consommations, ont tout renchéri pour lui comme pour ses sujets ; et ce renchérissement porte sur toutes ses dépenses, puisqu'il a fait hausser le prix de la main-d'œuvre en tout genre d'ouvrages. Quand on supposeroit son revenu augmenté d'un tiers, il n'en sera pas plus riche si ce qu'il payoit une once d'argent il le paie désormais une once et demie.

Il croit ne mettre l'impôt que sur ses sujets, et il le met sur lui-même. Il en paie sa part, et cette part est d'autant plus grande, qu'il est obligé à de plus grandes dépenses. Cet impôt n'est, pour l'indus-

---

(1) Il y a des écrivains qui prétendent que, pour qu'il entre un million dans les coffres du roi, il faut que les sujets en paient trois. Je ne suis point en état de faire des calculs précis sur cette matière.

trie qui consomme, qu'une avance à laquelle on la contraint. A son tour, elle fait la loi, et elle force le souverain à la rembourser.

Les matières premières, qu'on travaille dans les manufactures, passent par bien des artisans et par bien des marchands avant d'arriver aux consommateurs; et à chaque artisan, à chaque marchand, elles prennent un accroissement de prix, parce qu'il faut remplacer successivement les taxes qui ont été payées. Ainsi on croit ne payer que le dernier impôt mis sur la marchandise qu'on achète; et, cependant, on en rembourse encore beaucoup d'autres.

Je ne chercherai point par des calculs le résultat de ces accroissemens : un Anglais l'a fait (1). Il me suffit de faire comprendre combien les taxes, mises sur les consommations, augmentent nécessairement le prix de toutes choses; et que par

---

(1) Voyez *Remarques sur les avantages et les désavantages de la France et de la Grande-Bretagne, par rapport au commerce*, page 394, où l'ouvrage anglais est cité.

conséquent les revenus du roi ne croissent pas en raison du produit qu'elles versent dans ses coffres. Voyons si elles sont onéreuses pour les peuples.

<small>Combien ces impôts, onéreux pour le peuple, ruinent l'agriculture.</small>

Le gouvernement ne le soupçonnoit pas. Il supposoit que chacun peut à son gré mettre à sa consommation telles bornes qu'il juge à propos ; et il en concluoit qu'on ne paieroit jamais que ce qu'on voudroit bien payer. Cette imposition, selon lui, ne faisoit violence à personne. Pouvoit-on en imaginer une moins pesante ? Elle laissoit une entière liberté.

Le gouvernement, qui raisonnoit ainsi, ne considéroit sans doute pour sujets que les gens riches qui, à la cour ou dans la capitale, consommoient avec profusion ; et je conviens avec lui que ces gens-là étoient maîtres de diminuer sur leurs consommations, et qu'il auroit été à desirer qu'ils eussent usé de la liberté qu'on leur laissoit. Je conviens encore que tous ceux qui vivoient dans l'aisance pouvoient aussi user de cette liberté qui ne l'est que de nom, puisque dans le vrai on est contraint à se priver de ce qui est devenu nécessaire.

Mais les sujets qui ne gagnent, au jour le jour, que de quoi subsister et faire subsister leur famille, seront-ils libres de retrancher sur leurs consommations ? Voilà cependant le plus grand nombre; et le gouvernement ignore peut-être que, dans ce nombre, il y en a beaucoup qui ont à peine du pain : car je ne parle pas de ceux qui sont à la mendicité, et dont plusieurs n'y ont été réduits que par les fautes du gouvernement même.

Mais je veux que tout le monde soit libre de retrancher sur ses consommations : quels seront les effets de cette prétendue liberté ?

Le monarque, je le suppose, sera le premier à donner l'exemple. On lui proposera des retranchemens, et, tôt ou tard, ce sera pour lui une nécessité d'en faire; parce que, dans le haut prix où tout est monté, ses revenus ne suffisent plus à ses dépenses.

Je pourrois déjà remarquer que ces retranchemens sont un mal : car ils sont pris sur le laboureur, sur l'artisan et sur le marchand, qui ne vendront plus la même quantité de marchandises. L'agriculture, par conséquent, et le commerce en souffriront. Mais continuons.

Je suppose à la cour et dans la capitale de pareils retranchemens : j'en suppose encore de pareils dans les autres villes ; et, de proche en proche, j'arrive jusqu'au laboureur, qui, n'ayant pas un superflu sur lequel il en puisse faire, en fait sur le nombre de ses bestiaux, de ses chevaux, de ses charrues. Le dernier terme de ces retranchemens est donc évidemment au détriment de l'agriculture.

Veut-on les observer sous un autre point de vue ? Je dirai : les gens aisés feront moins d'habits. Par conséquent il se vendra moins de drap chez les marchands, il s'en fera moins chez les fabricans, et dans les campagnes on élevera moins de moutons. Ainsi, quand nous suivrons ces retranchemens dans tous les genres de consommation, nous trouverons pour résultat la ruine de plusieurs manufactures dans les villes, et la ruine de l'agriculture dans les campagnes. Alors une multitude de citoyens, qui auparavant trouvoient du travail, en demanderont souvent inutilement. Ceux qui n'en trouveront pas mendieront ou voleront; et ceux qui en trouveront, forcés à se donner au rabais, subsisteront misérablement.

Dans cet état des choses, le souverain, qui ne comprend pas pourquoi ses revenus diminuent, double les impôts, et ses revenus diminuent encore. C'est ainsi que, par les retranchemens auxquels il ne se lasse point de forcer coup sur coup ses sujets, il achève enfin de ruiner les arts et l'agriculture.

Je ne m'arrête pas à faire voir les gênes que mettent au commerce les visites qu'on fait aux portes des villes; les formalités qui sont nécessaires pour estimer les marchandises; les discussions et les procès auxquels ces formalités donnent fréquemment lieu; les vexations des commis qui souvent ne cherchent que des prétextes pour faire des frais; les dommages que reçoivent les marchands, lorsque, forcés de laisser leurs marchandises à la douane, ils perdent le moment favorable à la vente. Je pourrois remarquer encore que les droits qu'on met sur l'entrée et sur

Combien la perception de ces impôts nuit au commerce.

la sortie sont nécessairement arbitraires et inégalement répartis. Une pièce de vin, par exemple, qui ne vaut que dix onces d'argent, paiera autant qu'une pièce qui en vaut cinquante; et, pour l'une comme pour l'autre, cette taxe sera la même dans une année de disette et dans une année d'abondance, c'est-à-dire, lorsqu'elles auront chacune changé de prix. Mais, sans répéter des lieux communs déjà répétés tant de fois et toujours inutilement, c'est assez d'avoir démontré que les impôts sur les consommations sont les plus funestes de tous.

CHAPITRE IX.

Atteintes portées au commerce : variation dans les monnoies.

Nous avons vu que les pièces de monnoie sont des portions de métal, auxquelles l'autorité publique a mis une empreinte pour faire connoître la quantité d'or et d'argent qu'elles contiennent.

<small>Comment on fixe le titre des monnoies.</small>

Si, dans les pièces de monnoie, on n'employoit que de l'or ou de l'argent pur, il suffiroit de les peser pour en connoître la valeur. Mais, parce qu'on allie ces métaux avec une certaine quantité de cuivre, soit pour les travailler plus facilement, soit pour payer les frais de la fabrique, il s'agit encore de savoir en quel rapport est la quantité de l'or ou de l'argent avec la quantité de cuivre.

On considère une pièce d'or comme un tout composé de vingt-quatre parties, qu'on nomme *carats*. Si ces vingt-quatre parties étoient autant de parties d'or, on diroit que le titre de la pièce est à vingt-quatre carats. Mais, parce qu'il y a toujours de l'alliage, le titre est aussi toujours au-dessous de vingt-quatre. S'il y a une partie de cuivre, le titre est à vingt-trois; s'il y en a deux, il est à vingt-deux; s'il y en a trois, il est à vingt-un, etc.

De même on considère une pièce d'argent comme un tout composé de douze deniers; et on dit que le titre de l'argent est à onze deniers, si la pièce contient une partie d'alliage; qu'il est à dix, si elle en contient deux, etc. On conçoit que ces divisions à vingt-quatre carats et à douze deniers sont arbitraires, et que toute autre auroit été également propre à fixer le titre des monnoies.

Le droit de battre monnoie appartient au souverain. Le souverain, c'est-à-dire, le roi dans une monarchie, et dans une république la nation ou le corps qui la représente, le souverain, dis-je, seul digne de la confiance publique, peut seul aussi constater le titre et le poids des pièces d'or et d'argent qui ont cours. Le droit de battre monnoie n'appartient donc qu'à lui.

Bénéfice qui lui est dû. On lui doit non seulement les frais de fabrication : on lui doit encore un droit ou un bénéfice pour son empreinte, qui a une valeur, puisqu'elle est utile. Mais de qui exigera-t-il ce qui lui est dû ? L'argent, qui est aujourd'hui à moi, sera demain à vous : s'il n'est pas juste qu'on vous fasse payer, puisque vous ne l'avez pas encore, il n'est pas juste qu'on me fasse payer non plus, puisqu'il va m'échapper. En effet, ce n'est ni pour vous, ni pour moi, qu'on bat monnoie, c'est pour le corps des citoyens : c'est donc à ce corps à payer ; par conséquent c'est aux propriétaires, si les anciens impôts ne suffisent pas à cette dépense.

Quoi qu'il en soit, il est de l'intérêt du souverain de borner à cet égard son droit, parce qu'un trop grand bénéfice de sa part inviteroit à contrefaire ses monnoies. Il les vend seul. Ce monopole, fondé sur l'utilité publique, deviendroit inique s'il en abusoit. Il auroit à se reprocher les crimes qu'il auroit fait commettre, et la nécessité où il seroit de punir.

Ce bénéfice doit être borné.

On juge bien que nos quatre monarques auront abusé de ce droit, et multiplié les faux-monnoyeurs. Ils ont fait plus.

Fraude des souverains : ils donnent pour une certaine quan-

tité d'argent une quantité moindre.

Dans l'origine, une livre en monnoie pesoit douze onces d'argent ; et, avec ces douze onces, on fabriquoit vingt pièces qu'on nommoit sous, et qui en étoient chacune la vingtième partie. Ainsi vingt sous faisoient une livre pesant.

Or nos quatre monarques altérèrent la monnoie par degrés. Ils vendirent, comme vingtième partie de douze onces d'argent, des sous qui n'en étoient que la vingt-cinquième, la trentième, la cinquantième ; et ils finirent par en fabriquer qui n'étoient pas la centième partie d'une once. Cependant le public, qui avoit d'abord jugé que vingt sous font une livre, continuoit par habitude de juger que vingt sous font une livre, sans trop se rendre compte de ce qu'il entendoit par sous et par livres. On eût dit que son langage lui cachoit les fraudes qu'on lui faisoit, et conspiroit avec le souverain pour le tromper. C'est un exemple des plus frappans de l'abus des mots.

Autre fraude : ils donnent à une même quantité d'argent une valeur plus haute ou plus basse.

Quand il fut reconnu qu'on n'attachoit plus d'idées précises aux dénominations *livre* et *sou*, les monarques s'apperçurent que, sans altérer les monnoies, ils voient un moyen plus simple d'en hausser ou d'en baisser la valeur. Ce fut de déclarer que ce qui valoit, par exemple, six livres, en vaudroit huit désormais, ou n'en vaudroit plus que cinq. Ainsi les pièces de monnoie, qui étoient dans le commerce, valoient, avec la même quantité d'argent, plus ou moins suivant qu'ils le jugoient à propos.

Cette opération est si absurde, que, si c'étoit une supposition de ma part, on diroit qu'elle n'est pas vraisemblable. Comment voulez-vous, m'objecteroit-on, qu'il vienne dans l'esprit du souverain de persuader au public que six est huit ou n'est que cinq ? Quel avantage retireroit-il de cette fraude grossière ? Ne retomberoit-elle par sur lui-même ? et ne le paiera-t-on pas avec la même monnoie avec laquelle il paie ? Les monarques ont regardé ces fraudes comme le grand art des finances. En vérité les suppositions, les moins vraisemblables que j'ai faites, sont plus vraisemblables que bien des faits.

Je ne m'arrêterai pas sur tous les inconvéniens qui naissent des variations dans

Combien ces fraudes nuisent au commerce.

les monnoies. Il me suffit de faire voir combien elles nuisent au commerce.

La confiance est absolument nécessaire dans le commerce; et, pour l'établir, il faut, dans les échanges de valeur pour valeur, une mesure commune qui soit exacte et reconnue pour telle. L'or et l'argent avoient cet avantage, lorsque l'empreinte de l'autorité souveraine en attestoit le titre au vrai, et ne trompoit jamais.

Mais, quand une fois le monarque eut altéré les monnoies, on ne pouvoit plus les recevoir avec confiance, parce qu'on ne savoit plus ce qu'elles valoient. Il falloit ou être trompé, ou tromper soi-même. Ainsi la fraude du souverain mettoit, dans le commerce, la fraude au lieu de la confiance; et on ne pouvoit plus ni acheter, ni vendre, à moins qu'on n'y fût forcé par la nécessité.

Quand il plut au monarque de hausser et de baisser alternativement la valeur des monnoies, sans en avoir changé le titre ni le poids, l'abus fut plus grand encore : on ne savoit pas comment se servir d'une mesure qui, variant continuellement, n'étoit plus une mesure.

Il est vrai qu'on auroit pu n'avoir aucun égard à la valeur fictice, qui n'étoit que dans le nom donné à la pièce de monnoie : on auroit pu évaluer la quantité d'argent qu'elle contenoit, et s'en servir d'après cette évaluation. C'est ce que le prince ne permettoit pas. Il vouloit qu'un écu, qui contenoit une once d'argent, fût pris pour cent sous, six francs ou huit livres, à son choix; et il le vouloit, parce que autrement il n'eût pas retiré de sa fraude le profit qu'il trouvoit à se faire payer quand la monnoie étoit basse, et à payer lui-même quand la monnoie étoit haute. Mais il faut observer les procédés du gouvernement, pour mieux juger du désordre que ces variations devoient produire.

Ordinairement il ne faisoit pas tout-à-coup descendre les monnoies au terme le plus bas, auquel il avoit dessein de s'arrêter. Il les y amenoit par degrés. Il donnoit une ordonnance par laquelle il déclaroit que, pendant vingt mois, les écus,

Procédé du gouvernement, lorsqu'il haussoit et baissoit alternativement la valeur des monnoies.

par exemple, qui valoient cent sous, perdroient chaque mois un pour cent; et parlà il les réduisoit par degrés à ne valoir plus que quatre livres.

On pouvoit conjecturer que les monnoies hausseroient après avoir baissé; parce que c'étoit, dans cette opération, la manière de procéder du gouvernement qui croyoit trouver un bénéfice dans ces hausses et ces baisses alternatives. On ne savoit donc plus sur quoi compter. Les personnes prudentes, qui ne vouloient pas jouer leur argent au hasard de le perdre, le resserroient. Elles attendoient le moment d'en faire usage avec moins de risques, et le commerce en souffroit.

D'autres, moins sages, voyant que, dans le commencement des diminutions, on faisoit vingt livres avec quatre écus, et qu'à la fin il en faudroit cinq pour faire une somme pareille, se hâtèrent de mettre leur argent sur la place. Par la même raison, ceux qui devoient se hâtèrent de payer leurs dettes.

On trouvoit donc beaucoup de facilité à emprunter. Cette facilité trompa des marchands imprudens, qui crurent devoir saisir cette occasion pour former quelques nouvelles entreprises. Ils prirent l'argent qu'on leur offroit, et ils achetèrent, mais chèrement, soit parce que la concurrence de leurs demandes haussoit les prix, soit parce qu'ils payoient avec une monnoie qui, d'un jour à l'autre, devoit baisser de valeur.

Cependant, après plusieurs diminutions, le roi commença lui-même à resserrer l'argent dans ses coffres. On cessa de payer à son trésor. La méfiance fut donc générale, et on ne vit plus d'argent dans la circulation. Les marchands, qui en avoient emprunté, n'en avoient pas pour les dépenses nécessaires et journalières. Alors, forcés de vider leurs magasins, et de vendre à cinquante ou soixante pour cent de perte, ils voyoient combien ils s'étoient trompés dans leurs spéculations. Le plus grand nombre fit banqueroute.

Au fort de cette crise, le gouvernement hausse tout-à-coup l'écu de quatre francs à cent sous, et il croit avoir gagné vingt-cinq pour cent. Mais ce gain est fictice, et le dommage, porté au peuple, est réel.

Quand je dis qu'il haussa l'écu, je ne parle pas assez exactement. Il proscrivit celui dont il avoit baissé la valeur. Il ordonna de le porter à sa monnoie où il ne fut reçu que sur le pied de quatre francs; et il fabriqua un nouvel écu au même titre, qu'il fit valoir cent sous.

Parce qu'il portoit les droits de sa monnoie à vingt pour cent, il crut encore trouver vingt pour cent de gain dans cette opération. Mais les faux-monnoyeurs achetèrent les vieux écus quatre livres cinq, quatre livres dix; et ils en fabriquèrent de nouveaux qu'ils vendoient, comme le roi, cent sous. Le gouvernement s'étoit donc lourdement trompé.

Ce qu'on a droit d'exiger du souverain qui bat monnoie. Au reste, quel que soit le titre et le poids de la monnoie, peu importe. Il suffit que l'empreinte assure de la quantité d'argent que chaque pièce contient; et que le prince, en abusant des mots, n'entreprenne pas de mettre une valeur fictice, et par-là toujours variable, à la place d'une valeur réelle qui est seule permanente.

CHAPITRE X.

Atteintes portées au commerce : exploitation des mines.

Dans une de nos monarchies, on découvrit des mines qui, fort abondantes en or et en argent, enrichirent tout-à-coup les propriétaires, les entrepreneurs, les fondeurs, les affineurs, et tous ceux qui travailloient ces métaux.

Comment les richesses des mines font tout renchérir.

Quand on ne s'enrichit que lentement et à force de travail, on peut être économe; mais on dissipe quand l'argent se reproduit facilement, et paroît devoir se reproduire toujours en plus grande quantité. Or les mines, abondantes en elles-mêmes, étoient plus abondantes encore dans l'opinion publique.

Ceux qu'elles enrichissoient se hâtèrent donc d'augmenter leurs dépenses; et, par-conséquent, ils firent part de leurs richesses aux artisans auxquels ils donnoient de l'ouvrage, aux marchands chez qui ils achetoient, et aux fermiers dont ils consommoient les productions.

Les artisans, les marchands et les fermiers, devenus plus riches, dépensèrent aussi plus qu'ils ne faisoient auparavant ; et, à mesure que les consommations croissoient parmi les citoyens de tout état, les prix haussoient dans tous les marchés.

Ce renchérissement mettoit mal à l'aise ceux qui avoient des terres, dont ils ne pouvoient pas encore renouveler les baux ; mais ce n'étoit que pour un temps. Plus funeste aux gens à rentes ou à gages, il leur ôtoit pour toujours une partie de leur subsistance, et il en forçoit plusieurs à sortir du royaume. La population diminuoit donc.

Les consommations augmentèrent encore, lorsque les baux de toutes les terres eurent été renouvelés. Alors le royaume parut florissant. Tout le monde étoit riche. Le propriétaire d'une terre voyoit son revenu doublé. Les marchands vidoient promptement leurs magasins : les artisans pouvoient à peine suffire aux ouvrages qu'on leur demandoit : les fermiers élevoient plus de bestiaux, défrichoient plus de terres, et les cultivoient avec plus d'industrie.

Dans cet instant de prospérité, on disoit : Les mines font la puissance d'un état. C'est une source abondante, qui fait, pour ainsi dire, déborder les autres sources de richesses. Voyez comme elles font fleurir les arts, le commerce, l'agriculture. Cette vérité n'étoit que momentanée, et il falloit se hâter de la dire.

Ce renchérissement paroît d'abord avantageux.

En effet, quand une plus grande quantité d'argent eut encore haussé les prix, on acheta chez l'étranger, où tout coûtoit moins, ce qu'on achetoit auparavant dans le royaume. Les artisans cessèrent peu-à-peu de travailler, les marchands cessèrent peu-à-peu de vendre, et les fermiers cessèrent peu-à-peu de cultiver des productions qu'on ne leur demandoit plus. Les manufactures, l'agriculture, le commerce, tout tomba ; et, parmi ceux qui vivoient auparavant de leur travail, les uns sortirent du royaume, les autres y restèrent pour mendier.

Bientôt il ruine les arts, le commerce et l'agriculture.

Le produit des mines étoit donc, en dernière analyse, dépopulation et misère. L'argent qu'on en retiroit franchissoit les provinces, et passoit chez l'étranger sans laisser de traces.

Cependant on ne se lassoit point d'exploiter les mines, et l'argent n'en étoit pas plus commun. On en manquoit d'autant plus, que tout renchérissoit dans les monarchies voisines où les marchandises doublèrent et triplèrent de prix, parce que l'argent y avoit doublé et triplé.

<small>Le renchérissement ne permet plus d'exploiter les mines.</small>

Enfin, le renchérissement vint au point, qu'on fut obligé d'abandonner les mines. Les frais, pour en tirer l'or et l'argent, devinrent si grands, qu'il n'y avoit plus de bénéfice à les exploiter. On en chercha de plus abondantes : on n'en trouva pas.

<small>Avantage de l'exploitation des terres sur l'exploitation des mines.</small>

Il arrive donc un tems où l'exploitation des mines ne peut plus se faire avec bénéfice. Il n'en est pas de même de la culture des productions, qui se consomment pour se reproduire. Par l'abondance avec laquelle elles se renouvellent, elles se multiplient à chaque fois, et en raison de la quantité nécessaire à notre consommation, et en raison des avances faites et à faire; en sorte que, quels que soient les frais, le produit assure toujours un bénéfice. C'est une source qui ne tarit point. Plus on puise, plus elle croît. Tel est l'avantage de l'exploitation des terres sur l'exploitation des mines.

Que seroit-il arrivé si l'or et l'argent fussent devenus aussi communs que le fer ? Ces métaux auroient cessé d'être la mesure commune des valeurs, et il n'eût plus été possible aux propriétaires de recevoir leurs revenus dans les villes qu'ils habitoient. Forcés à se retirer dans leurs terres, et ne pouvant pas les cultiver toutes par eux-mêmes, ils en auroient abandonné la plus grande partie à des colons qu'elles auroient fait subsister. Plus de villes, par conséquent plus de grandes fortunes. Mais aussi plus de mendicité ; et, à la place de nos monarchies où la misère et la dépopulation croissent continuellement, nous verrions une multitude de cités agricoles qui se peupleroient tous les jours de plus en plus. Que nous serions heureux si nous trouvions des mines assez riches pour rendre inutiles tout notre or et tout notre argent !

Ce qui arriveroit si l'or et l'argent étoient aussi communs que le fer.

CHAPITRE XI.

Atteintes portées au commerce : emprunts de toutes espèces de la part du gouvernement.

<small>Création d'offices à charge au peuple.</small> Au temps de nos cités, la justice s'administroit de la manière la plus simple, c'est-à-dire, avec peu de lois et peu de magistrats. Sous la monarchie, les lois se multiplièrent avec les tribunaux, les magistrats et les suppôts de toutes espèces.

De toutes les causes qui concoururent à cet abus, il n'en est qu'une qui entre dans mon plan : c'est la création d'une multitude d'offices; création dont les souverains se firent une ressource.

Il faut, dans une monarchie, que les charges de magistrature soient vénales; parce que, si elles ne l'étoient pas, l'intrigue les vendroit et l'administration de la justice seroit un brigandage.

Mais, pour les vendre lui-même, le souverain ne doit pas multiplier au-delà du besoin celles qui sont utiles, encore moins en créer d'inutiles. Si c'est une ressource pour lui, elle n'est que momentanée, et il reste chargé à perpétuité d'une dette. Car un office qu'il vend est proprement un emprunt dont il paie l'intérêt sous le nom de gages.

Cependant, lorsque nos quatre monarques eurent découvert cette ressource, ils en abusèrent au point que les magistrats furent souvent obligés de financer pour empêcher que les tribunaux ne fussent surchargés d'une trop grande quantité de membres inutiles. Mais cet expédient, au lieu de produire l'effet qu'ils en avoient attendu, fut pour le souverain un moyen de plus de faire de l'argent. Ils financèrent donc, et, quelque temps après, on créa de nouveaux offices.

La noblesse étoit exempte d'une grande partie des taxes. Cette exemption absurde, qui ne peut s'expliquer chez des peuples originairement agricoles, tels que ceux que je suppose, s'explique naturellement chez des peuples barbares d'origine.

Comme les anciens nobles s'étoient exemptés de contribuer, on voulut le devenir pour partager avec eux cette prérogative ; et on créa des offices, uniquement pour vendre la noblesse.

Alors le peuple se trouva de plus en plus surchargé. Non seulement il porta, en surcroît de charge, tout le faix que le roturier ennobli ne portoit plus, on mit encore sur lui de nouveaux impôts pour payer les gages des nouveaux offices.

Emprunts faits aux compagnies privilégiées, plus à charge encore. On se seroit lassé de voir les quatre monarques employer toujours les mêmes moyens pour faire de l'argent. Aussi en avoient-ils plusieurs qu'ils abandonnoient tour-à-tour, et auxquels ils revenoient de loin à loin.

Ils trouvèrent sur-tout de grandes ressources dans les compagnies privilégiées. Elles avoient du crédit. Ils empruntèrent d'elles, quelquefois à dix, quinze, vingt pour cent, des sommes qu'elles empruntoient d'ordinaire à cinq.

Le public ne jugea pas d'abord que ces emprunts seroient une nouvelle charge pour lui. Il ne voyoit pas que c'étoit lui qui contractoit une dette lorsque le souverain empruntoit. Cependant on aliénoit une partie des impôts pour payer les intérêts aux compagnies ; et, bientôt après, on mettoit de nouveaux impôts pour égaler la recette à la dépense.

Ces emprunts étoient pour l'état une charge perpétuelle ; charge d'autant plus grande, qu'une partie des intérêts passoit chaque année, chez l'étranger qui avoit aussi prêté. Le gouvernement ne renonça pas à cette ressource : mais il s'en fit une autre dans des emprunts à rentes viagères ; et, pour tenter la cupidité, il imagina les tontines. Il s'applaudissoit de contracter des dettes qui s'éteignoient d'elles-mêmes, et d'avoir trouvé le secret de prendre l'argent des citoyens sans faire violence à personne.

Rentes viagères et tontines qui multiplient les gens illustres.

Cette ressource mettoit, comme toutes les autres, dans la nécessité de multiplier les impôts, afin d'égaler la recette à la dépense ; et il falloit mettre de gros impôts, parce que les dettes étoient grandes. Il est vrai que les dettes s'éteignoient ; mais les impôts subsistoient, et on les accumuloit parce qu'on créoit continuellement des rentes viagères ou des tontines. Cette opération, qui n'avoit point de terme, remplissoit les villes de gens oisifs et inutiles, qui subsistoient néanmoins aux dépens de l'état.

<small>Monnoie de papier; ce qu'elle produit.</small>

Les compagnies, en empruntant pour prêter au roi, avoient répandu dans le public une quantité étonnante de billets payables au porteur, et portant intérêt à cinq pour cent. Il y en avoit de cinquante onces d'argent, de cent, de mille, afin de faciliter à tout le monde le moyen de prêter.

Cette monnoie de papier parut mettre un grand mouvement dans la circulation, et on se crut plus riche. Avec des terres, disoit-on, on a toujours des réparations à faire : une mauvaise récolte vous enlève une partie de vos revenus, et on a souvent bien de la peine à être payé de ses fermiers. D'ailleurs, si le cas arrive d'une dépense extraordinaire, on ne la peut pas prendre sur ses fonds, et on trouve difficilement à emprunter. Mais, avec un porte-feuille, on a des rentes bien payées à l'échéance ; et, comme au besoin on vend quelques billets, on peut toujours faire face aux acciden-

On conçoit combien cette nouvelle façon de penser portoit coup à l'agriculture. Les terres baissèrent de prix. On ne réparoit pas les pertes faites en bestiaux : on laissoit tomber les fermes en ruines : on vexoit les fermiers pour être payé, et on achetoit des billets. Il falloit avoir une grande surabondance d'argent pour imaginer de faire l'acquisition d'une terre ; et, quand on l'avoit faite, on songeoit aux moyens d'en tirer beaucoup sans y rien mettre.

Cependant les dettes de l'état croissoient, et les compagnies, que le gouvernement payoit mal, ne pouvoient plus tenir leurs engagemens. Alors le gouvernement se mit en leur place, et déclara qu'il paieroit pour elles, c'est-à-dire, qu'il réduisit l'intérêt des papiers publics de cinq à quatre pour cent, à trois, à deux, enfin à rien. Alors la ruine d'une multitude de particuliers, auparavant riches, entraîna celle d'une multitude de commerçans. On ne vit plus que banqueroute sur banqueroute ; et on apprit qu'il n'en est pas des papiers, qui n'ont qu'une valeur fictice, comme de l'or

Le gouvernement fait banqueroute.

et de l'argent qui ont une valeur réelle.

<small>Établissement d'une banque.</small>

On auroit au moins dû l'apprendre. Mais la richesse en papier étoit si commode, qu'on ne cherchoit qu'à se faire illusion ; et, après quelque temps, on les recevoit encore avec confiance. Il sembloit qu'on ne sût que faire de son argent.

Nous avons vu comment un banquier fait valoir, pour son compte, des fonds que plusieurs négocians lui ont confiés. Or supposons que des banquiers, riches en argent et sur-tout en crédit, s'associent et forment ensemble un fonds pour le faire valoir à leur profit commun. Cette association est une compagnie qui donnera, à chacun de ses membres, une reconnoissance par écrit de la somme que chacun d'eux a fournie. Cet écrit ou billet se nommera *action*, parce qu'il donne, sur les fonds de la banque, un titre qu'on nomme action, en termes de jurisprudence.

Je suppose que le fonds de cette banque monte à cent mille onces d'argent, et que, pour en faciliter la circulation, on a divisé ce fonds en mille actions de cent onces chacune.

Ces actions rapporteront cinq, six pour cent, tantôt plus, tantôt moins, suivant le bénéfice que fera la banque. Plus elles rapporteront, plus elles s'accréditeront; et il y en aura bientôt plusieurs milliers dans le public.

Tout propriétaire d'action a une créance sur la banque, et il y trouve plusieurs avantages. Le premier est une sûreté pour son argent qu'il craindroit de garder chez lui. Le second est l'intérêt qu'il en retirera, intérêt qui peut croître d'un jour à l'autre. Le troisième est de pouvoir placer en petites parties, et pour le temps qu'il veut, tout l'argent dont, pour le moment, il ne feroit aucun usage. Le quatrième est la commodité de pouvoir payer de grosses sommes par le simple transport de ses créances. Le dernier enfin est de cacher son bien dans un porte-feuille, et de n'en laisser paroître que ce qu'il veut qu'on en voie. Ces avantages, que chacun évaluoit suivant son caprice, pouvoient faire monter les actions de cent onces, qu'elles valoient dans le principe, à cent dix, cent vingt, cent trente, etc.

La banque, qui a voulu répondre à l'empressement du public, a vendu des actions, je suppose, pour un million d'onces d'argent. Or elle n'a pas besoin d'avoir ce million en caisse, parce que, tant qu'elle sera accréditée, elle est bien assurée que les actionnaires ne viendront pas tous à-la-fois demander leurs fonds. Il lui suffira d'en garder assez pour payer ceux qui seront dans le cas d'avoir besoin d'argent comptant; et ce sera, par exemple, cent mille onces, plus ou moins, suivant les circonstances.

Comment les actions haussent et baissent.

Ces actions, comme tout autre effet commerçable, gagneront ou perdront suivant l'empressement avec lequel on les recherchera. Si beaucoup de personnes en veulent acheter, et que peu en veuillent vendre, elles hausseront de prix : elles baisseront au contraire, si beaucoup en veulent vendre, et que peu en veuillent acheter. Quelquefois un bruit vrai ou faux qui fera faire une perte à la banque, répandra l'alarme, et tout le monde voudra vendre : d'autres fois un bruit, également vrai ou faux, ramenera la confiance, et tout le monde voudra acheter. Dans ces alternatives, l'agiotage deviendra la profession de bien des personnes qui ne seront occupées qu'à répandre tour-à-tour la confiance et l'alarme. La banque elle-même, lorsqu'elle sera sûre de pouvoir rétablir son crédit, le fera tomber par intervalles, afin de faire elle-même l'agiotage de ses actions. Elle les achetera, lorsqu'elle les aura fait tomber : elle les revendra lorsqu'elle les aura fait remonter.

Illusion du public. Le gouvernement pouvoit emprunter de cette banque, et il emprunta à gros intérêts. Mais il en tira un autre parti. Il avoit des papiers qui perdoient beaucoup : les billets des traitans étoient sur-tout prodigieusement tombés dans toutes les places de commerce. Il engagea les directeurs de la banque à fabriquer des actions dont ils n'avoient pas reçu la valeur ; et, avec ces actions, il fit acheter des billets des traitans. Aussitôt ces billets haussent de prix. On y court : ils haussent davantage. Les bruits qu'on sème entretiennent l'ivresse du public ; et on se hâte d'autant plus d'en acheter, qu'on croit qu'ils doivent toujours hausser. Lorsque, par ce manége, on les eut fait remonter au-dessus du pair , les directeurs de la banque en revendirent pour retirer les actions extraordinaires qu'ils avoient fabriquées , et ils les retirèrent avec profit. C'est ainsi qu'on faisoit valoir alternativement les papiers de la banque et les papiers des traitans; tantôt ceux-ci étoient bons , tantôt ceux-là , et le public ne voyoit pas que tous étoient mauvais.

Chûte de la banque. Il ne manquoit plus au gouvernement que de faire la banque lui-même , et il la fit. Lorsqu'il eut emprunté d'elle au point qu'il ne pouvoit plus payer, il prit la place des banquiers. Alors il fabriqua des actions , et il en fabriqua d'autant plus , qu'il crut que le papier devoit désormais lui tenir lieu d'argent.

Les actions, trop multipliées , baissent de prix d'un jour à l'autre. Bientôt on n'en achète plus, et les actionnaires redemandent leurs fonds. Il fallut donc user d'adresse. On fit un grand étalage d'or et d'argent. Cependant on payoit lentement, sous prétexte qu'on ne pouvoit pas payer tout le monde à-la-fois; et des gens affidés venoient recevoir publiquement de grosses sommes qu'ils reportoient en secret dans la banque. Mais, si de pareils artifices pouvoient se répéter, ils ne pouvoient pas toujours réussir. La chûte de la banque produisit enfin un bouleversement général.

CHAPITRE XII.

Atteintes portées au commerce: police sur l'exportation et l'importation des grains.

<small>Ce qu'on entend par police des grains.</small> On entend par *police des grains*, les réglemens que fait le gouvernement lorsqu'il veut lui-même diriger le commerce des grains. Pour juger des effets de cette police, je suppose que, de tout temps, ce commerce a joui, dans nos quatre monarchies, d'une liberté pleine et entière ; et qu'en conséquence, les marchands s'étant multipliés en raison du besoin, la circulation s'en faisoit sans obstacles, et les mettoit par-tout à leur vrai prix.

<small>Prohibition d'exporter et d'importer.</small> Les choses en étoient là, lorsque, dans une de nos monarchies, on demanda lequel pouvoit être le plus avantageux de permettre l'exportation et l'importation des grains, ou de les défendre l'une et l'autre; et bientôt on se décida pour la prohibition. Ce n'est pas qu'on eût remarqué des in-

convéniens dans la liberté. Mais si, pour l'ordinaire, ceux qui gouvernent laissent aller les choses comme elles alloient avant eux, il arrive aussi quelquefois qu'ils innovent pour le plaisir d'innover. Ils veulent que leur ministère fasse époque. Alors ils changent, sous prétexte de corriger, et le désordre commence.

Nos terres, disoient-ils produisent, années communes, autant que nous consommons. Nos blés, par conséquent, tomberont à vil prix si on nous en apporte plus qu'il ne nous en faut; et nous en manquerons si nous exportons une partie de ceux qui nous sont nécessaires. Cet inconvénient n'est pas encore arrivé; mais il est possible; et il est sage de le prévenir. Tel fut le fondement des prohibitions.

Il n'est pas vrai que cet inconvénient soit possible. On en sera convaincu si on se rappelle comment une circulation libre met nécessairement les blés au niveau partout. On n'en importe pas plus qu'il n'en faut, parce que ce plus ne se vendroit pas, ou se vendroit à perte; et on n'exporte pas ceux qui sont nécessaires, parce qu'il n'y auroit pas de bénéfice à les vendre ailleurs. Ces prohibitions portoient donc sur de fausses suppositions : voyons quelles en furent les suites.

Effets de cette prohibition. Dans une première année de surabondance, le prix des blés baissa : dans une seconde, il baissa plus encore : il devint vil dans une troisième. Le peuple applaudissoit au gouvernement qui lui faisoit avoir le pain à si bon marché. Mais cette surabondance fut une calamité pour les cultivateurs; et elle eût été une richesse pour eux, si on eût pu vendre à l'étranger. C'est ainsi que les graces du ciel se changent en fléaux par la prétendue sagesse des hommes.

Le peuple travailloit peu. Il subsistoit sans avoir besoin de beaucoup travailler. Souvent il ne pensoit pas à demander de l'ouvrage, et les cultivateurs, pour la plupart, ne pensoient pas à lui en donner. Les ouvriers, auparavant laborieux, se faisoient une habitude de la fainéantise; et ils exigeoient de plus forts salaires, lorsque les cultivateurs pouvoient à peine en payer de foibles.

La culture tomba : il y eut moins de terres ensemencées; et il survint des années de disette. Le prix du blé fut excessif.

Le peuple alors demanda de l'ouvrage. Forcés par la concurrence, les ouvriers, dans tous les genres, offrirent de travailler au rabais. Ils ne gagnoient donc que de foibles salaires, et cependant le pain étoit cher.

Voilà l'effet des réglemens qui défendoient l'exportation et l'importation. Il ne fut plus possible, ni aux blés, ni aux salaires, de se mettre à leur vrai prix; et il n'y eut que misère, tantôt chez les cultivateurs, tantôt chez le peuple.

On dira qu'il n'y avoit qu'à permettre l'importation. C'est aussi ce qu'on disoit dans les autres monarchies qui sentoient tout l'avantage qu'elles en pouvoient retirer. Elles offrirent des blés, et on les accepta. Mais, si le besoin du moment eut plus de force que les réglemens, il ne les fit pas révoquer. Le gouvernement s'obstina dans ses maximes.

C'est fort bien fait, disoit le gouvernement, dans une monarchie, de défendre l'exportation, parce qu'il ne faut pas s'ex-

Défense d'exporter, et permission d'importer.

poser à manquer. Mais on ne doit jamais défendre l'importation, qui peut suppléer à ce qui manque dans une année de disette. En conséquence, on défendit l'exportation, et on permit l'importation.

Effets de ce réglement.

Mais, dès qu'il ne fut plus permis d'exporter, le cultivateur vendit en moindre quantité et à plus bas prix. Moins riche, il fut moins en état de cultiver, et il cultiva moins. La récolte fut donc, d'année en année, toujours moins abondante; et l'exportation, qu'on avoit défendue pour ne pas s'exposer à manquer, produisit un effet contraire : on manqua. Pour surcroît de malheur, l'importation ne suppléa à rien.

Il faut remarquer que, lorsque je dis que l'exportation étoit défendue, c'est qu'on avoit mis de forts droits sur la sortie des grains; et lorsque je dis que l'importation étoit permise, c'est qu'on n'avoit mis aucun droit sur l'entrée.

Dans cet état des choses, les marchands avoient plusieurs risques à courir.

Si un grand nombre de concurrens apportoient en même temps une grande quantité de grains, ils en faisoient baisser le prix; et il pouvoit arriver que la plupart ne trouvassent plus dans la vente un bénéfice suffisant. Ils faisoient une perte, s'ils les vendoient au prix bas où ils étoient tombés; et, s'ils vouloient les remporter, ils en faisoient une autre, parce qu'ils avoient à payer les droits de sortie. Souvent même ils étoient forcés, par le peuple ou par le gouvernement, à livrer leurs blés au prix auquel on les taxoit. On conçoit donc que, puisque le pays qui leur étoit ouvert pour l'entrée, leur étoit fermé pour la sortie, ils ne devoient pas apporter des blés, au risque d'être forcés de les vendre à perte; et que, par conséquent, la permission d'importer ne suppléoit à rien. Concluons que l'importation, quelque libre qu'elle paroisse, est sans effet, toutes les fois qu'on ne permet pas d'exporter.

Ce n'est pas l'exportation qu'il faut défendre, disoit-on, dans une troisième monarchie. Plus on exportera, plus nos blés auront de prix: plus ils auront de prix, plus il y aura de bénéfice pour le cultivateur; plus il y aura de bénéfice pour le cultivateur, plus il cultivera; et plus il cultivera, plus

L'exportation permise et encouragée. L'importation prohibée.

l'agriculture sera florissante. Il faut donc encourager l'exportation : il faut même accorder une gratification aux exportateurs. Mais il ne faut pas permetre l'importation, parce qu'elle feroit tomber nos blés à vil prix.

<small>Effets de ce réglement</small> On ne peut disconvenir que, dans cette monarchie, on ne raisonnât mieux que dans les deux autres. L'exportation produisit l'abondance, comme on l'avoit prévu.

Mais la gratification étoit de trop : car l'exportation porte sa gratification avec elle, puisqu'on exporte toutes les fois qu'on trouve plus d'avantages à vendre au-dehors qu'au-dedans. Cette gratification d'ailleurs avoit l'inconvénient d'empêcher les blés de monter à leur vrai prix ; parce que les marchands nationaux, qui l'avoient reçue, pouvoient vendre à un prix plus bas que les marchands étrangers.

Il y avoit plus d'inconvéniens encore dans la défense d'importer. Cette défense n'étoit pas absolue : elle consistoit dans des droits d'entrée plus forts ou plus foibles.

Ils étoient plus forts lorsque les blés étoient à bas prix, parce qu'on jugeoit que l'importation, si elle avoit été permise, les auroit fait baisser de plus en plus. C'étoit une erreur : car les marchands ne portent pas leurs blés dans les marchés où il les vendroient moins avantageusement.

Ces droits étoient plus foibles, lorsque, dans la monarchie, les blés étoient à trop haut prix. C'est qu'alors on avoit besoin de les faire baisser ; et, comme l'importation pouvoit produire cet effet, on jugeoit avec raison qu'il la falloit favoriser.

Il y avoit plusieurs années que cette monarchie jouissoit de l'abondance qu'elle devoit à l'exportation, lorsqu'une mauvaise récolte, ayant amené la disette, on diminua les droits d'entrée sur les grains : on les retrancha même tout-à-fait.

Mais les marchands étrangers, qui, depuis long-temps, n'étoient point dans l'usage de concourir dans les marchés de cette monarchie, ne pouvoient pas prendre, sur-le-champ, toutes les mesures nécessaires pour y porter suffisamment de blé. La plupart n'avoient à cet effet ni voituriers, ni commissionnaires, ni correspondans. Il en arriva donc trop peu, et la cherté se maintint.

Alors le gouvernement défendit l'exportation. Précaution inutile. Pouvoit-il supposer que les marchands, nationaux porteroient chez l'étranger des grains qu'ils vendoient dans le pays avec plus de bénéfice ?

Pour avoir défendu l'importation, cette monarchie s'ôtoit donc toute ressource dans une disette, et elle se mettoit à la merci des monopoleurs.

Or, lorsque les monopoleurs se sont saisis du commerce, le prix du blé ne peut plus être permanent. Tour-à-tour il hausse et baisse tout-à-coup et comme par secousses, cher ou bon marché, suivant les bruits qu'il en arrive, ou qu'il n'en arrive pas.

Pendant ces variations, le gouvernement ne savoit quel parti prendre. D'un jour à l'autre, il augmentoit les droits sur l'entrée des blés : d'un jour à l'autre, il les diminuoit.

Les marchands étrangers ne savoient donc non plus sur quoi compter. Si, lorsque les droits d'entrée étoient foibles, ils se préparoient à faire des envois, dans l'espérance du bénéfice que le haut prix paroissoit leur promettre ; souvent, lorsque leurs blés arrivoient, les droits d'entrée avoient haussé, parce que les grains avoient baissé de prix; et ils se trouvoient avoir fait, à pure perte, beaucoup de frais pour apporter leurs blés et pour les remporter. On peut juger qu'ils se dégoûtoient de commercer avec cette monarchie, et que, par conséquent, lorsqu'elle étoit dans la disette, ils l'y laissoient.

Il n'y avoit donc que des abus dans ces trois monarchies. Dans la quatrième, on jugea qu'il ne falloit point de prohibition ni de défense permanente, soit d'exporter, soit d'importer; mais qu'il falloit tour-à-tour permettre et défendre l'exportation et l'importation, suivant les circonstances. Ce parti parut le plus sage, et cependant il l'étoit moins. Il avoit tous les inconvéniens dont nous venons de parler, et de plus grands encore.

L'exportation et l'importation, tour-à-tour permises ou défendues, suivant les circonstances.

Il avoit, dis-je, tous ces inconvéniens, lorsqu'il défendoit l'exportation ou l'importation: il en avoit de plus grands, parce qu'il mettoit dans le commerce une incertitude qui suspendoit continuellement la circulation des grains.

Effets de cette police.

Puisque, dans cette monarchie, la police varioit suivant les circonstances qui ne cessent point de varier, les prohibitions et les permissions ne pouvoient être que passagères. On permettoit d'exporter avec la clause, *Jusqu'à ce qu'il en soit ordonné autrement*, lorsque les blés baissoient de prix ; et, lorsqu'ils haussoient, on permettoit d'importer, toujours avec la clause, *Jusqu'à ce qu'il en soit ordonné autrement*. Cette clause étoit nécessaire, puisque les circonstances pouvoient varier d'un jour à l'autre ; et elles devoient varier, sans qu'il fût possible au gouvernement d'en prévoir les variations, parce qu'il dépendoit des monopoleurs de faire baisser le prix des grains lorsqu'ils vouloient importer, et de le faire hausser lorsqu'ils vouloient exporter.

Mais quand l'exportation étoit permise pour un temps incertain, on ne savoit pas, dans l'intérieur de la monarchie, si on pourroit exporter avant que la permission eût été révoquée. Par conséquent il y avoit des risques à prendre des mesures pour exporter ; et ceux qui ne vouloient pas les courir ne voyoient dans la permission que l'équivalent d'une prohibition. Les provinces intérieures ne profitoient donc pas des débouchés qu'on paroissoit leur fermer presque aussitôt qu'on les leur avoit ouverts.

Sur les frontières, les marchands, qui prévoyoient une nouvelle prohibition, se hâtoient de faire passer leurs blés chez l'étranger. Ils établissoient leurs magasins au dehors, afin de les soustraire à la police. Alors les blés haussoient subitement de prix, parce que l'exportation se faisoit coup sur coup et en grande quantité.

La permission d'exporter, favorable aux marchands seuls, arrivoit trop tard pour le laboureur. Forcé de payer le bail, l'impôt, le salaire des journaliers, il avoit vendu ses blés lorsqu'ils étoient à bas prix ; ou, s'il ne les avoit pas vendus, elle arrivoit encore trop tard, parce que la saison propre aux travaux de la culture étoit déjà passée. Dans un cas, il avoit perdu sur la vente de ses grains : dans l'autre, il ne pouvoit pas employer son bénéfice à s'assurer une abondante récolte pour l'année suivante.

Enfin ces permissions passagères étoient d'autant plus préjudiciables, que, dans la crainte d'une prohibition, le cultivateur se pressoit de vendre; et, par conséquent, il vendoit mal, ou à trop bas prix.

Cependant tout le blé surabondant avoit été exporté, lorsqu'on fit une récolte qui ne suffisoit pas à la consommation. Alors le gouvernement défendit l'exportation, et il permit l'importation, toujours avec la clause qui en rendoit la durée incertaine. Aussitôt les marchands nationaux, qui se félicitoient d'avoir fait passer leurs blés chez l'étranger, se hâtent de les faire revenir à diverses reprises, mais à chaque fois en petite quantité; et on rachète d'eux fort cher ce qu'on leur avoit vendu bon marché.

La cherté dura. Ils la maintenoient, parce qu'ils étoient seuls vendeurs. L'étranger ne vint point, soit que, n'ayant pas eu le temps de prendre ses mesures pour faire des envois, il craignît de n'arriver qu'après que l'importation auroit été prohibée, soit qu'il appréhendât d'être forcé, par quelque coup d'autorité, à laisser ses blés à bas prix.

Voilà les effets des permissions passagères. On n'a point de règles ni pour les accorder, ni pour les révoquer. Tous les droits sur l'entrée ou sur la sortie des grains sont nécessairement arbitraires, et on ne sauroit dire pourquoi on les met à un taux plutôt qu'à un autre. L'exportation et l'importation ne se font donc qu'au hasard toutes les fois qu'elles se font d'après des réglemens incertains et variables. Alors la confiance est perdue; et le commerce, livré à des monopoleurs, est continuellement arrêté dans son cours. Passons aux réglemens qu'on a cru devoir faire sur la circulation intérieure des grains.

CHAPITRE XIII.

Atteintes portées au commerce : police sur la circulation intérieure des grains.

<small>Les réglemens sur l'exportation et l'importation des blés ont mis dans la nécessité d'en faire sur la circulation intérieure, et le gouvernement est devenu marchand de blé.</small>

Si l'exportation et l'importation avoient toujours joui d'une liberté pleine et entière, le gouvernement n'auroit jamais été dans le cas de se mêler de la circulation intérieure des grains. Il n'en auroit pas senti la nécessité, parce que, dans l'intérieur de chaque état, les grains auroient circulé d'eux-mêmes comme d'un état à un autre.

Mais la circulation ne put plus se faire nulle part régulièrement, lorsqu'une fois elle eut été troublée dans une partie de son cours; et nous venons de voir les désordres produits dans nos quatre monarchies par les réglemens qu'on a cru devoir faire sur l'exportation et sur l'importation.

Si les gouvernemens avoient vu que ces

réglemens étoient la première cause des désordres, ils se seroient épargné bien des soins : ils ne l'ont pas vu. Ainsi, pour remédier aux maux qu'ils avoient produits, ils se sont mis dans la necessité d'en produire de nouveaux, en faisant des réglemens sur la circulation intérieure des grains.

Dans nos quatre monarchies, les divers réglemens sur l'exportation et sur l'importation ont eu le même effet que des priviléges exclusifs accordés aux marchands nationaux : de-là la cherté.

Avec cette cherté, la disette pouvoit n'être qu'apparente. Mais souvent elle devoit être réelle, parce que, lorsqu'on avoit permis l'exportation, on s'étoit hâté de faire sortir les blés; et que, lorsqu'on permettoit l'importation, on ne se hâtoit pas de les faire rentrer.

Mais, puisque les étrangers n'en apportoient pas, il étoit presque égal que la disette fût réelle ou ne fût qu'apparente; et il ne restoit d'autre ressource au gouvernement que de s'occuper lui-même des moyens d'en faire arriver. Le voilà donc forcé à être marchand de blé.

<small>Fautes qu'il fait.</small>

Il en fit venir à grands frais, et il n'en vendit point. Cependant le prix baissa : c'est que la disette n'étoit qu'apparente. Jusqu'à ce moment les marchands avoient retardé de mettre en vente, parce qu'ils espéroient un plus grand renchérissement. Mais, quand ils virent qu'il arrivoit des blés, ils se hâtèrent de porter les leurs au marché, afin de profiter du moment où le prix étoit encore haut.

Comme le gouvernement n'avoit pas vendu ses blés, une autre fois il en fit venir moins, et il les vendit. Il avoit supposé que la disette n'étoit jamais qu'apparente. Mais celle-ci se trouva réelle. Il n'y eut donc pas assez de blé, et la cherté continua.

Toujours persuadé que la disette n'étoit qu'apparente, le gouvernement fit ouvrir des greniers, et força plusieurs marchands à vendre leurs blés au prix qu'il taxa. Mais l'autorité ne pouvoit pas frapper en même temps par-tout. On cacha les blés pour les soustraire à la violence. Ainsi, pendant qu'ils étoient à bon marché, ou au-dessous du vrai prix dans un endroit, ils étoient au-dessus ou chers dans un autre. Bientôt la disette fut générale et affreuse.

Alors, convaincu que les disettes sont quelquefois réelles, le gouvernement craignit qu'elles ne le fussent toujours. Il n'avoit pas fait arriver assez de blés; et, pour ne pas tomber dans le même inconvénient, une autre fois il en fit venir, et en vendit en si grande quantité, qu'ils tombèrent par-tout à vil prix.

Il ne faisoit donc que des fautes. Il avoit eu tort de se mettre dans la nécessité de pourvoir par lui-même à la subsistance du peuple; et il en avoit eu un second, plus grand encore, et qui étoit une suite du premier, celui de forcer les greniers, et de prétendre régler le prix des blés.

Il ne connoissoit ni la population, ni la production, ni la consommation. Il ne savoit donc point dans quelle proportion la quantité de grains étoit avec le besoin. La disproportion pouvoit être plus forte ou plus foible. Il y avoit telle province où quelquefois elle pouvoit être énorme : quelquefois aussi elle pouvoit être nulle presque par-tout. D'après quelle règle se seroit-il

Inconvénient où il tombe par l'impuissance de connoître si la quantité des blés est suffisante à la consommation.

conduit, pour juger de la quantité précise des grains dont on avoit besoin?

Mais, quand il auroit connu le rapport de la quantité au besoin, avoit-il calculé tous les frais de culture, de magasin, de transport, pour obliger les cultivateurs et les marchands à livrer les blés au prix auquel il les taxoit?

Forcé, pour réparer ses fautes, de commettre des injustices, le gouvernement croyoit, par des coups d'autorité, remédier aux désordres qu'il avoit causés, et il en causoit de plus grands.

Il ordonna à tous ceux qui avoient des blés d'en déclarer la quantité. Il sentit donc qu'il avoit besoin de la connoître. Mais il falloit commencer par gagner la confiance; et cet ordre seul, s'il ne l'avoit pas déjà perdue, la lui auroit fait perdre. Car pourquoi vouloit-il connoître la quantité des blés que chacun conservoit dans ses greniers, s'il ne se proposoit pas d'en disposer d'autorité? On fit des déclarations infidelles.

De fausses déclarations ne se font pas toujours impunément. Souvent on fut trahi, et souvent les délations furent fausses elles-mêmes. Le gouvernement ordonna des recherches ; mais les violences, avec lesquelles elles se firent, occasionnèrent de si grands troubles, qu'il jugea devoir au moins les suspendre. Il resta donc dans son ignorance, et chacun cacha ses blés.

Lorsque le commerce est parfaitement libre, la quantité et le besoin sont en évidence dans tous les marchés. Alors les choses se mettent à leur vrai prix, et l'abondance se répand également par-tout. C'est ce que nous avons suffisamment prouvé.

Mais lorsqu'une fois on a ôté toute liberté au commerce, il n'est plus possible de juger ni s'il y a réellement disproportion entre la quantité et le besoin, ni quelle est cette disproportion. Fût-elle peu considérable, elle croît, d'un jour à l'autre, par l'alarme du peuple et par la cupidité des monopoleurs. Alors, par les obstacles que la circulation trouve dans son cours, elle est continuellement suspendue ; et il arrive que toutes les provinces manquent à-la-fois, ou que toutes au moins manquent les unes après les autres.

Il est vrai que, dans ces circonstances, le gouvernement redoubloit de soins. Mais ses opérations, toujours lentes, ne pouvoient pas, comme auroit pu faire une multitude de marchands répandus de tous côtés, porter les secours par-tout également. Cependant il se trouvoit forcé à des dépenses d'autant plus grandes, que les achats pour son compte se faisoient sans économie, et quelquefois avec infidélité.

Il faisoit des efforts inutiles pour remédier aux désordres. Ses premiers réglemens les avoient produits : ses derniers réglemens devoient les entretenir, ou même les accroître.

Réglemens qui ôtent toute liberté.

Il s'imagina que la cherté ou la disette provenoit d'un reste de liberté. En conséquence, *défenses furent faites à toutes personnes d'entreprendre le trafic des grains, sans en avoir obtenu la permission des officiers préposés à cet effet.*

Défenses à tous autres, soit fermiers, soit propriétaires, de s'immiscer directement, ni indirectement à faire ce trafic.

Défenses de toute société entre mar-

chands de grains, à moins qu'elle n'eût été autorisée.

Défenses d'enarrher ou d'acheter les blés en verd, sur pied, avant la récolte.

Défenses de vendre le blé ailleurs que dans les marchés.

Défenses de faire des amas de grains.

Défenses enfin d'en faire passer d'une province dans une autre, sans en avoir obtenu la permission.

Voilà ce qu'on appeloit abusivement des *réglemens de police*, comme si l'ordre eût dû naître de ces réglemens.

Abus qui en naissent.

Cependant le fermier ne pouvoit vendre qu'à des marchands privilégiés, qui avoient seuls la permission de faire le trafic des grains.

Il étoit forcé de vendre ses blés dans l'année : car la défense d'en faire des amas ne lui permettoit pas de mettre une récolte sur une récolte.

D'un autre côté, quelque besoin qu'il eût d'argent; il ne pouvoit pas vendre avant d'avoir recueilli. Il n'avoit donc qu'un temps limité pour vendre ; et il se voyoit livré à la discrétion d'un petit nombre de marchands.

La défense de vendre ailleurs que dans les marchés lui faisoit une nécessité d'abandonner par intervalles la culture de ses champs. Il auroit pu vendre ses blés à son voisin ; mais celui-ci étoit obligé de les aller acheter au marché. On les forçoit donc tous deux à des frais qu'on auroit pu leur éviter.

Vouloit-il, avec ses blés, payer une dette ou le salaire de ses journaliers, on l'accusoit d'avoir vendu ailleurs qu'au marché. On le traitoit avec la même injustice s'il avançoit des blés à un laboureur qui n'en avoit pas pour ensemencer. Cette action généreuse, dans le langage des préposés à la police des grains, étoit une vente simulée, une fraude.

La liberté même qu'on accordoit aux marchands étoit restreinte. Ils avoient besoin d'une permission pour former une société, c'est-à-dire, pour se concerter sur les moyens d'approvisionner l'état. Sans cette permission, c'étoit à chacun d'eux de faire ce commerce séparément, et comme ils pourroient.

Enfin une province, qui souffroit de la disette, ne pouvoit pas tirer des blés d'une province voisine, où il y avoit surabondance. Si on ne refusoit jamais la permission, si on l'accordoit même le plus tôt qu'il étoit possible, elle venoit toujours trop tard, puisqu'il falloit l'attendre. Le désordre étoit plus grand, lorsque, pour causer un nouveau renchérissement, on tardoit à dessein d'accorder la permission. C'est ce qui arrivoit quelquefois.

D'un côté, les défenses ôtoient toute liberté au commerce : de l'autre, les permissions autorisoient le monopole. Ordinairement les préposés, auxquels il les falloit demander, ne les donnoient pas pour rien, et on peut juger pourquoi on les achetoit.

Dans ce désordre, le peuple, qui habitoit les villes, ne pouvoit plus être assuré de sa subsistance. Ce fut donc au gouvernement à y pourvoir, et il créa des compagnies privilégiées pour approvisionner les villes, sur-tout la capitale. Seules elles achetoient dans les campagnes qu'on réservoit pour cet approvisionnement : ou du moins on ne pouvoit vendre à d'autres qu'après qu'elles avoient fait leurs achats ; et, parce qu'on ne pouvoit vendre qu'à elles, on leur

Le gouvernement forcé de créer des compagnies privilégiées pour l'approvisionnement des villes.

livroit les blés au prix qu'elles en vouloient bien donner. Ce dernier réglement, toujours funeste aux campagnes, le fut quelquefois aux villes mêmes, en faveur desquelles il avoit été fait. Quelque attention qu'on eût que le pain ne renchérît pas dans la capitale, on ne put pas toujours l'empêcher, parce que les compagnies privilégiées mettoient successivement la cherté par-tout.

CHAPITRE XIV.

Atteintes portées au commerce : manœuvres des monopoleurs.

Nous avons vu le monopole naître des réglemens faits pour la police des grains. Dans le dessein où je suis de faire connoître les manœuvres des monopoleurs, j'aurois besoin qu'ils me donnassent eux-mêmes des mémoires. Je me bornerai à quelques observations.

<small>On achète le privilége de faire le monopole.</small>

On ne pouvoit point faire le trafic des blés sans en avoir obtenu la permission. Mais il ne suffisoit pas de la demander pour l'obtenir : il falloit encore avoir de la protection ; et la protection ne s'accordoit guères qu'à ceux qui la payoient, ou qui cédoient une part dans leur bénéfice.

Le droit de faire le monopole des grains se vendoit donc, en quelque sorte, au plus offrant et dernier enchérisseur ; et souvent, quand on l'avoit acheté, il falloit encore donner de l'argent pour empêcher qu'il ne fût vendu à d'autres. Peu de personnes pouvoient donc jouir de ce privilége. Aussi les monopoleurs, en trop petit nombre, ne faisoient-ils pas un trafic assez grand pour fournir aux besoins de toutes les provinces. Mais il ne leur importoit pas de faire un grand trafic : il leur importoit seulement de faire un gros bénéfice.

Ce bénéfice leur étoit assuré s'ils achetoient bon marché et s'ils vendoient cher.

Comment les monopoleurs parviennent à vendre seuls.

Pour payer les propriétaires, l'impôt et la culture à faire, les petits fermiers sont obligés de vendre de bonne heure, dès le mois de septembre, octobre ou novembre. Alors donc le prix des grains baisse par l'affluence des vendeurs. Voilà le temps que prennent les monopoleurs pour remplir leurs magasins; et ils font la loi aux fermiers qui ne peuvent vendre qu'à eux.

Cependant, comme il y auroit eu du danger à se prévaloir trop ouvertement du droit de faire seuls le trafic des grains, ils employoient l'artifice. Ils faisoient leurs approvisionnemens dans les provinces où la récolte avoit été plus abondante, et ils y répandoient qu'elle avoit été bien plus abondante ailleurs. Pour confirmer ces bruits, ils faisoient entre eux, publiquement dans les marchés, des ventes simulées, et ils se livroient les uns aux autres des blés au plus bas prix. Ensuite, comme on leur avoit accordé le privilége d'acheter par-tout, ils alloient dans les fermes, et ils achetoient ou arrhoient les blés au bas prix qu'ils y avoient mis eux-mêmes dans les marchés.

Ils n'ont donc plus pour concurrens que les gros fermiers qui, n'ayant pas été si pressés de faire de l'argent, ont attendu le moment de vendre avec plus d'avantage. Mais ces fermiers n'ont pour vendre qu'un temps limité, puisqu'il leur est défendu de faire des amas de grains. Les marchands privilégiés, au contraire, vendent quand ils veulent. Il arrivera donc enfin qu'ils vendront seuls.

Alors ils mettent en vente peu-à-peu. Ils répandent de nouveaux bruits sur les dernières récoltes. Ils persuadent qu'elles n'ont pas été aussi belles qu'on l'avoit cru. Ils ne manquent pas de le confirmer encore par

Comment ils mettent la cherté.

des ventes simulées ; et ils se livrent publiquement le blé au plus haut prix.

Il y a donc disette : ce n'est pas que le blé manque, mais on l'a soustrait à la consommation.

Cependant la disette n'est pas générale, parce qu'il importe aux monopoleurs mêmes qu'elle ne le soit pas. Il faut qu'ils puissent se faire honneur du bon marché qu'ils maintiennent dans quelques provinces, pour se justifier de la cherté qu'ils mettent dans d'autres ; et il leur suffit que la disette les parcoure toutes successivement. Ils causoient de si grands désordres, qu'on voyoit quelquefois, dans une province, le peuple condamné à se nourrir de toutes sortes de mauvaises racines ; tandis que, dans une province voisine, on jetoit le plus beau froment aux bestiaux.

Chargés seuls de faire refluer les grains par-tout où ils manquoient, ils le faisoient lentement sous divers prétextes ; et ils trouvoient, dans leur lenteur, un grand bénéfice, parce qu'elle faisoit durer la cherté.

Monopoleurs qui achètent cher et qui revendent à perte. Ces monopoleurs s'enrichissoient donc, parce qu'ils achetoient bon marché, et qu'ils vendoient cher. Il y en avoit d'autres qui ne s'enrichissoient pas moins, et qui cependant achetoient cher, et vendoient bon marché. Je veux parler des commissionnaires qui faisoient des achats et des ventes de grains pour le compte du gouvernement.

On leur accordoit deux pour cent de bénéfice sur l'achat, et deux pour cent sur la vente.

Plus ils achetoient de grains, et plus ils les achetoient cher ; plus, par conséquent, ils avoient de bénéfice. Ils achetoient donc à quelque prix que ce fût.

Pour faciliter leurs opérations, on avoit ordonné aux marchands de notifier leurs sociétés, de déclarer leurs magasins, et de ne trafiquer que dans les marchés réglés à tel jour et à telle heure.

Tous ces marchands étant connus, et tous leurs magasins étant à découvert, il étoit facile de faire avorter tous leurs projets. Par-tout où ils pouvoient se présenter pour acheter, les commissionnaires mettoient l'enchère sur eux ; et par-tout où ils pouvoient se présenter pour vendre, les commisionnaires vendoient au rabais. Ne pouvant donc plus soutenir la concurrence sans se ruiner, ils renoncèrent les uns après les autres au commerce des grains; et alors les commisionnaires achetèrent et vendirent seuls.

Ceux-ci avoient intérêt d'acheter beaucoup et d'acheter cher, puisque le bénéfice de deux pour cent étoit plus grand en raison du haut prix des achats; et, quoiqu'à la vente le bénéfice de deux pour cent fût moindre en raison du bas prix, ils n'avoient pas moins d'intérêt à vendre bon marché, puisqu'ils devenoient seuls marchands de grains.

C'est le gouvernement qui faisoit toutes les avances pour les achats comme toutes les pertes dans les ventes. Il lui en coûtoit plusieurs millions par an; et, s'il est vrai que, pour en trouver un, il fût obligé d'en imposer trois, on peut juger combien ce monopole étoit de toute manière à charge à l'état.

Les avances étoient payées comptant aux commissionnaires. Ils en faisoient valoir, dans la capitale, la plus grande partie; et ils payoient, dans les provinces ou chez l'étranger, avec des opérations de change. Ainsi ce monopole devenoit pour eux un fonds de banque ou plutôt un véritable agiotage.

CHAPITRE XV.

Atteintes portées au commerce : obstacles à la circulation des grains, lorsque le gouvernement veut rendre au commerce la liberté qu'il lui a ôtée.

<small>Quand la liberté du commerce a été détruite, il faut du temps pour la rétablir.</small>

Les monopoleurs mettoient toujours quelque part la disette ou du moins la cherté, lorsque, dans une de nos monarchies, on confia cette partie de l'administration à un ministre qui rendit la liberté au commerce.

Mais, quand le désordre est parvenu à un certain point, une révolution, quelque sage qu'elle soit, ne s'achève jamais sans occasionner de violentes secousses, et il faut souvent prendre des précautions sans nombre pour rétablir l'ordre.

Le nouveau ministre, qui vouloit le bien et à qui ses ennemis même reconnoissoient des lumières, prit toutes les précautions que la prudence lui avoit suggérées. Mais il y avoit une chose qui ne dépendoit pas de lui : c'est le temps, et il en falloit.

En traitant de la circulation des grains, nous avons vu qu'elle ne peut se faire que par une multitude de marchands répandus de toutes parts. Ces marchands sont autant de canaux par où les grains circulent. Or tous ces canaux avoient été brisés, et c'étoit au temps à les réparer.

En effet, pour réussir dans quelque espèce de commerce que ce soit, il ne suffit pas d'avoir la liberté de le faire, il faut, comme nous l'avons remarqué, avoir acquis des connoissances, et ces connoissances ne peuvent être que le fruit de l'expérience, qui est toujours lente. Il faut encore avoir des fonds, des magasins, des voituriers, des commissionnaires, des correspondans : il faut, en un mot, avoir pris bien des précautions et bien des mesures.

La liberté, rendue au commerce des grains, étoit donc un bienfait dont on ne peuvoit pas jouir aussitôt qu'il étoit accordé. Un mot du monarque avoit pu anéantir cette liberté ; un mot ne la reproduisoit pas, et il y eut cherté peu de mois après.

Voilà donc ce que produit la liberté.

<small>Mauvais raisonnemens de ceux qui attribuent la cherté à la liberté.</small>

C'est ainsi que raisonnoit le peuple, et le peuple étoit presque toute la nation. On croyoit que la cherté étoit un effet de la liberté. On ne vouloit pas voir que le monopole n'avoit pas pu tomber sous les premiers coups qu'on lui portoit, et qu'il ne pouvoit pas y avoir encore assez de marchands pour mettre les grains à leur vrai prix.

Mais, disoit-on, il faut du pain tous les jours. Or, parce qu'on aura la liberté de nous en apporter, est-il sûr qu'on nous en apportera; et ne nous met-on pas au hasard d'en manquer ?

On oublioit donc les chertés et les disettes qu'il y avoit eu successivement dans toutes les provinces, lorsque les ministres ôtoient toute liberté, sous prétexte de ne pas abandonner au hasard la subsistance du peuple.

On comptoit donc sur un petit nombre de monopoleurs qui pouvoient faire un gros bénéfice en vendant peu, plutôt que sur un grand nombre de marchands qui ne pouvoient faire un gros bénéfice qu'en vendant beaucoup.

Il faut un salaire aux marchands : il leur est dû. Mais ce n'est ni au souverain, ni au peuple à régler ce salaire : c'est à la concurrence, à la concurrence seule. Or ce salaire sera moindre à proportion que la concurrence sera plus grande. Le blé sera donc à plus bas prix, lorsque les marchands se multiplieront avec la liberté, que lorsque le nombre en sera réduit par des réglemens de police. J'ajoute qu'on en aura bien plus sûrement. Car il ne sera à plus bas prix que parce que tous les marchands, à l'envi les uns des autres, l'offriront au rabais, et se contenteront du plus petit bénéfice.

Il ne peut pas y avoir cherté quand la circulation des grains se fait librement.

Ils ont autant besoin de vendre que nous d'acheter. Occupés à prévoir où le blé doit renchérir, ils se hâtent d'autant plus de venir à notre secours, que ceux qui arrivent les premiers sont ceux qui vendent à plus haut prix. Il y a plutôt lieu de juger qu'ils nous apporteront trop de blés que de craindre qu'ils ne nous en apportent pas assez.

<small>Préjugés que le gouvernement avoit donnés au peuple.</small>

Ces raisons ne faisoient rien sur l'esprit du peuple. Il croyoit que l'unique affaire du gouvernement étoit de lui procurer le pain à bon marché. Les réglemens de police paroissent avoir été donnés dans cette vue. Ils produisoient à la vérité un effet contraire : mais on ne le savoit pas, et on vouloit des réglemens de police, parce qu'on vouloit le pain à bon marché. Toutes les fois donc qu'il renchérissoit, le peuple demandoit au gouvernement d'en faire baisser le prix.

Il n'y avoit que deux moyens de le satisfaire. Il falloit que le gouvernement achetât lui-même des blés pour les revendre à perte, ou qu'il forçât les marchands à livrer les leurs au prix qu'il avoit taxé.

De ces deux moyens, le premier tendoit à ruiner l'état ; le second étoit injuste et odieux ; et tous deux accoutumoient le peuple à penser que c'étoit au gouvernement à lui procurer le pain à bon marché, quoi qu'il en coutât, soit de l'argent, soit des injustices.

De-là un autre préjugé plus contraire encore, s'il est possible, au commerce des grains. C'est que le peuple, qui croyoit les violences justes, parce qu'on les faisoit pour lui, regardoit les marchands de blés comme des hommes avides qui abusoient de ses besoins. Cette opinion une fois établie, on ne pouvoit plus, si on étoit jaloux de sa réputation, s'engager dans ce commerce : il falloit l'abandonner à ces ames viles qui comptent l'argent pour tout et l'honneur pour rien.

C'est la conduite du gouvernement qui avoit produit ces préjugés. Ils avoient si fort prévalu, que souvent, avec de l'honnêteté et avec ce qu'on appelle esprit, on ne s'en garantissoit pas. Il faut respecter sans doute les droits de propriété, disoient des personnes qu'on ne pouvoit pas soupçonner de mauvaise intention ; mais nous réclamons pour le peuple les droits d'humanité. De-là elles concluoient que le gouvernement peut, doit même régler le prix du blé, et forcer les marchands à le livrer au taux qu'il y a mis.

Des droits d'humanité opposés à des

Combien ils étoient contagieux.

droits de propriété ! Quel jargon ! Il étoit donc arrêté qu'on diroit les choses les plus absurdes pour combattre les opérations du nouveau ministre. Mais vous, qui croyez vous intéresser au peuple, voudriez-vous que, sous prétexte de faire l'aumône, on forçât les coffres des hommes à argent ? Non sans doute : et vous voulez qu'on force les greniers ! Ignorez-vous d'ailleurs que le bon marché est nécessairement toujours suivi de la cherté ; et que, par conséquent, il est une calamité pour le peuple autant que pour le marchand et le propriétaire ? Si vous l'ignorez, je vous renvoie à ce que j'ai dit.

Il sembloit que tout le monde fût condamné à raisonner mal sur cette matière : poëtes, géomètres, philosophes, métaphysiciens, presque tous les gens de lettres, en un mot, et ceux-là sur-tout dont le ton tranchant permet à peine de prendre leurs doutes pour des doutes, et qui ne tolèrent pas qu'on pense autrement qu'eux. Ces hommes voyoient toujours d'excellentes choses dans tous les ouvrages qui se faisoient en faveur de la police des grains.

C'étoient cependant des ouvrages où, au lieu de clarté, de précision et de principes, on ne trouvoit que des contradictions; et on auroit pu prouver que l'auteur avoit écrit pour la liberté qu'il vouloit combattre. C'est qu'il est impossible de rien établir de précis quand on veut mettre des bornes à la liberté du commerce. Où en effet poseroit-on ces bornes?

Sourd à tous les propos, le nouveau ministre montroit du courage. Il laissoit parler, écrire, et il persistoit dans ses premières démarches. Cependant on étoit bien loin encore d'éprouver les effets de la liberté. Le blé étoit cher dans une province, tandis qu'il étoit à bon marché dans une autre. C'est qu'il ne circuloit pas : il n'y avoit pas encore assez de marchands. D'ailleurs, le peuple, qui croyoit que l'exportation étoit nécessairement l'avant-coureur de la disette, s'alarmoit à la vue d'un transport de grains. *Il ne nous en restera pas*, disoit-il; et, à ce cri, il se soulevoit. Alors des hommes mal intentionnés parcouroient les marchés, répandoient de nouvelles alarmes, et causoient des émeutes.

> Il faut attendre que le temps rétablisse l'ordre avec la liberté.

Tels sont les principaux obstacles qui s'opposoient au rétablissement de la liberté. Le temps les levera si le gouvernement persévère.

CHAPITRE XVI.

Atteintes portées au commerce : luxe d'une grande capitale.

DES quatre monarchies que j'ai supposées, je n'en fais plus qu'une, et j'y bâtis une grande capitale où l'on arrive de toutes les provinces. Ceux qui sont assez riches pour jouir des commodités qu'on y trouve s'y fixent insensiblement. D'autres y viennent pour affaires, d'autres par curiosité, beaucoup parce qu'ils n'ont pas de quoi vivre ailleurs. Car, avec rien, on y peut souvent faire de grandes dépenses, parce qu'elle offre des ressources de toutes espèces. Elle en offre même qu'on ne doit pas avouer, et dont cependant on ne se cache pas.

Les richesses appellent les arts. Il y aura donc dans la capitale un grand nombre d'artisans. Ils y causeront une plus grande consommation. Ils y feront renchérir les

Le concours qui se fait dans une capitale y renchérit tout.

denrées, et ils y attireront l'argent des provinces où l'on sera assez riche pour rechercher les choses qu'on recherche dans la capitale. Leurs ouvrages seront à plus haut prix qu'ils ne l'auroient été s'ils avoient choisi tout autre lieu pour leur établissement : car il faudra faire venir à grands frais, et leur subsistance, et les matières premières.

Répandus dans les provinces, ils y feroient refluer l'argent de la capitale. Ils y porteroient l'abondance parce que, partout où ils s'établiroient, ils augmenteroient le nombre des consommateurs ; et ils contribueroient à répartir les richesses avec moins d'inégalité. Ces considérations faisoient desirer qu'on établît les manufactures dans les provinces ; mais ce projet n'étoit bon que dans la spéculation.

Il importe peu aux artisans que leurs ouvrages soient chers, pourvu qu'ils soient assurés de les vendre. Or où les vendront-ils mieux que dans une ville de luxe, où, sans jamais apprécier les choses, on ne les estime qu'autant qu'elles sont à haut prix ? Où seront-ils plus à portée de faire valoir leurs talens, soit qu'ils traitent avec des particuliers auxquels ils vendront eux-mêmes leurs ouvrages, soit qu'ils traitent avec des négocians qui leur offriront à l'envi de plus forts salaires ? Du fond des provinces leur seroit-il possible de tirer avantage des caprices du public, de lui en donner, et de se faire un produit sur des modes qui ne font que passer ? Enfin, je conçois que, lorsqu'ils jouissent d'une liberté entière, ils puissent se répandre en plusieurs lieux différens; mais, lorsqu'ils n'ont la liberté de travailler qu'à l'abri d'un privilége, ne faut-il pas qu'ils s'établissent là où ils sont plus à portée de solliciter ce privilége, de le faire renouveler, et d'empécher qu'on ne l'accorde à d'autres ? Ce n'étoit donc que dans la capitale, et après la capitale, dans les grandes villes, que les manufactures pouvoient s'établir.

Dès que tout renchérit dans une grande capitale, les choses, faites pour y être communes, deviennent rares; et c'est là que les artisans mettent toute leur industrie à procurer aux gens riches les jouissances de luxe, c'est-à-dire, ces jouissances qu'on

Cause de luxe et de misère.

recherche par vanité, et que l'ennui, dans le désœuvrement où l'on vit, rend nécessaires.

La perception compliquée d'une multitude d'impôts, les manœuvres des compagnies exclusives, les papiers publics, les banques, l'agiotage, le monopole des grains, étoient les roues qui s'ouvroient à la fortune, et dans lesquelles on se précipitoit en foule. De-là sortoient coup-sur-coup des hommes nouveaux, qui, enrichis des dépouilles du peuple, faisoient un contraste frappant avec les mendians qui se multiplioient d'un jour à l'autre.

Les grands avoient donné l'exemple du luxe : mais leur luxe avoit au moins des bornes dans leurs facultés. Celui des nouveaux riches n'en avoit point, parce qu'ils pouvoient dépenser avec d'autant plus de profusion qu'ils s'enrichissoient avec plus de facilité. Faits tout-à-la-fois pour être imités et pour ne pouvoir l'être, ils sembloient préparer la ruine des citoyens de tout état.

En effet, comme on ne pouvoit se faire remarquer que par la dépense, le désordre se mettoit successivement dans toutes les fortunes; et toutes les conditions de proche en proche, se confondoient par les efforts mêmes qu'elles faisoient pour se distinguer. Aux mouvemens qu'on se donnoit, il paroissoit qu'on avoit des desirs immenses; et, aux frivolités dont on se contentoit, il paroissoit qu'on étoit sans desirs. Le caprice donnoit du prix aux plus petites choses. Si on n'en jouissoit pas, on vouloit paroître en jouir, parce qu'on supposoit que d'autres en jouissoient; sans passion, on en prenoit le langage, et on se passionnoit ridiculement sur tout. De quelque manière qu'on fût affecté, il falloit obéir aux caprices de la mode. Unique règle du goût et du sentiment, elle prescrivoit à chacun ce qu'il devoit desirer, dire, faire et penser : car penser étoit la dernière chose.

Dans ce désordre, on déclamoit contre la finance, parce que les financiers avoient plus de moyens de s'enrichir. Mais les citoyens de toutes les conditions n'avoient-ils pas les mêmes reproches à se faire? S'ils acquéroient moins de richesses, est-ce parce qu'ils étoient moins avides, ou parce qu'ils ne le pouvoient pas ? Ce sont les mœurs générales qu'il faut condamner : mais, dans un siècle de corruption, tous les ordres déclament les uns contre les autres.

Le luxe réduit à la mendicité un grand nombre d'artisans.

Je veux qu'une monarchie ne puisse jamais être trop riche. En effet ce n'est pas dans de trop grandes richesses qu'est le vice qui la détruit : c'est dans l'inégalité de la répartition, inégalité qui devient monstrueuse dans un siècle de finance.

Mais quoi ! dira-t-on, faut-il faire un nouveau partage des terres, et borner chaque citoyen au même nombre d'arpens ? Non sans doute : ce projet seroit chimérique. Une parfaite égalité ne pourroit se maintenir que dans une république, telle que Lacédémone ; et je conviens que, dans une monarchie, les hommes ne sont pas Spartiates. Que faut-il donc, demandera-t-on ? Il faut que tout citoyen puisse vivre de son travail ; et je dis que, par-tout où il y a des mendians, le gouvernement est vicieux.

Je sais bien qu'on suppose que tout le monde peut vivre de son travail : car le riche, qui ne fait rien, dit au malheureux qui manque de pain : *Va travailler*. Ainsi le luxe qui multiplie les mendians rend les ames inhumaines, et il n'y a plus de ressources pour l'indigent. Mais voyons si tout citoyen peut trouver du travail.

On remarque avec raison que le luxe des grandes villes fait vivre beaucoup d'artisans, et on dit en conséquence que le luxe est un bien. Mais combien d'hommes, qui auroient été utiles dans les campagnes, et qui, séduits par les profits que quelques-uns font dans une capitale, y viennent en foule pour y mendier? Avec du talent même plusieurs sont réduits à la misère, parce qu'il leur est impossible de travailler concurremment avec ceux qui ont commencé avant eux, et qui ont la vogue. Ne sait-on pas que les gens riches, sans savoir pourquoi, vont, à la suite les uns des autres, aux mêmes boutiques, et qu'un artisan, habile ou heureux, fait presque exclusivement son métier? Ignore-t-on qu'en fait de luxe le nom de l'ouvrier n'est pas indifférent?

Le luxe gagne insensiblement toutes les conditions; et, si on n'est pas riche, on veut le paroître. Alors, pour dépenser en choses de luxe, on se retranche sur les choses de nécessité. On ôte donc le travail aux artisans les plus utiles, et par conséquent on leur ôte le pain. D'ailleurs si, dans un temps où les richesses sont réparties avec trop d'inégalité, un petit nombre d'hommes opulens font fleurir les manufactures de prix, combien peu de citoyens sont alors assez riches pour concourir à entretenir les manufactures les plus communes? Si le luxe fait vivre quelques artisans, il en réduit donc un plus grand nombre à la mendicité. Voilà les effets qu'il produit dans les villes, sur-tout dans la capitale. Passons dans les campagnes.

Le luxe de la capitale ruine plusieurs provinces.

Les provinces doivent à la capitale les revenus des propriétaires qui l'habitent, et les revenus du prince; dette immense qui croît tous les jours avec les impôts. Il est vrai que la capitale, par les grandes consommations qui s'y font, rend aux provinces l'argent qu'elle en a reçu; et elle y fait fleurir l'agriculture à proportion qu'elle en tire des productions en plus grande quantité. Mais elle n'en peut pas tirer également de chacune, et par conséquent l'agriculture ne peut pas fleurir également dans toutes.

L'abondance se trouve dans les campagnes qui l'environnent, et on y rend fertile le sol le plus ingrat. Elle se trouve encore dans de plus éloignées, lorsqu'elles communiquent facilement avec la capitale. Mais, lorsqu'elles manquent de débouchés, on peut juger de la misère au teint have des habitans, aux villages qui tombent en ruines, et aux champs qui restent sans culture. Elles produisent peu, parce que les plus riches consommateurs à qui sont les terres habitent la capitale où ils consomment les productions des autres provinces. Elles produisent peu, parce que ces consommateurs préfèrent aux richesses réelles d'un sol cultivé l'intrigue qui ouvre à quelques-uns le chemin de la fortune, des papiers avec lesquels ils ont plus de revenus et plus de facilité pour dissiper, enfin un luxe qui les ruine tous. Non seulement ils ne font pas les avances nécessaires pour se procurer des récoltes plus abondantes, ils mettent encore les fermiers hors d'état d'en faire. Ils leur font des frais : ils leur enlèvent une partie des bestiaux, en un mot, ils semblent leur ôter tout moyen de cultiver. Cependant les fermiers, en plus grand nombre que les fermes, sont réduits, par la concurrence, à de trop foibles salaires. Bornés à subsister au jour le jour, ils se refusent le nécessaire pour payer un maître qui, au sein de la mollesse, a pour maxime qu'il ne faut pas que les paysans soient dans l'aisance, et qui ne voit pas que la richesse du laboureur l'enrichiroit lui-même. Il n'est donc que trop vrai que le luxe d'une grande capitale est un principe de misère et de dévastation.

CHAPITRE XVII.

Atteintes portées au commerce : jalousie des nations.

AFIN de juger de ce qui doit arriver à plusieurs nations jalouses qui tentent chacune de commercer exclusivement, je transporte dans l'Asie mineure le peuple que nous avons observé. Je lui donne la Mysie, la Lydie, la Bythinie, d'autres provinces encore, et je fais un royaume dont Troie sera la capitale. Suppositions.

Mais, parce que je ne veux observer que les effets de la jalousie des nations, je suppose, afin d'écarter toute autre cause, que ce peuple n'a plus, dans ses mœurs ni dans son gouvernement, aucun des vices que je lui ai reprochés. Ce sera actuellement une nation agricole. Elle cultive les arts relatifs à l'agriculture : elle commence à en cultiver d'autres : elle met plus de recherches dans les commodités de la vie. Mais ses mœurs sont simples encore, ainsi que son gouvernement. Elle ne connoit ni les péages, ni les douanes, ni les impôts, ni les maîtrises, ni les communautés, ni aucune espèce de privilége, ni ce qu'on appelle *police des grains*. Chaque citoyen a la liberté de choisir, pour subsister, le genre de travail qui lui convient, et le gouvernement n'exige qu'une contribution qui est réglée sur les besoins de l'état, et que la nation paie volontairement. Tels sont ces nouveaux Troyens. Mais il faut qu'on me permette encore d'autres suppositions.

Je suppose donc que, dans les siècles où ils subsistoient, siècles antérieurs à toute tradition, l'Asie, l'Égypte, la Grèce et l'Italie, ainsi que les îles répandues dans les mers qui séparent ces continens, étoient autant de pays civilisés dont les peuples commençoient à avoir quelque commerce les uns avec les autres, tandis que tout le reste de l'Europe étoit encore dans la barbarie.

Enfin ma dernière supposition sera que les arts n'avoient fait encore nulle part autant de progrès que chez les Troyens. Par-tout ailleurs ils paroissoient à leur naissance. Cependant le luxe, même à Troie, étoit encore ignoré.

La population doit être grande dans tous les pays que je viens de supposer. Plusieurs causes y concourent : la simplicité des mœurs, une subsistance assurée dans un travail à son choix, et l'agriculture qui fait d'autant plus de progrès qu'elle est plus considérée.

<small>Avantage que produit le commerce lorsqu'il est libre entre plusieurs nations.</small>

Cependant tous les pays, que nous avons couverts de nations civilisées, ne sont pas également fertiles; et tous, par conséquent, ne produisent pas de quoi faire subsister, dans un espace égal, une population égale. La Grèce, par exemple, n'est pas à beaucoup près aussi fertile que l'Égypte; et beaucoup de côtes maritimes seroient peu habitées si elles étoient réduites au seul produit de leur sol.

Mais, là où l'agriculture ne peut pas nourrir une grande population, l'industrie y supplée, et le commerce y fait vivre un peuple nombreux avec le surabondant des nations agricoles. Ce peuple, à qui le sol semble refuser le nécessaire, devient le commissionnaire des autres. Il trafique avec le surabondant de tous : il en rapporte chez lui de quoi subsister; et, parce qu'il s'est fait une habitude de l'économie avec laquelle il a été forcé de commencer, il finit par s'enrichir. Voilà ce qui doit arriver à des nations qui habitent des terres ingrates le long des côtes maritimes. Marchandes par leur position, elles ont les premières fait le commerce de commission ou le trafic.

Alors tous les ports étoient ouverts aux trafiquans. Tous les peuples donnoient à l'exportation et à l'importation une liberté entière. Le surabondant se versoit continuellement des uns chez les autres. Par une concurrence de tous les marchands possibles, chaque chose étoit à son vrai prix; et l'abondance, qui se répandoit chez toutes les nations, sembloit tendre, par une espèce de flux et de reflux, à se mettre par-tout au même niveau.

Ce commerce étoit sur-tout avantageux pour les Troyens. Les progrès qu'ils avoient faits dans les arts attiroient chez eux les marchands de toutes les nations. Ils mettoient en œuvre et les matières premières de leur sol, et celles qu'ils tiroient de l'étranger ; et leurs manufactures, tous les jours plus florissantes, faisoient subsister une multitude d'artisans.

Heureux dans cette position, les peuples ne surent pas s'y maintenir. Pourquoi, disoit-on, envoyer chez les Troyens des matières premières que nous pouvons mettre en œuvre nous-mêmes ? Est-il raisonnable de porter chez l'étranger notre argent et nos productions, pour y faire subsister des artisans, qui, en consommant chez nous, augmenteroient notre population et nos richesses ? Tous les peuples songeoient donc aux moyens d'établir, chacun chez eux, les mêmes manufactures.

<small>Motifs des nations, jalouses de s'enlever mutuellement le commerce.</small>

Mais les nations marchandes excitoient sur-tout la jalousie. Ces nations, pauvres par leur sol, s'enrichissoient, se peuploient, et sembloient devoir à l'aveuglement des autres leurs richesses et leur population. Pourquoi leur laisser faire, presqu'à elles seules, tout le trafic, disoient les peuples jaloux ? Souffrirons-nous encore long-temps qu'elles fassent sur nous des profits que nous pourrions faire nous-mêmes ? C'est nous qui les faisons subsister; c'est nous qui les enrichissons. Fermons-leur nos ports, elles tomberont dans la misère, et bientôt elles ne seront plus.

Combien ces motifs sont peu raisonnables.

Ces réflexions ne sont pas aussi solides qu'elles le paroissent. L'auteur de la nature, aux yeux duquel tous les peuples, malgré les préjugés qui les divisent, sont comme une seule république, ou plutôt comme une seule famille, a établi des besoins entre eux. Ces besoins sont une suite de la différence des climats, qui fait qu'un peuple manque des choses dont un autre surabonde, et qui leur donne à chacun différens genres d'industrie. Malheur au peuple qui voudroit se passer de tous les autres. Il seroit aussi absurde qu'un citoyen qui, dans la société, regrettant les bénéfices qu'on fait sur lui, voudroit pourvoir par lui seul à tous ses besoins. Si un peuple se passoit des nations marchandes, s'il les anéantissoit, il en seroit moins riche lui-même, puisqu'il diminueroit le nombre des consommateurs auxquels il vend ses productions surabondantes.

La concurrence de toutes les nations peut seule

D'ailleurs les négocians n'appartiennent proprement à aucun pays. Ils forment une nation qui est répandue par-tout, et qui a ses intérêts à part. Un peuple est donc dans l'erreur, s'il croit travailler pour lui, lorsqu'il sacrifie tout à ses négocians. En excluant ceux des autres nations, il vend ses marchandises à plus bas prix, et il achète à plus haut les marchandises étrangères : ses manufactures tombent, son agriculture se dégrade, et il fait tous les jours de nouvelles pertes. Il n'y a que la concurrence de tous les négocians qui puisse faire fleurir le commerce à l'avantage de chaque peuple. Faire et laisser faire, voilà donc quel devoit être l'objet de toutes les nations. Un commerce, toujours ouvert et toujours libre, pouvoit seul contribuer au bonheur de toutes ensemble et de chacune en particulier.

faire fleurir le commerce.

Mais ce n'est pas ainsi qu'on raisonnoit. Un état, disoit-on, n'est riche et puissant qu'à proportion de l'argent qui circule ; et l'argent ne circule en plus grande quantité qu'autant qu'on fait un plus grand commerce. Toute nation, qui entendra ses vrais intérêts, doit donc songer aux moyens d'être la seule nation commerçante.

Les nations jalouses ferment leurs ports aux marchands étrangers.

Ce raisonnement parut évident, et on se

conduisit en conséquence. Voilà donc les peuples qui vont travailler à s'appauvrir les uns les autres : car, en voulant s'enlever mutuellement le commerce, chacun d'eux en commercera moins. Observons les effets de cette politique.

Les Troyens, qui avoient des ports sur la mer Égée, sur la Propontide et sur le Pont-Euxin, étoient maîtres encore de toutes les îles adjacentes à leur continent. Dans cette position, où ils pouvoient faire un grand commerce concurremment avec les autres peuples, ils voulurent le faire exclusivement. Ils établirent donc des douanes par-tout : ils mirent à contribution les marchands étrangers qui exportoient ou qui importoient ; enfin ils leur fermèrent tout-à-fait les ports.

Le peuple applaudit à la sagesse du gouvernement. Il croyoit qu'il alloit faire à lui seul tout le trafic; et il n'en fit pas plus qu'auparavant, parce qu'il ne pouvoit pas abandonner ses manufactures et ses champs pour monter sur des vaisseaux.

Combien par ce ... conduite ils ... isent à eux-mêmes.

Le commerce diminua considérablement lorsqu'il ne se fit plus par l'entremise des nations marchandes. Cette révolution entraîna la chûte de plusieurs manufactures ; et l'agriculture se dégrada, parce qu'il y eut moins de productions, quand l'impuissance d'exporter eut rendu inutile tout surabondant.

Cependant le gouvernement ne se doutoit pas de la faute qu'il avoit faite. Il croyoit au contraire que le commerce apportoit dans l'état plus de richesses que jamais : il en jugeoit ainsi à la fortune de quelques négocians Troyens.

Mais ces négocians s'enrichissoient aux dépens de l'état. N'ayant plus de concurrens, lorsqu'ils vendoient et lorsqu'ils achetoient, ils mettoient seuls le prix aux choses. Ils retranchoient tous les jours sur le salaire de l'artisan et du laboureur ; et ils vendoient cher tout ce qu'ils apportoient de l'étranger.

Jaloux les uns des autres, les peuples ne devoient pas se borner à se fermer leurs ports, et à s'interdire mutuellement le commerce dans l'espérance de le faire chacun exclusivement. On devoit encore armer, et on arma. Dans des guerres funestes à tous, on s'applaudissoit alternativement des coups

<small>Les nations arment les unes contre les autres.</small>

qu'on croyoit se porter, et qu'on ne portoit que sur le commerce pour le ruiner par-tout également. De grandes armées sur terre, de grandes flottes sur mer mettoient dans la nécessité d'arracher de force à la charrue et aux manufactures une partie des citoyens, et de charger d'impôts l'autre partie. Ces violences se renouveloient à chaque guerre, toujours avec de nouveaux abus, parce que la paix, qui ne se faisoit que par épuisement, ne duroit jamais assez pour permettre aux puissances belligérantes de réparer leurs pertes.

Le commerce tombe, et ne se relève plus. Le commerce, tombé pendant la guerre, se relevoit difficilement à la paix. On n'osoit pas s'engager dans des entreprises qui exigeoient de grandes avances, et dont toutes les espérances pouvoient s'évanouir aux premières hostilités. Le gouvernement néanmoins invitoit le peuple et même la noblesse à faire le trafic. Il offroit sa protection aux négocians, et il ne paroissoit occupé qu'à faire fleurir le commerce, qu'il avoit ruiné, et qu'il devoit ruiner encore.

Quand on a la puissance, on croit tout possible. On ne sait point se méfier de ses lumières; et, parce qu'on a commandé, on n'imagine pas devoir trouver des obstacles. Voilà pourquoi, dans l'administration publique, une faute, qui a été faite, se fait encore, et se fait long-temps. Elle devient maxime d'état, et les préjugés gouvernent. Les Troyens s'obstinoient à fermer leurs ports aux nations marchandes ; ils s'obstinoient à leur faire la guerre, et cependant ils cherchoient quelle pouvoit être la cause de la décadence de leur commerce.

On crut l'avoir trouvée, lorsqu'ayant considéré que les entreprises demandoient des avances d'autant plus grandes qu'elles exposoient à plus de risques, on s'imagina que le commerce ne pouvoit plus se faire que par des compagnies qui réuniroient les fonds de plusieurs riches négocians. Il n'y avoit donc qu'à permettre d'en former autant qu'on le jugeroit à propos. Mais il s'en présentoit une. Elle faisoit voir de grands avantages pour l'état dans l'espèce de trafic qu'elle projetoit. Elle exagéroit les avances qu'elle auroit à faire. Elle représentoit qu'après les avoir faites, il ne seroit pas juste qu'elle fût privée du bénéfice dû

Dans l'espérance de le relever, on imagine de créer des compagnies exclusives.

à son industrie ; et elle demandoit un privilége exclusif. Il lui fut accordé.

Ce privilége étoit une atteinte portée à la liberté, puisqu'il donnoit à une seule compagnie un droit qui appartenoit à tous les citoyens. Les négocians reclamèrent, mais inutilement. La nouvelle compagnie donna de l'argent, et le privilége fut confirmé.

Dès que le gouvernement connut que ces priviléges pouvoient se vendre, il en vendit encore. Cet abus, passé en usage ; devint règle ; et bientôt on regarda les priviléges exclusifs comme une protection accordée au commerce.

Abus qui en résultant.

Cependant, vendre des priviléges exclusifs à des artisans et à des marchands, c'étoit exiler ceux à qui on n'en vendoit pas. Plusieurs sortirent du royaume, et emportèrent les manufactures avec eux. Il est vrai que le gouvernement leur défendit, sous de grièves peines, de sortir de l'état. Mais, quand ils étoient passés chez l'étranger, on ne pouvoit plus les punir, et cependant on ne pouvoit pas les empêcher d'y passer. Cette défense les fit déserter en plus grand nombre.

Lorsque les manufactures jouissent dans un royaume d'une liberté entière, elles se multiplient à proportion du besoin. Il n'en est pas de même lorsqu'elles appartiennent à une compagnie exclusive. Comme l'intérêt de cette compagnie est bien moins de vendre beaucoup que de vendre cher, elle songe à faire le plus grand bénéfice avec le plus petit trafic. D'ailleurs elle trouve un avantage à diminuer le nombre des manufactures; c'est que les ouvriers, restant en plus grande quantité qu'elle n'en peut employer, sont réduits, s'ils ne veulent pas mendier, à travailler presque pour rien.

Non seulement la main-d'œuvre coûtoit peu aux compagnies exclusives, elles voulurent faire encore un nouveau bénéfice sur les matières premières. Elles représentèrent au gouvernement combien l'exportation qu'on en faisoit chez l'étranger étoit contraire aux intérêts du commerce, et il fut défendu de les exporter. Elles les achetèrent donc au plus bas prix, et, en conséquence, la culture en fut tous les jours plus négligée.

Pendant que les douanes, les impôts, les priviléges exclusifs vexoient le commerce et l'agriculture, le luxe croissoit avec la misère: l'état, qui ne subsistoit plus que par des ressources, contractoit continuellement de nouvelles dettes ; et la finance s'élevoit au milieu des débris de la fortune publique.

Voilà l'état où se trouvoit la monarchie des Troyens. Tel étoit à-peu-près celui de toutes les monarchies qui avoient armé pour s'enlever mutuellement quelques branches de commerce. Aux moyens qu'elles employoient, on n'auroit pas deviné qu'elles vouloient s'enrichir.

Il est difficile que le commerce fleurisse dans des monarchies.

Lorsque le gouvernement fait continuellement des emprunts, l'intérêt de l'argent est nécessairement fort haut : il l'est surtout dans un temps où le luxe, qui ne met point de bornes aux besoins, fait une nécessité aux plus riches d'emprunter.

Si ce sont les citoyens qui prêtent à l'état, les fonds sortent du commerce pour faire subsister sans travail une multitude de rentiers, gens inutiles, dont le nombre croit continuellement.

Si ce sont des étrangers, les fonds sortent non seulement du commerce, ils sortent encore de l'état qui se ruine insensiblement.

Alors les négocians qui trouvent difficilement à emprunter, ou qui ne trouvent qu'à gros intérêts, sont dans l'impuissance de former de grandes entreprises. Comment en formeroient-ils ? Leurs affaires sont presque toujours mêlées avec celles du gouvernement auquel les compagnies exclusives ont prêté leur crédit ; et par conséquent la méfiance qu'on a du gouvernement bannit du commerce toute confiance. Il est donc bien difficile que le commerce fleurisse dans de pareilles monarchies.

On ne voyoit pas de pareils inconvéniens chez les republiques marchandes. Au contraire, il y régnoit une grande confiance, parce que les négocians y jouissoient d'une liberté entière, et que le gouvernement, sans luxe et sans dettes, assuroit leurs fortunes. Ils avoient dans le commerce un grand avantage sur les négocians des monarchies, parce qu'ils pouvoient emprunter à bas intérêts, et qu'ayant de l'économie ils songeoient moins à faire tout-à-coup de gros profits qu'à en faire fréquemment de

Avantages des républiques marchandes sans les monarchies.

petits. Tous les fonds restoient donc dans le commerce, et le faisoient fleurir.

Républiques agricoles, plus heureuses encore.

Mais, de tous les peuples, les plus sages ou les plus heureux, c'étoient les républiques agricoles. Peu jalouses de faire le trafic par elles-mêmes, elles n'avoient pas imaginé de fermer leurs ports aux marchands étrangers qui venoient enlever le surabondant de leurs productions, et elles subsistoient dans l'abondance.

Les choses se trouvoient dans cet état lorsque de nouvelles branches de commerce causèrent une grande révolution.

Commerce avec une nation qui n'attache point de valeur à l'or et à l'argent.

Les Phéniciens, peuple marchand et républicain, découvrirent, à l'occident de l'Europe, un pays peuplé par une multitude de cités qui leur parurent d'autant plus barbares, qu'ayant beaucoup d'or et beaucoup d'argent, elles n'y attachoient aucune valeur. Cette découverte, qui leur fournit les moyens de faire un plus grand trafic, leur donna bientôt la prépondérance sur toutes les nations marchandes.

Commerce avec une nation éloignée qui cultive les arts, ou commerce de l'Inde.

Dans la monarchie troyenne, où les compagnies exclusives s'étoient saisies de tout le commerce connu, on avoit encore plus besoin de faire des découvertes. C'étoit l'unique ressource des marchands qui n'avoient point acheté de privilèges. Réduits donc à chercher quelque nouvelle branche de commerce dans des contrées inconnues, ils pénétrèrent dans la mer Caspienne ; et de là, par l'Oxus, ils remontèrent dans l'Inde, pays vaste, fertile, où les arts étoient cultivés, et où la main-d'œuvre étoit à un prix d'autant plus bas qu'une grande population y subsistoit dans l'abondance avec peu de besoins.

Cette découverte introduisit dans la monarchie un nouveau genre de luxe. On admira la beauté des toiles qui se fabriquoient dans l'Inde ; et, la nouveauté leur donnant une valeur qui croissoit en quelque sorte en raison de l'éloignement, les marchands qui ouvrirent les premiers ce commerce gagnèrent depuis cent cinquante jusqu'à deux cents pour cent.

Nouveau genre de luxe.

Ce trafic parut donc très-lucratif : en effet il l'étoit pour les marchands. Il l'auroit été pour l'état même si on avoit gagné cent cinquante pour cent sur les marchandises qu'on portoit dans l'Inde, parce

Commerce lucratif pour les marchands et onéreux pour l'état.

que, dans cette supposition, il auroit fait fleurir les manufactures du royaume. Mais les Indiens n'avoient pas besoin des choses qui se manufacturoient dans l'Occident, et l'or et l'argent étoient presque les seules marchandises qu'on pouvoit leur donner en échange des leurs. C'est donc au retour que les marchands faisoient un bénéfice de cent cinquante pour cent; et par conséquent ils le faisoient sur l'état.

On n'étoit pas dans l'usage de faire de pareilles distinctions. Les marchands s'enrichissoient en faisant un commerce onéreux pour l'état, et on disoit : L'état s'enrichit.

<small>Compagnie exclusive pour faire ce commerce.</small> Dès que ce commerce paroissoit se faire avec tant d'avantages par quelques marchands particuliers, il ne fut pas difficile de prouver au gouvernement qu'il se feroit avec plus d'avantages encore par une compagnie exclusive. On lui prouva même que les particuliers qui le faisoient ne le pouvoient pas faire; et, quoiqu'on l'eût convaincu de leur impuissance, et que par conséquent il fût inutile de le leur défendre, il le leur défendit; et il accorda un

privilége exclusif pour quinze ans à une compagnie.

Voilà donc plusieurs négocians exclus d'un commerce qu'ils avoient découvert à leurs risques et fortunes, et cependant la compagnie ne le fit pas. Les compagnies sont lentes dans leurs opérations : elles perdent bien du temps à délibérer ; et elles font bien des dépenses avant de commencer. Celle-ci ne commença point : elle empêcha seulement que le commerce ne se fît par d'autres.

On créa une seconde compagnie, une troisième, plusieurs successivement ; et le gouvernement, qui se faisoit une habitude d'en créer, croyoit toujours qu'il lui étoit avantageux d'en créer encore. Il en fut si persuadé, qu'il en créa enfin une à laquelle il donna les plus grands secours, jusqu'à lui avancer les fonds dont elle avoit besoin.

Celle-ci, malgré quelques succès qu'elle eut par intervalles, eut bientôt consommé la plus grande partie de ses fonds. Elle voyoit le moment où elle alloit perdre son crédit ; et, parce qu'il lui importoit de cacher ses pertes, elle imagina de faire aux actionnaires des répartitions, comme si le commerce eût produit un bénéfice. Mais cet expédient frauduleux, qui répara pour un moment son crédit, fit un plus grand vide dans ses coffres. Bientôt elle fut réduite à emprunter à gros intérêts, et elle ne se maintint plus que par les secours qu'elle reçut du gouvernement.

<small>Comment ce commerce, lucratif pour des négocians particuliers, est ruineux pour des compagnies exclusives.</small>

Mais pourquoi le même commerce est-il tout-à-la-fois lucratif et ruineux? Il est lucratif lorsque des particuliers le font, parce qu'alors il se fait avec économie. Il suffit à des négocians d'être en correspondance avec les négocians des pays où ils trafiquent. Tout au plus ils auront des facteurs par-tout où ils auront besoin d'avoir des entrepôts; et ils évitent toutes les dépenses inutiles, parce qu'ils voient tout par eux-mêmes.

Il n'en est pas de même des compagnies. Il leur faut, dans la capitale, des administrateurs, des directeurs, des commis, des employés : il leur faut d'autres administrateurs, d'autres directeurs, d'autres commis, d'autres employés par-tout où elles forment des établissemens.

Il leur faut encore, outre les comptoirs et les magasins, des édifices élevés à la vanité des chefs qu'elles emploient. Forcés à tant de dépenses, combien ne perdent-elles pas en malversations, en négligences, en incapacité ? Elles paient toutes les fautes de ceux qu'elles gagent pour les servir ; et il s'en fait d'autant plus que les administrateurs qui se succèdent au gré de la brigue, et qui voient chacun différemment, ne permettent jamais de se faire un plan sage et suivi. Elles forment des entreprises mal combinées : elles les exécutent comme au hasard ; et, dans une administration qui semble se compliquer d'elle-même, elles emploient des hommes intéressés à la compliquer encore. La régie de ces compagnies est donc vicieuse nécessairement.

Mais la compagnie de l'Inde avoit d'autres vices que ceux de sa constitution. Elle voulut être militaire et conquérante. Elle se mêla dans les querelles des princes de l'Inde ; elle eut des soldats, des forts ; elle acquit des possessions, et ses employés se crurent des souverains. Il est donc aisé de comprendre comment sa régie absorboit au-delà des produits du commerce.

Cependant cette compagnie s'obstinoit à vouloir conserver son privilége ; elle se fondoit sur ce que ce commerce, selon elle, étoit impossible aux négocians particuliers. Mais elle parloit d'après les intérêts de ses employés qui seuls s'enrichissoient. En effet, son expérience prouvoit qu'elle ne pouvoit plus elle-même faire ce commerce. Quel risque y avoit-il donc à la rendre libre ? S'il est possible de le faire avec avantage, des particuliers le feront, sinon il ne se fera pas.

Comment ces compagnies se soutenoient dans les républiques marchandes, où elles avoient les mêmes vices que dans les monarchies.

Le commerce de l'Inde excita l'avidité des nations marchandes. La mer rouge l'ouvroit aux Phéniciens. Ils ne tardèrent pas à le faire, et ils portèrent dans l'Inde l'or et l'argent qu'ils tiroient de l'occident de l'Europe. Mais il sembloit que les compagnies exclusives dussent s'établir par-tout. Il s'en forma une à laquelle les Phéniciens abandonnèrent ce commerce.

Cette compagnie eut dans leur république, comme dans une monarchie, les vices inhérens à sa constitution. Elle se soutint cependant mieux que celle des Troyens, parce qu'elle se trouva dans des circonstances plus favorables.

Les Phéniciens avoient conquis plusieurs îles, les seules où croissoient les épiceries; et ils avoient cru se réserver la vente exclusive de ces productions, en donnant ces îles à une compagnie intéressée à les fermer à tout négociant étranger. Ce sont ces productions qui soutenoient leur compagnie. Elle se seroit ruinée comme toutes les autres, si, sans des possessions qui étoient uniques, elle eût été bornée à faire le commerce de l'Inde. Les Phéniciens éclairés ne l'ignoroient pas. Ils ne comptoient point sur la durée d'une compagnie qui étoit tout-à-la-fois militaire et marchande; et ils jugeoient avec raison qu'il eût été plus avantageux à leur république de laisser une entière liberté au commerce, et de partager même celui des épiceries avec les nations étrangères.

Cependant l'exemple d'une compagnie exclusive, chez les Phéniciens, étoit à Troie un grand argument pour protéger la compagnie de l'Inde. Comment, disoit-on, cette compagnie seroit-elle contraire à la liberté et au commerce, puisqu'il s'en établit de semblables chez les peuples libres et commerçans ? Mais, si ceux qui faisoient cette objection prévoyoient la réponse, ils étoient de mauvaise foi ; et, s'ils ne la prévoyoient pas, ils étoient bien ignorans. De pareils raisonnemens néanmoins aveugloient le gouvernement au point qu'il ne se lassoit pas de faire continuellement de nouveaux efforts pour soutenir cette compagnie.

Toutes les nations font à l'envi le commerce de l'Inde.

Il étoit difficile que les Égyptiens, situés si avantageusement pour trafiquer du Couchant à l'Orient, vissent sans jalousie les richesses que le commerce apportoit aux Phéniciens. Ils tentèrent donc de les partager, et ils s'ouvrirent les mêmes routes. Insensiblement les autres peuples de l'Asie, à l'exemple les uns des autres, s'adonnèrent au trafic, et tous arrivèrent dans l'Inde par divers chemins. Les derniers comptoient sur les mêmes bénéfices que les premiers avoient faits. Ils ne prévoyoient pas que la concurrence de tant de nations marchandes feroit tout renchérir dans les marchés de l'Inde ; et que les choses qu'on y acheteroit à un plus haut prix se revendroient à un plus bas, parce qu'elles deviendroient plus communes. Au contraire, au grand mouvement qui se faisoit dans le commerce, on se confirmoit tous les jours dans la maxime qu'un état n'est puissant qu'autant qu'il est riche, et qu'il n'est riche qu'autant qu'il fait le trafic.

Ce n'est pas que je blâme le trafic. Je pense qu'il faut laisser faire à un peuple tout ce à quoi il se croit propre. Le gouvernement n'a rien à prescrire à cet égard. Il ne doit point encourager exclusivement le trafic, pas même l'agriculture. Toute sa protection se borne à observer ce qui se fait, à laisser faire, à lever les obstacles et à maintenir l'ordre. Que les campagnes ne soient point foulées, elles se peupleront avec une surabondance qui refluera dans les villes pour les remplir d'artisans, et dans les ports pour les remplir de matelots. Alors tout sera mis en valeur par une industrie qui se portera à tout, et la nation sera véritablement puissante.

Le trafic ne doit pas être encouragé exclusivement.

Mais faut-il, pour ne pas fouler les campagnes, ôter tous les impôts ? Non sans doute. Car ce sont les terres qui doivent payer les charges, puisqu'elles seules peuvent payer. Les artisans et les marchands, comme nous l'avons remarqué, quelque taxe qu'on mette sur eux, ne paient jamais ; parce que, s'ils travaillent, ils se font rembourser ; et, s'ils ne travaillent pas, ils mendient. En un mot, de quelque manière qu'on s'y prenne pour les faire contribuer, ce sont toujours les propriétaires qui paient pour les salariés, puisque ce sont les propriétaires qui paient les salaires : nous l'avons déjà dit. Il faut donc mettre des impôts sur les terres : il faut accorder à l'industrie toute liberté, et il ne faut laisser naître aucun des abus que nous avons observés dans les gouvernemens.

Disordre général. Tous ces abus s'étoient introduits plus ou moins parmi les nations de l'Asie ; et, lorsqu'elles ôtoient toute liberté au commerce, et que, par contre-coup, elles ruinoient l'agriculture, elles vouloient être commerçantes, et chacune vouloit l'être exclusivement. De-là des guerres fréquentes dans l'Inde, dans l'Asie, et des révolutions continuelles dans le commerce. Il tomboit successivement par-tout, et il ne se relevoit que foiblement chez les nations qui avoient eu le plus de succès. Toutes contractoient des dettes, toutes multiplioient les impôts ; et, pour soutenir le commerce, elles paroissoient à l'envi ruiner l'agriculture, sans laquelle cependant il n'y a point de commerce. Le désordre étoit par-tout le même, ou à-peu-près.

On sentit enfin que les terres sont le plus grand fonds de richesses ; et, pour encourager l'agriculture, on proposa chez les Troyens de permettre tout-à-la-fois l'exportation et l'importation des blés. Notre sol, disoit-on, naturellement fécond, sera pour nous, s'il est bien cultivé, une mine inépuisable. La concurrence des nations mettra le blé à son vrai prix. Les cultivateurs, assurés de la vente de leurs grains, défricheront toutes les terres, et, à chaque année, nous aurons un plus grand fonds de commerce.

Pour relever le commerce, on propose de permettre l'exportation et l'importation des blés.

En Égypte, l'exportation seule étoit permise : souvent même le gouvernement l'encourageoit par des récompenses. Riches par leur sol, les Égyptiens l'étoient encore par leur commerce, et dominoient alors sur les mers. D'après cet exemple, beaucoup de personnes, chez les Troyens, vouloient qu'on permît au moins l'exportation : d'autres s'y opposoient : et le public, qui ne savoit qu'en penser, étoit dans la crainte, soit qu'on la permît, soit qu'on la défendît.

Parmi les raisonnemens qu'on faisoit sur cette question, les meilleurs ne convainquoient pas, et les mauvais avoient l'avantage du nombre. Le gouvernement, qui, comme le public, ne savoit que penser, obéissoit au cri qui paroissoit le plus fort, permettant et défendant tour-à-tour l'exportation : parce que, faute de principes, il se conduisoit avec timidité, il n'accordoit ordinairement qu'une liberté qu'il limitoit, et qu'il rendoit par-là sujette aux plus grands abus. En un mot, on eût dit à sa conduite qu'il vouloit causer la disette pour favoriser les monopoleurs.

Sur ces entrefaites, on apprit que les Égyptiens venoient de défendre l'exportation ; et cette nouvelle parut faire triompher ceux qui la blâmoient à Troie.

Nations chez lesquelles la li-

Nous avons prouvé qu'il est de l'intérêt

de toutes les nations de donner la liberté d'exporter et d'importer : nous remarquerons ici que cette liberté doit procurer de plus grands avantages, ou du moins les procurer plus promptement, lorsqu'elle concourt avec toutes les causes qui peuvent contribuer aux progrès de l'agriculture.

liberté du commerce des grains doit produire promptement de grands avantages.

Quoiqu'il y eût des abus en Égypte, de vieux usages faisoient encore respecter l'agriculture. On avoit pour maxime que les impôts ne doivent être mis que sur le produit net des terres, et on évaluoit ce produit de la manière la plus favorable aux cultivateurs. Un fermier savoit ce qu'il devoit payer. Assuré qu'on ne lui demanderoit jamais au-delà, il vivoit dans l'aisance. On lui laissoit toutes les avances nécessaires pour cultiver ses champs et pour les améliorer; et jamais l'impôt, sous quelque prétexte que ce fût, ne pouvoit être pris sur ces avances. Il avoit même, pour s'enrichir, un moyen qui contribuoit aux progrès de l'agriculture. C'est que les baux se passoient pour vingt, vingt-cinq ou trente ans. Les fermiers riches pouvoient donc, pendant les quatre ou cinq premières années d'un bail, mettre tous leurs profits en plantations, en défrichemens, en augmentations de bestiaux. Ils pouvoient même encore employer à cet effet une partie de leur bien; et, ils le faisoient communément, parce qu'ils étoient assurés de retirer avec bénéfice, pendant quinze à vingt ans, les avances qu'ils avoient faites. En un mot, par la longueur de leurs baux, ils cultivoient une ferme avec le même intérêt que si elle eût été à eux, et les propriétaires y trouvoient eux-mêmes un grand avantage, parce que, à chaque renouvellement de bail, ils augmentoient considérablement leurs revenus.

Voilà les causes qui concouroient en Égypte avec la liberté d'exporter, et on conçoit qu'il en devoit résulter de grands avantages.

Nations chez lesquelles la liberté du commerce des grains ne peut produire que lentement les mêmes avantages.

A Troie, depuis long-temps, un grand nombre d'abus contribuoient à la dégradation de l'agriculture. Les baux étoient de neuf ans : la loi ne permettoit pas d'en faire de plus longs ; et, quand elle l'auroit permis, l'agriculture en eût retiré peu d'avantages. Que pouvoit-on attendre des fermiers? Ils ne gagnoient en général que de quoi subsister misérablement. Peu assurés de leurs avances, ils étoient souvent réduits, pour payer les impositions, à vendre leurs bestiaux, ou même jusqu'à leurs charrues. Pauvres, ils affectoient de le paroître encore plus, parce que les taxes, qui étoient personnelles et arbitraires, croissoient aussitôt qu'un laboureur laissoit appercevoir de l'aisance. Dans cet état des choses, les champs tomboient en friche : on ne cultivoit qu'autant qu'on y étoit forcé par la nécessité, et la plupart des fermes n'étoient point en valeur. On juge, d'après cet exposé, que, dans la monarchie troyenne, il falloit du temps pour se procurer tous les avantages qu'on doit attendre de la liberté du commerce des grains.

On demandera sans doute pourquoi les Égyptiens, après avoir encouragé l'exportation, l'avoient défendue : c'est qu'ils n'avoient pas permis l'importation. Il y eut une cherté à la suite d'une mauvaise récolte, et les étrangers n'apportèrent point de blés, ou n'en apportèrent pas assez. Dans cette conjoncture, le gouvernement crut devoir prendre la précaution inutile de défendre l'exportation qui ne se faisoit pas, et qui ne pouvoit pas se faire.

Les gouvernemens qui se conduisent par des principes de finances, ne peuvent pas s'occuper des moyens de faire fleurir l'agriculture.

Les Troyens devoient donner au commerce des grains une liberté entière, et ils devoient encore faire concourir toutes les causes qui peuvent contribuer aux progrès de l'agriculture. Mais, quand un état tombe en décadence, on ne songe ni à l'agriculture, ni aux causes qui la dégradent, ni aux moyens de la réparer. On a pour unique maxime qu'il faut faire de l'argent; et, quand on en a fait, on croit avoir plus de puissance, parce qu'on peut lever de plus grandes armées. Mais, en supposant que les grandes armées font la puissance, il faudra savoir comment le monarque a de l'argent, pour juger si sa puissance est bien assurée.

Sont-ce les cultivateurs qui le donnent? et, après l'avoir donné, vivent-ils dans l'aisance? Je conçois que le souverain est riche, et, s'il sait faire un emploi de ses richesses, il sera puissant. Mais n'a-t-il de l'argent que parce qu'il en emprunte? Il n'en a donc pas. Il n'a que des dettes. Pour les payer, il ruinera son peuple; et, avant de les avoir payées, il en aura déjà contracté de nouvelles.

Voilà cependant où en étoient les principales puissances de l'Asie. Par-tout on parloit de faire entrer l'argent dans l'état: on parloit d'empêcher qu'il ne sortit: on ne parloit, en un mot, que de la nécessité d'en avoir; et les gouvernemens, qui ne se conduisoient que par des principes de finance, ne pouvoient pas songer aux moyens de faire fleurir l'agriculture.

Avec cette politique financière, les monarques se croyoient puissans, ou se flattoient de le devenir. Mais les siècles reculés où je les fais vivre doivent leur faire pardonner cette erreur. Ils ne prévoyoient pas avec quelle facilité les empires les plus riches, sur-tout ceux de l'Asie, seroient renversés; et ils pouvoient croire qu'il y auroit quelque jour des conquérans financiers. Ils se sont trompés.

CHAPITRE XVIII.

Atteintes portées au commerce: comment les spéculations des commerçans ont pour dernier terme la ruine même du commerce.

<small>Objet des spéculations des commerçans.</small>

LORSQUE le commerce jouit d'une liberté entière, on peut avoir un grand nombre de concurrens; et alors les entreprises exposent à plus ou moins de risques à proportion qu'elles sont plus ou moins grandes. Voyons quelles peuvent être, en pareil cas, les spéculations des commerçans. Il s'agit pour eux de s'assurer le plus grand bénéfice.

<small>Spéculations des cultivateurs.</small>

Un fermier qui prend une terre à bail en estime le produit d'après les récoltes, années communes, et d'après le prix courant des denrées dans les marchés.

Voilà sa première spéculation. Elle est fondée sur une conjecture plus ou moins vraisemblable : mais l'effet en est incertain. Il fera du bénéfice s'il recueille autant de denrées qu'il a présumé, et s'il en trouve le prix sur lequel il a compté. Dans le cas contraire, il fera des pertes. Que la grêle lui enlève une partie de ses moissons, il aura peu de productions à vendre; et cependant il sera obligé de les livrer à bas prix, si ses voisins ont fait des récoltes abondantes.

Tel est le danger auquel il est exposé lorsqu'il se conduit d'après les spéculations les plus communes.

S'il imagine une nouvelle culture, et qu'il tente le premier d'en faire l'essai, ses spéculations seront encore plus incertaines; car elles n'auront pour fondement que des analogies dont il ne peut pas juger encore, et dont l'expérience peut seule assurer le succès.

Enfin, qu'il observe les productions qui sont à plus haut prix parce qu'elles sont tout-à-la-fois plus rares et plus recherchées, et qu'il les cultive par préférence, son entreprise sera encore bien hasardeuse. Ou son sol n'y sera pas propre, ou elles cesseront d'être recherchées avec le même empressement;

ou elles deviendront abondantes parce que d'autres cultivateurs auront fait les mêmes spéculations.

Il faudroit, pour la solidité de ses entreprises, qu'il s'assurât de la nature de son sol, qu'il saisît toujours à propos les goûts changeans de la multitude, et qu'il fît encore entrer en considération les tentatives que font les autres cultivateurs.

Dans l'impuissance de calculer toutes ces choses, les fermiers donnent souvent au hasard. Ils gagnent, ils perdent : mais tous contribuent aux progrès de l'agriculture, les uns par leurs fautes, les autres par leurs succès; et à la fin il s'établit, dans chaque pays, une manière de cultiver qui souvent pourroit être perfectionnée à bien des égards, mais dont la bonté paroit en général confirmée par l'expérience. Alors le cultivateur se conforme à l'usage, et spécule tous les jours moins.

<small>Spéculations des artisans qui font des ouvrages communs.</small> L'artisan fait aussi des spéculations. Elles portent sur le prix courant des matières premières, sur le salaire que la coutume lui arroge, sur le goût du public pour certains ouvrages, et sur le nombre de ceux qui

travaillent concurremment dans le même genre.

Les ouvrages les plus communs, qui sont à l'usage de tout le monde, sont ceux où il y a moins de risques à courir. Le prix de la matière première en varie peu, parce qu'elle est toujours abondante. Le salaire dû à l'ouvrier est mieux connu, parce que ces sortes d'ouvrages sont continuellement dans le commerce : ils y sont en grande quantité, et ce n'est pas un goût passager qui les fait rechercher, c'est un besoin journalier. Enfin, le nombre des artisans se proportionne naturellement aux besoins de la société ; et, par conséquent, leur concurrence, qui est toujours à-peu-près la même, met peu de variation dans leurs salaires.

Les profits, dans ce genre d'ouvrages, sont donc plus assurés : ils se renouvellent continuellement. Mais ils sont peu considérables. L'ouvrier, qu'ils font vivre au jour le jour, ne peut faire que de petites épargnes ; encore les prend-il souvent sur son nécessaire, et il ne sauroit changer sa condition que bien difficilement.

Ces sortes d'artisans ont peu de spécu-

Spéculations

<small>Des artisans des choses de luxe.</small>

lations à faire : il leur suffit, pour subsister, de se conduire comme on se conduisoit avant eux. Mais ceux qui étudient les goûts des riches, ceux sur-tout qui veulent en faire naître de nouveaux, les artisans des choses de luxe en un mot, s'ils peuvent se promettre de plus grands profits, ont aussi plus de choses à considérer.

Les matières premières sur lesquelles ils travaillent étant ordinairement plus rares, en sont à plus haut prix ; et elles renchérissent de plus en plus à proportion que leurs ouvrages ont plus de vogue. Alors il faut qu'ils se bornent à de moindres profits : un trop haut prix pourroit dégoûter ceux qui les font travailler.

La mode, naturellement inconstante, ne leur assure rien ; et cependant c'est sur cette base qu'ils fondent toutes leurs spéculations. Les gros profits, s'ils en font, leur deviennent même contraires, parce qu'ils se voient bientôt une multitude de concurrens que l'appât du gain invite à travailler dans le même genre. Alors il arrive souvent qu'on a peine à vivre d'un métier qui a enrichi ceux qui l'ont fait les premiers.

Mus au hasard, et victimes des caprices de la mode, ces artisans sont souvent exposés à se voir sans ressources. Ceux qui, pour être venus trop tard, ont beaucoup de concurrens, n'ont pas pu faire des épargnes; et ceux qui ont travaillé dans des conjonctures plus favorables n'y ont pas pensé. Ils ne prévoyoient pas qu'il viendroit un temps où leur industrie leur rapporteroit moins.

N'ayant pas assez d'avances pour attendre le moment de vendre avec avantage, à peine ont-ils fini un ouvrage, qu'ils sont réduits quelquefois à le livrer à vil prix. Souvent même ils se voient dans l'impuissance de travailler, parce qu'ils ne peuvent pas acheter les matières premières.

Comment les artisans et les cultivateurs se trouvent dans la dépendance des négocians.

Alors un négociant, qui veut étendre son commerce, leur offre ses secours. Il consent à leur assurer un salaire, pourvu qu'ils consentent aussi à ne travailler que pour lui. Les artisans acceptent des conditions dont la nécessité leur fait une loi; et ils viennent insensiblement, les uns après les autres, se mettre aux gages des négocians.

Il en est à-peu-près de même des fermiers: ils ont besoin, pour remplir leurs engagemens, d'avoir vendu leurs productions dans des termes fixes. D'ailleurs ils ne sont pas communément assez riches pour bâtir des magasins où ils puissent les conserver en attendant le moment de les vendre avantageusement. Ils se croient donc trop heureux de pouvoir livrer à des négocians celles dont ils ne trouvent pas le débit dans les marchés; et cependant ces négocians ne les achètent que lorsqu'elles sont à bas prix, et qu'ils peuvent compter de les revendre avec bénéfice.

Comment les spéculations des négocians sont utiles et incommodes lorsque le commerce jouit d'une liberté entière.

Tout paroît donc favoriser les négocians qui forment de grandes entreprises. Maîtres de tous les effets commerçables, ils semblent avoir entre leurs mains toutes les richesses de l'état pour s'enrichir eux-mêmes du travail des laboureurs et de l'industrie des artisans. Voilà pour eux un vaste champ de spéculations.

On voit que ces spéculations portent sur le besoin qu'a l'artisan d'être payé de son salaire, sur celui qu'a le cultivateur de vendre ses productions, et sur celui qu'aura le public des ouvrages de l'artisan et des productions du cultivateur.

Il est de l'intérêt du négociant d'acheter au plus bas prix et de vendre au plus haut. Il lui importe donc qu'il y ait, en tous genres, un grand nombre d'artisans, afin qu'ils se réduisent par la concurrence à de moindres salaires. Par la même raison, il lui importe encore que beaucoup de cultivateurs soient pressés de vendre. Enfin il lui importe d'avoir peu de concurrens dans les entreprises où il s'engage.

On conçoit qu'avec un privilége exclusif il obtiendroit facilement tous ces avantages ; et qu'au contraire il en sera souvent frustré si le commerce jouit d'une liberté entière. Alors les spéculations seront pour lui d'autant plus difficiles, que le succès de ses entreprises dépendra d'une multitude de circonstances qu'on ne peut pas faire entrer dans un calcul, ou qu'il est même impossible de prévoir.

Quelque avantageusement qu'il ait traité avec les artisans et avec les cultivateurs, il peut être trompé dans son attente. Car, si ce sont des denrées de première nécessité dont il a rempli ses magasins, une récolte abondante, qui en fera baisser le prix, lui enlevera tout le profit qu'il en espéroit. Peut-être même la vente ne le remboursera-t-elle pas des frais d'achats et de voiture.

D'ailleurs il n'a pas de moyen pour s'assurer de la consommation qui doit s'en faire dans les lieux où il comptoit vendre. Mille accidens peuvent la diminuer comme l'augmenter ; et, quand à cet égard il sauroit à quoi s'en tenir, comment jugera-t-il de la proportion où sont les choses qu'il achète avec la consommation qui s'en fera ? Connoit-il la quantité dont ses concurrens se sont pourvus ? Il pourroit donc arriver, contre son attente, qu'il en eût trop acheté, et qu'il se vit réduit à vendre à perte. Il n'y a point de spéculations qui puissent à cet égard le diriger sûrement. Il sera donc forcé de se conduire dans ses entreprises, comme en tâtonnant, d'après l'expérience.

Tels sont les dangers auxquels il est exposé, lorsqu'il fait le trafic des choses de première nécessité ; et ce sont pourtant celles dont le débit est le plus sûr.

Les choses de seconde nécessité, dont nous nous faisons autant de besoins, ne sont pas toutes également nécessaires. L'habitude peut en être récente, et quelquefois ce sont des goûts qui passent, et qui font place à d'autres. Il y a donc souvent un moment à saisir. Si elles sont trop communes, on s'en dégoûtera ; et, si elles sont trop rares, le haut prix diminuera le nombre des consommateurs. Par quels calculs, dans cette sorte de commerce, sera-t-il donc possible de s'assurer des profits qu'on se promet ?

Ces difficultés, qui se trouvent sur-tout dans les grandes entreprises de commerce, doivent peu inquiéter le gouvernement. Car ce n'est pas par un petit nombre d'entrepreneurs, qui s'enrichissent exclusivement, que le commerce doit se faire. Il importe bien plutôt qu'il se fasse par un grand nombre qui se contentent de vivre dans l'aisance, et qui font subsister dans la même aisance une multitude d'artisans et de cultivateurs.

Or, quand le commerce jouit d'une liberté entière, il se fait naturellement par un grand nombre d'entrepreneurs qui en partagent entre eux toutes les branches et tous les bénéfices. Alors il est difficile et presque impossible qu'un négociant acquière des richesses fort disproportionnées à celles

Ces difficultés ne doivent pas inquiéter le gouvernement.

de ses concurrens. Il faudroit qu'il s'engageât dans des entreprises dont les spéculations seroient accompagnées de trop d'incertitude : il n'oseroit s'y hasarder.

Voilà le principal avantage de la liberté du commerce. Elle multiplie les commerçans : elle rend la concurrence aussi grande qu'elle peut l'être : elle répartit les richesses avec moins d'inégalité, et elle réduit chaque chose à son vrai prix.

Les spéculations dans le trafic deviennent faciles et sûres lorsque les négocians obtiennent des privilèges exclusifs.

Mais s'il importe à l'état qu'il y ait un grand nombre d'entrepreneurs, il importe aux entrepreneurs d'être en petit nombre. Toutes les difficultés s'applanissent devant une compagnie exclusive, parce que ses entreprises, quelles qu'elles soient, demandent peu de spéculations. Comme elle a seule le droit d'acheter de la première main et de revendre, elle règle à volonté le salaire de l'artisan et celui du cultivateur; et, parce qu'avec le plus petit trafic elle est assurée de faire le plus grand bénéfice, elle brûlera une partie des marchandises qu'elle a dans ses magasins, si elle craint, en les rendant communes, d'en faire baisser le prix.

Tel est donc le motif secret qui fait briguer des priviléges exclusifs ; c'est qu'on veut des profits grands et assurés : on les veut toujours plus grands, et on les veut toujours avec moins de risques. C'est ainsi que les spéculations des commerçans ont, pour dernier terme, la ruine même du commerce.

C'est ainsi qu'elles tendent à la ruine du commerce.

Ce motif se trouve dans la finance dont les spéculations, aussi simples que faciles, semblent ne rien donner au hasard, et ruinent le commerce dans son principe parce qu'elles ruinent l'agriculture. Si elle se charge de percevoir les impôts, elle sait que, pour un million qu'elle verse dans les coffres du roi, elle en levera deux. Si l'état lui demande de l'argent, elle lui prête à dix pour cent, et elle emprunte à cinq. Si elle fait la banque pour le roi, son bénéfice sera d'autant plus assuré qu'elle se rendra maîtresse de toutes les opérations du gouvernement. Tout dépendra d'elle, parce qu'on ne peut rien faire sans argent, et que c'est elle seule qui peut en faire trouver par-tout où on en a besoin.

Les spéculations de finance y tendent d'une manière plus simple encore.

Qu'on réfléchisse sur les compagnies de

Les compa-

négocians et de financiers, et on reconnoîtra qu'elles doivent insensiblement s'approprier tout l'argent qui circule. Si elles le versent continuellement, il ne cesse jamais de leur revenir. A chaque fois elles s'en approprient une nouvelle partie. On leur devoit, on leur doit encore plus : leurs créances s'accumulent, et il arrive enfin que l'état a contracté avec elles des dettes qu'il ne peut pas payer. Voilà, dans le fond, à quoi se réduisent les spéculations de finance, et voilà aussi ce qu'elles doivent produire.

Les spéculations de politique offriroient de grandes difficultés s'il falloit étudier toutes les parties du gouvernement, et les diriger au bien général. Mais, dans un siècle où l'on croit tout faire avec de l'argent, elles deviennent faciles parce qu'elles ne s'occupent que de ressources momentanées qui préparent la ruine de l'état : c'est ce que nous avons démontré. La ruine de tout : voilà donc, dans les siècles où les abus se sont multipliés, le dernier terme des spéculations de commerce, de finance et de politique.

CHAPITRE XIX.

Conclusion des deux premières Parties.

Nous avons vu comment les richesses, lorsque le commerce jouit d'une liberté entière et permanente, se répandent partout. Elles se versent continuellement d'une province dans une autre. L'agriculture est florissante : on cultive les arts jusques dans les hameaux : chaque citoyen trouve l'aisance dans un travail à son choix : tout est mis en valeur ; et on ne voit point de ces fortunes disproportionnées qui amènent le luxe et la misère.

Tout change à mesure que différentes causes portent atteinte à la liberté du commerce. Nous avons parcouru ces causes : ce sont les guerres, les péages, les douanes, les maîtrises, les priviléges exclusifs : les impôts sur les consommations, les variations des monnoies, l'exploitation des mines, les emprunts de toutes espèces de la part du gouvernement, la police des grains, le luxe d'une grande capitale, la jalousie des nations, enfin l'esprit de finance qui influe dans toutes les parties de l'administration. (1)

Alors le désordre est au comble. La misère croît avec le luxe : les villes se remplissent de mendians : les campagnes se dépeuplent; et l'état, qui a contracté des dettes immenses, semble n'avoir encore des ressources que pour achever sa ruine.

On a pu voir dans la première partie de cet ouvrage que la science économique, difficile parce qu'elle est naturellement compliquée, devient facile lorsqu'on la simplifie, c'est-à-dire, lorsqu'on la réduit à des notions élémentaires, qui, étant déterminées avec précision, paroissent des vérités triviales. Alors cette science se développe d'elle-même. Les propositions naissent les unes des autres comme autant de conséquences ou de propositions successivement identiques; et l'état de la question en montre la solution si sensiblement, qu'on la trouve

---

(1) Il y en a sans doute d'autres encore.

en quelque sorte, sans avoir besoin de raisonner.

Dans la seconde partie, j'ai réduit le raisonnement à une simple narration. J'y démontre les avantages d'une liberté entière et permanente : je fais connoître les causes qui peuvent y porter atteinte : j'en fais sentir les suites ; je ne cache pas les fautes des gouvernemens, et je confirme les principes que j'ai établis dans la première partie.

Je n'ai cependant relevé que les principaux abus. Il étoit d'autant plus inutile de m'appesantir sur d'autres, qu'il y a un moyen de les détruire tous, c'est d'accorder au commerce une liberté pleine, entière et permanente. Je crois l'avoir prouvé.

J'ai voulu sur-tout répandre la lumière sur une science qui paroît ignorée au moins dans la pratique. Si j'y ai réussi, il ne restera plus qu'à savoir si les nations sont capables de se conduire d'après la lumière. Ce doute, s'il venoit d'un homme qui eût plus de talens et plus de célébrité, pourroit peut-être leur ouvrir les yeux ; mais, pour moi, je sens bien que je ne ferai voir que ceux qui voient.

Les nations sont comme les enfans. Elles

ne font en général que ce qu'elles voient faire; et, ce qu'elles ont fait, elles le font long-temps, quelquefois toujours.

Ce n'est pas la raison qui les fait changer, c'est le caprice ou l'autorité.

Le caprice ne corrige rien : il substitue des abus à des abus, et les désordres vont toujours en croissant.

L'autorité pourroit corriger; mais d'ordinaire elle pallie plutôt qu'elle ne corrige. Encore est-ce beaucoup pour elle de pallier. Elle a ses passions, ses préjugés, sa routine, et il semble que l'expérience ne lui apprenne rien. Combien de fautes ont été faites! Combien de fois elles ont été répétées! Et on les répète encore!

Cependant l'Europe s'éclaire. Il y a un gouvernement qui voit les abus, qui songe aux moyens d'y remédier; et ce seroit plaire au monarque de montrer la vérité. Voilà donc le moment où tout bon citoyen doit la chercher. Il suffiroit de la trouver. Ce n'est plus le temps où il falloit du courage pour l'oser dire, et nous vivons sous un règne où la découverte n'en seroit pas perdue.

FIN DE CE VOLUME.

TABLE DES MATIÈRES.

LE COMMERCE ET LE GOUVERNEMENT.

PREMIÈRE PARTIE.

OBJET DE CET OUVRAGE, *page* 1.

CHAPITRE PREMIER.

Fondement de la valeur des choses, page 3.

Comment on juge de l'abondance, de la surabondance, et de la disette. Surabondant utile, et surabondant inutile. Besoins naturels, et besoins factices. La valeur des choses est fondée sur leur utilité, sur le besoin que nous en avons, ou sur l'usage que nous en pouvons faire. Elles ont plus de valeur dans la rareté, et moins dans l'abondance. Ce plus ou moins de valeur dépend principalement de l'opinion que nous avons de leur rareté ou de leur abondance. Quelque abondante que soit une chose, elle a de la valeur si elle est utile. Deux sortes de valeur, l'une naturelle et l'autre factice. La valeur est avant l'échange.

Observations sur la manière de traiter la science économique.

CHAPITRE II.

Fondement du prix des choses, page 26.

Comment on estime qu'une certaine quantité d'une chose vaut une certaine quantité d'une autre. Cette estime est ce qu'on nomme *prix*. Dans les échanges, les choses n'ont pas un prix absolu. Elles sont réciproquement le prix les unes des autres. Il ne faut pas confondre *prix* et *valeur*. Nos besoins donnent la valeur. Nos échanges donnent le prix.

CHAPITRE III.

De la variation des prix, page 32.

Le prix des choses varie, 1°. en raison de l'abondance ; 2°. en raison de la concurrence. Les choses n'ont donc pas un prix absolu.

CHAPITRE IV.

Des marchés ou des lieux où se rendent ceux qui ont besoin de faire des échanges, page 35.

Marchés. Comment on y règle le prix de chaque chose. Comment les prix varient d'un marché à l'autre. Il seroit inutile et même dangereux de vouloir empêcher ces variations. Les variations grandes et subites ont des inconvéniens. Comment en général les prix varient peu. Comment ils se règlent lorsque le commerce jouit d'une liberté entière.

CHAPITRE V.

Ce qu'on entend par commerce, page 42.

Le commerce est l'échange qu'on fait d'une chose pour une autre. Les choses qu'on échange sont tout-à-la-fois, sous divers rapports, prix et marchandises. Ceux qui échangent sont respectivement vendeurs et acheteurs. Le commerce suppose, d'un côté, production surabondante, et de l'autre consommation à faire. Comment il se fait immédiatement entre les producteurs et les consommateurs. Comment les producteurs et les consommateurs le font par l'entremise des commissionnaires. Comment ils le font par l'entremise des marchands. C'est le surabondant des producteurs ou des colons qui fait tout le fonds du commerce. Différentes espèces de commerce et de marchands. Ces espèces de marchands ne diffèrent que du plus ou du moins.

CHAPITRE VI.

Comment le commerce augmente la masse des richesses, page 52.

La terre est l'unique source des richesses. Mais elle ne devient une source abondante que lorsqu'elle est rendue fertile par le travail de l'homme. Si, dans les échanges, on donnoit toujours valeur égale pour valeur égale, le commerce n'augmenteroit pas la masse des richesses. Mais on donne toujours moins pour plus. Pourquoi on est porté à penser le contraire ? Par les échanges, ce qui n'étoit pas richesse devient richesse. Les commerçans augmentent dans la masse des richesses.

CHAPITRE VII.

Comment les besoins, en se multipliant, donnent naissance aux arts, et comment les arts augmentent la masse des richesses, page 61.

Choses de première nécessité, et choses de seconde nécessité. Un peuple est sans arts, lorsqu'il se borne aux choses de première nécessité. Les arts commencent avec l'usage des choses de seconde nécessité ; alors il se forme plusieurs classes de citoyens : toutes ces classes concourent à augmenter la masse des richesses. L'industrie des marchands et des artisans est un fonds de richesses autant que l'industrie des colons.

CHAPITRE VIII.

Des salaires, page 68.

Comment se règle le salaire du marchand. Comment se règle le salaire de l'artisan. Pourquoi on doit aux uns des salaires plus forts qu'aux autres.

Les salaires règlent les consommations que chacun peut faire suivant son état. Tous les citoyens sont salariés respectivement les uns des autres.

CHAPITRE IX.

Des richesses foncières et des richesses mobilières, page 73.

Deux espèces de richesses, les unes foncières et les autres mobilières. Les richesses foncières sont des richesses du premier ordre. Les richesses du second ordre sont de vraies richesses. Le colon produit les richesses foncières, et l'artisan produit les richesses mobilières. Comment s'apprécie la valeur des ouvrages de l'art. Les richesses foncières se remplacent, les richesses mobilières s'accumulent.

CHAPITRE X.

Par quels travaux les richesses se produisent, se distribuent et se conservent, page 83.

Comment le colon et l'artisan s'enrichissent par leurs travaux. Comment ils sont riches relativement à leur état. Pourquoi les travaux de l'artiste ont plus de valeur que ceux de l'artisan. Travaux des marchands. Tous ces travaux ont besoin d'une puissance qui les protège. Travaux de cette puissance. Salaire qui lui est dû. Tous les travaux sont utiles quand tout est dans l'ordre.

CHAPITRE XI.

Commencement des villes, page 90.

Comment le plus petit nombre s'approprie les terres. Les propriétaires régissent eux-mêmes leurs terres, ou les font régir. Le régisseur est un fermier à qui il est dû un salaire. Comment le fermier juge de la portion qu'il peut donner au propriétaire. Les propriétaires s'établissent dans les lieux où se tenoient les marchés, et fondent les villes. Ils font alors de plus grandes consommations. En conséquence il y a plus d'industrie. Proportion qui s'établit entre les productions et les consommations.

CHAPITRE XII.

Du droit de propriété, page 97.

Droit de propriété du colon sur les fonds de terre. Ceux qui les cultivent acquièrent sur le produit un droit de co-propriété. Dans toute entreprise, il y a également une propriété sur les fonds et une propriété sur le produit. Tous les citoyens sont, chacun en raison de son travail, co-propriétaires des richesses de la société. Les droits de propriété sont sacrés. Le propriétaire d'une terre a le droit d'en disposer après lui.

CHAPITRE XIII.

Des métaux considérés comme marchandises, page 104.

Pourquoi l'or, l'argent et le cuivre sont les premiers métaux que les hommes ont connus. Pourquoi on a été plus long-temps à connoître l'usage du fer. Les métaux ont une valeur comme matière première, et comme matière mise en œuvre. Valeur d'une matière commune, travaillée grossièrement. Sa valeur lorsqu'elle est mieux travaillée. Les métaux plus rares ont plus de valeur. Leur valeur est relative aux usages qu'on en fait. Cette valeur croit lorsqu'ils deviennent un objet de curiosité. Elle croit encore lorsqu'ils servent à l'ornement. Ils ne sont devenus monnoie que parce qu'ils sont marchandise.

CHAPITRE XIV.

Des métaux considérés comme monnoie, pag. 111.

A l'origine des sociétés, les peuples n'avoient point de mesures. Ils n'en avoient pas besoin. Ils ont des mesures lorsqu'ils ont des marchands. L'usage de ces mesures les a portés à croire que les choses ont une valeur absolue. Comment les marchands ont donné lieu à cette méprise. Valeur des métaux comparés les uns aux autres. Comment ils deviennent la mesure commune de toutes les valeurs. Le fer étoit le moins propre à cet usage. Le cuivre y étoit plus propre. Aucun n'y étoit plus propre que l'or et l'argent. Ce n'est pas arbitrairement qu'ils ont été employés à cet usage. Comment, par cet emploi des metaux, la masse des richesses s'est accrue. Comment une portion de métal d'un certain poids devient le prix d'une marchandise. Cette innovation contribue à faire regarder les valeurs comme absolues. Cependant elle fait juger avec plus de précision du prix de chaque chose. Cet avantage n'étoit pas sans inconvéniens, lorsque les métaux n'étoient employés que comme marchandise. Métaux employés comme monnoie. En devenant monnoie, les métaux n'ont pas cessé d'être marchandise. Comment l'usage de la monnoie d'or et d'argent est une preuve de richesse. En quel sens une abondance d'or et d'argent est une richesse. Ceux qui regardent l'or et l'argent comme signes représentatifs de la valeur des choses, s'expriment avec peu d'exactitude.

CHAPITRE XV.

Que l'argent, employé comme mesure des valeurs a fait tomber dans des méprises sur la valeur des choses, page 123.

Si on eût toujours commercé par échange, et sans argent, il eût été naturel de juger qu'on échange moins contre plus. Quand l'argent a été employé comme mesure commune, il a été naturel de juger qu'on échange valeur égale contre valeur égale. Mais, pour juger si on donne moins ou plus, il faut considérer si ce qu'on donne est surabondant ou nécessaire. L'erreur où l'on tombe à ce sujet vient de ce qu'on est porté à regarder l'argent comme mesure absolue de toutes les valeurs. C'est l'inégalité des valeurs qui donne lieu aux échanges. Comment l'argent peut être considéré comme chose nécessaire, ou comme chose surabondante. Pourquoi le prix des choses nécessaires est toujours bas en comparaison du prix des choses superflues.

CHAPITRE XVI.

De la circulation de l'argent, page 132.

Ce qu'on entend par circulation de l'argent. L'argent ne circule qu'autant qu'il s'échange. Tout l'argent qui est dans le commerce circule. Il y a toujours dans l'état un argent qui ne circule pas. Il importe peu qu'il y ait plus ou moins d'argent dans la circulation. Il seroit même avantageux qu'il y en eût moins. Réservoirs qui servent à cette circulation. 1°. Les fermiers. 2°. Les propriétaires. 3°. Les marchands et les artisans. Le crédit tient lieu d'argent. Les fermiers peuvent faire sans argent presque tous les frais de culture. C'est pourquoi l'argent circule peu dans les campagnes. Les villes sont les grands réservoirs de la circulation. Quantité d'argent nécessaire au commerce. Cette quantité doit varier suivant les circonstances. Dans les grandes entreprises de commerce, il faut moins d'argent à proportion que dans les petites. Dans les petites, il en faut moins à proportion que la circulation est moins rapide. On ne peut rien assurer sur la quantité d'argent qui est dans la circulation. Circulation de l'argent par le change.

CHAPITRE XVII.

Du change, page 145.

Les opérations du change doivent s'expliquer d'elles-mêmes. Lettres de change. Agens de change ou banquiers. Le banquier a droit à un salaire. Mais il ne peut abuser de l'ignorance du public. Creance. Comment plusieurs creances disparoissent par un virement de parties. Comment plusieurs dettes se soldent par une seule lettre de change. Les dettes réciproques entre les villes règlent toutes les opérations du change. Les dettes réciproques sont égales ou inégales. Lorsque les dettes sont égales, le change est au pair, et se fait somme égale pour somme égale, mais non pas valeur égale pour valeur égale. Comment le change est au dessus du pair dans la ville qui doit. Comment il est au-dessous dans la ville à qui il est dû. Le change n'est qu'un achat, et les banquiers ne sont que des marchands d'argent. Prix du change. Comment il se règle entre les négocians. Comment dans le change une somme est le prix d'une somme égale ou même d'une plus grande. Avantage des banquiers dans le change. Comment le résultat entre négocians peut être, après quelque temps, le même à-peu-près que s'ils avoient toujours fait le change au pair. Circonstances qui font varier le prix du change. Cours du change. Spéculations des banquiers. Exemple. Langage des banquiers lorsque le change se fait de nation à nation. Moyens qu'on peut mettre en usage pour faire de grands bénéfices dans le change.

CHAPITRE XVIII.

Du prêt à intérêt, page 171.

L'argent a un produit. C'est sur ce produit que les commerçans trouvent leur subsistance ou leur salaire. La concurrence règle ce produit. Ce produit sera grand quand le commerce se fera par des entrepreneurs propriétaires de leurs fonds. Avancer à un marchand un fonds de marchandises, ou lui avancer de l'argent pour acheter ce fonds, c'est la même chose. Celui qui avance un fonds de marchandises est en droit d'en retirer un profit ou un intérêt. Celui qui avance l'argent pour acheter ce fonds est donc en droit d'en retirer un intérêt. Raisonnement des casuistes sur le prêt à intérêt. Conduite des législateurs à cet égard. Cause de l'erreur des casuistes et des législateurs. L'intérêt peut être plus haut ou plus bas, et la puissance législative doit en permettre toutes les variations. Il hausse et baisse dans la proportion où est l'argent qu'on demande à emprunter avec l'argent qu'on offre de prêter. Cette proportion varie suivant les circonstances.

L'intérêt se règle dans les places de commerce, et ne doit se régler que là. C'est une chose sur laquelle la puissance législative ne doit rien statuer. L'intérêt est plus bas lorsque la confiance est grande. Lorsque la confiance est moins grande l'intérêt est plus haut. Intérêt clandestin et odieux. Intérêt qu'on exige publiquement et qui est honnête. Intérêt usuraire.

CHAPITRE XIX.

De la valeur comparée des métaux dont on fait les monnoies, page 188.

Les métaux sont rares ou abondans, suivant la quantité plus ou moins grande, et suivant qu'on les emploie à plus ou moins d'usages. Leur valeur relative se règle dans les marchés. Elle n'éprouve pas des variations brusques. Comment le rapport de l'or à l'argent peut être le même chez plusieurs nations. Le gouvernement est forcé d'évaluer ces métaux comme on les évalue dans les marchés.

CHAPITRE XX.

Du vrai prix des choses, page 195.

Les mêmes principes qui déterminent le prix de l'or et de l'argent, déterminent le vrai prix de chaque chose. Supposition de plusieurs provinces qui se sont interdit tout commerce extérieur. Le prix du blé est haut dans une province où les récoltes ne sont jamais suffisantes, et elle se dépeuple. Ils est bas dans une province où les récoltes sont toujours abondantes, et la culture se dégrade. Il est moyen dans une province où les recoltes, années communes, sont suffisantes: mais il est sujet à de grandes variations. Quoique chacun de ces prix soit le vrai pour la province où il a cours, aucun ne sauroit être le vrai pour toutes trois. Le même prix ne sera le vrai pour toutes trois, que lorsqu'elles commerceront entre elles avec une liberté pleine et entière. Pour juger avec précision du vrai prix, il ne faut considérer les achats et les ventes que dans le marché commun. Un même prix pourroit être le vrai pour toutes les provinces de la France. Le blé n'a pas un vrai prix pour toute l'Europe. Le vrai prix ne varie qu'entre deux termes peu distans. Quand le prix n'est pas le vrai, il peut être vil ou excessif. Effets qui en résultent. Effets que produiroit le vrai prix.

CHAPITRE XXI.

Du monopole, pag. 214.

Dans le commerce des superfluités, le monopole n'est jamais illicite, quelque prix qu'on mette aux ouvrages. Dans le commerce des choses nécessaires, il est toujours odieux. Le vrai prix des superfluités ne peut être un prix permanent. Le prix des choses nécessaires ne peut être permanent avec le monopole. La liberté du commerce peut seule empêcher le monopole. Il est de l'intérêt de tous qu'il y ait dans chaque branche du commerce le plus grand nombre de marchands. Il y a monopole lorsque le nombre des marchands n'est pas aussi grand qu'il pourroit l'être. Comment en Europe tout le commerce se fait par des monopoleurs.

CHAPITRE XXII.

De la circulation des blés, pag. 222.

Deux sortes de disette. Dans quelle quantité le blé doit être porté au marché. Lorsqu'il y est porté en trop grande ou en trop petite quantité, il y a lésion pour les cultivateurs et pour le peuple. Circulation des blés. Comment le versement se fait de proche en proche. Comment il se fait à distance. Pour faire circuler les blés il faut des marchands. Connoissances qui leur sont nécessaires. Mesures qu'ils ont à prendre. Deux sortes de marchands de blés. Comment ils font leur commerce. Que le monopole des blés ne peut pas se faire lorsque le commerce est parfaitement libre.

CHAPITRE XXIII.

Le blé considéré comme mesure des valeurs, p. 235.

L'argent n'est pas une mesure d'après laquelle on puisse, d'une époque à une autre, apprécier les valeurs. Il n'est pas même une mesure d'après laquelle on puisse toujours apprécier les valeurs d'un lieu à un autre. Le blé seul est cette mesure. Mais il n'est cette mesure que dans la supposition où le commerce se seroit toujours fait avec une liberté entière et permanente. Il seroit avantageux que le prix des baux se payât en denrées.

CHAPITRE XXIV.

Comment les productions se règlent d'après les consommations, page 242.

Objet de ce chapitre et des suivans. Les citoyens dépendent tous les uns des autres. Comment tous dépendent des propriétaires. Comment tous dépendent des fermiers. Comment tous dépendent des artisans. Comment tous dépendent des marchands. Comment l'ordre naît de cette dépendance mutuelle. Les goûts des propriétaires sont la règle des fermiers, des artisans et des marchands. Tant que ces goûts sont les mêmes, on cultive les mêmes productions et les mêmes arts. Lorsque ces goûts changent, de nouvelles consommations donnent naissance à de nouvelles productions et à de nouveaux arts. Alors un plus grand commerce fait prospérer l'état.

CHAPITRE XXV.

De l'emploi des terres, page 251.

Dans quelle proportion les productions se multiplient. Productions portées au dernier terme d'abondance. Alors les productions ne peuvent devenir plus abondantes, dans un genre, que parce qu'elles sont plus rares dans un autre. La population est plus ou moins grande, suivant l'emploi des terres, et suivant que chaque homme consomme plus ou moins. Peuple qui n'a que des besoins naturels. Par l'emploi qu'il fait des terres, il proportionne les productions aux consommations. Il est dans l'abondance, et il multiplie. Dernier terme de la population. Comment les consommations qui se multiplient avec les besoins changent l'emploi des terres. Alors un citoyen consomme à lui seul autant que plusieurs ensemble. Tous, à l'exemple les uns des autres, consomment de plus en plus. Combien la population diminue. Pourquoi on aura peine à le croire. Comment se fait cette diminution. Lorsque de plus grandes consommations changent l'emploi des terres, il n'y a point de moyens pour entretenir la même population. Comment on peut juger, par la population, de la prospérité d'un état. Quel est le plus avantageux, d'une grande population avec peu de besoins, ou d'une moindre population avec des besoins en plus grand nombre.

CAPITRE XXVI.

De l'emploi des hommes dans une société qui a des mœurs simples, page 264.

Les deux extrêmes de la population. Arts nécessaires pour tirer un peuple de la grossièreté. La vie simple est entre deux extrêmes. La vie étoit simple avant la fondation des villes, parce que tous les arts se rapportent à l'agriculture, et qu'il y avoit peu de lois. Après la fondation des villes, la vie a continué d'être simple, tant qu'il y a eu peu de lois, et que l'agriculture a été en considération. Il faut que les arts fassent assez de progrès pour employer les citoyens qui ne pourroient pas subsister sans travail. Ces progrès se concilieront avec la simplicité, tant que les ouvrages seront d'un prix proportionné aux facultés du commun des citoyens. Emploi des hommes dans une société dont les mœurs sont simples. Comment les arts deviennent dangereux par leurs progrès. Ils ne sont point dangereux, et ils sont au contraire utiles, lorsqu'il procurent aux uns les moyens de subsister en travaillant, et qu'ils n'exposent pas les autres à tomber dans la mollesse.

CHAPITRE XXVII.

Du luxe, page 276.

Idée confuse qu'on se fait du luxe. Ce qui est excès aux yeux d'un sauvage n'en est pas un aux yeux d'un citoyen. Ce qui paroît excès à quelques citoyens peut ne pas paroître excès à quelques autres. Pourquoi. Le luxe consiste dans les choses que tous les citoyens doivent s'accorder à regarder comme un excès. Il n'y a point d'excès dans l'usage des choses qui sont de nature à pouvoir être communes à tous. Il y a excès dans l'usage des choses qui sont réservées pour le petit nombre, à l'exclusion d'un plus grand ; et cet excès constitue le luxe. Le luxe peut avoir lieu dans les choses qu'on fait venir de loin. Il peut avoir lieu dans celles qu'on prend chez une nation voisine, et dans celles qu'on trouve chez soi. La main-d'œuvre transforme en luxe les choses les plus communes. Effet du luxe, lorsqu'il consiste dans des choses qu'on tire de l'étranger. Effet du luxe, lorsqu'il consiste dans des choses qu'on tire de son sol et de son industrie. Trois sortes de luxe. Luxe de magnificence. Luxe de commodités. Luxe de frivolités. Combien il faut raisonner mal pour les juger utiles. C'est dans la simplicité des mœurs uniquement qu'une nation peut trouver l'abondance, la puissance et le bonheur. Autrefois le luxe étoit plus tolérable en Asie qu'il ne l'est aujourd'hui en Europe.

CHAPITRE XXVIII.

De l'impôt, source des revenus publics, page 289.

Ce qu'on entend par revenus publics ou de l'état. Tout citoyen doit se rendre utile. Subsides ou impôts à payer. Deux classes de citoyens : les propriétaires et les salariés. Les propriétaires peuvent payer les subsides. Les salariés ne le peuvent pas. Si l'on fait payer l'industrie, elle se fait rembourser. Si elle ne se fait pas rembourser en entier, l'impôt qu'on met sur elle n'en retombe pas moins sur les propriétaires des terres.

Elle ne doit point payer chez une nation qui subsiste du produit de son sol. Elle doit payer chez une nation qui subsiste de son trafic. Mais chez cette nation l'impôt sur l'industrie est un vice inhérent à la constitution de l'état. Chez une nation, riche par son sol, ce vice peut être extirpé, et doit l'être.

CHAPITRE XXIX.

Des richesses respectives des nations, page 301.

Qu'il ne peut y avoir que deux sortes de richesses. Mais que toutes les richesses sont dues au travail. La nation la plus riche est celle où l'on travaille le plus. Un peuple, pour être aussi riche qu'il peut l'être, doit donc s'occuper de toutes les espèces de travaux, sans donner de préférence exclusive à aucun. Combien il seroit avantageux aux nations de l'Europe de se conduire d'après ces principes. Combien elles ont tort de chercher à s'enlever mutuellement leurs manufactures et leur commerce. Combien elles ont tort de vouloir trouver chacune exclusivement un bénéfice dans les échanges qu'elles font. Combien elles ont tort de vouloir attirer chacune chez elles l'or et l'argent de l'étranger. Source de ces préjugés. Quel seroit l'avantage d'une nation qui donneroit au commerce une liberté entière et permanente, tandis que les autres ne lui donneroient qu'une liberté restreinte et passagère.

CHAPITRE XXX.

Récapitulation sommaire de la première partie, page 318.

SECONDE PARTIE.

Le commerce et le gouvernement considérés relativement l'un à l'autre, d'après des suppositions, page 329.

Objet de cette seconde partie.

CHAPITRE PREMIER.

Répartition des richesses, lorsque le commerce jouit d'une liberté entière et permanente, page 332.

Supposition où le commerce jouit d'une liberté entière. Richesses des campagnes. Richesses des villes. Répartition des richesses de campagne en campagne. Répartition des richesses entre les villes. Répartition des richesses entre les citoyens.

CHAPITRE II.

Circulation des richesses lorsque le commerce jouit d'une liberté entière, page 352.

Les manufactures produisent une circulation générale de richesses. Circonstances où les provinces marchandes et les provinces agricoles commercent avec le même avantage. Comment le commerce peut se faire avec quelque désavantage pour les provinces agricoles. Comment les avantages se balancent entre les provinces marchandes et les provinces agricoles. Une province seroit dans l'erreur, si elle croyoit s'enrichir, en attirant chez elle tout l'or et tout l'argent. Comment les richesses passent et repassent d'une province dans une autre, et se distribuent dans toutes à-peu-près également.

CHAPITRE III.

Mœurs simples d'une nation isolée, chez qui le commerce jouit d'une liberté entière, page 365.

Tous les peuples que nous supposons ont les mêmes mœurs ; leurs mœurs sont simples parce qu'ils ne peuvent pas connoître le luxe.

CHAPITRE IV.

Atteintes portées au commerce : guerres, page 370.

Divisés par des guerres, les peuples ruinent mutuellement leur commerce. Le peuple conquérant étend sa domination sur des pays qu'il a rendus en partie déserts et incultes, et il dépeuple les provinces. Dégradation de l'agriculture : chûte de plusieurs manufactures.

CHAPITRE V.

Atteintes portées au commerce : douanes, péages, page 374.

Supposition de quatre monarchies. Les quatre monarques établissent des douanes et des péages pour augmenter leurs revenus. Tort qu'ils font au commerce. Ils doublent, ils triplent les taxes, et leurs revenus diminuent. Fraudes des droits, ou contrebande. Gens armés pour empêcher la contrebande et employés pour percevoir les droits.

CHAPITRE VI.

Atteintes portées au commerce : impôts sur l'industrie, page 379.

Comment tout fleurit chez une nation, où on ne met point de taxe sur l'industrie. Motif des taxes sur l'industrie. Maîtrises et communautés établies à cet effet. Procès entre ces corps. Dépenses auxquelles ils sont forcés. Abus des apprentissages. Mal que font au commerce les maîtrises et les communautés.

CHAPITRE VII.

Atteintes portées au commerce : compagnies privilégiées et exclusives, page 388.

Les priviléges des maîtrises et des communautés sont des droits iniques. On imagine d'accorder de pareils priviléges à des compagnies peu nombreuses. Une compagnie fait le monopole du sel. Aussitôt le prix du sel hausse d'un à huit. On est réduit à contraindre les citoyens à en acheter. Combien ce monopole coûtoit à l'état. Combien il rendoit peu au roi. Autres compagnies de monopoleurs qui font tout renchérir. Naissance du luxe.

CHAPITRE VIII.

Atteintes portées au commerce : impôts sur les consommations, page 394.

Impôts sur les consommations. Le produit n'est

pas aussi grand qu'il le paroit. Les revenus du monarque ne croissent pas en raison de ce produit. Combien ces impôts, onéreux pour le peuple, ruinent l'agriculture. Combien la perception de ces impôts nuit au commerce.

CHAPITRE IX.

Atteintes portées au commerce: variation dans les monnoies, page 403.

Comment on fixe le titre des monnoies. Le droit de battre monnoie appartient au souverain. Bénéfice qui lui est dû. Ce bénéfice doit être borné. Fraude des souverains : ils donnent pour une certaine quantité d'argent une quantité moindre. Autre fraude : ils donnent à une même quantité d'argent une valeur plus haute ou plus basse. Combien ces fraudes nuisent au commerce. Procédé du gouvernement lorsqu'il haussoit et baissoit alternativement la valeur des monnoies. Ce qu'on a droit d'exiger du souverain qui bat monnoie.

CHAPITRE X.

Atteintes portées au commerce: exploitation des mines, page 413.

Comment les richesses des mines font tout renchérir. Ce renchérissement paroit d'abord avantageux. Bientôt il ruine les arts, le commerce et l'agriculture. Le renchérissement ne permet plus d'exploiter les mines. Avantage de l'exploitation des terres sur l'exploitation des mines. Ce qui arriveroit si l'or et l'argent étoient aussi communs que le fer.

CHAPITRE XI.

Atteintes portées au commerce : emprunts de toutes espèces de la part du gouvernement, page 418.

Création d'office à charge au peuple. Emprunts faits aux compagnies privilégiées, plus à charge encore. Rentes viagères et tontines qui multiplient les gens inutiles. Monnoie de papier : abus qu'elle produit. Le gouvernement fait banqueroute. Établissement d'une banque. Comment les actions haussent et baissent. Illusion du public. Chûte de la banque.

CHAPITRE XII.

Atteintes portées au commerce : police sur l'exportation et l'importation des grains, page 430.

Ce qu'on entend par police des grains. Prohibition d'exporter et d'importer. Effets de cette prohibition. Défense d'exporter, et permission d'importer. Effets de ce réglement. L'exportation permise et encouragée. L'importation prohibée. Effets de ce réglement. L'exportation et l'importation tour-à-tour permises ou défendues, suivant les circonstances. Effet de cette police.

CHAPITRE XIII.

Atteintes portées au commerce: police sur la circulation intérieure des grains, page 444.

Les réglemens sur l'exportation et l'importation des blés ont mis dans la nécessité d'en faire sur la circulation intérieure, et le gouvernement est devenu marchand de blé. Fautes qu'il fait. Inconvéniens où il tombe par l'impuissance de connoître si la quantité des blés est suffisante à la consommation. Réglemens qui ôtent toute liberté. Abus qui en naissent. Le gouvernement forcé de créer des compagnies privilegiées pour l'approvisionnement des villes.

CHAPITRE XIV.

Atteintes portées au commerce: manœuvres des monopoleurs, page 455.

On achète le privilége de faire le monopole. Comment les monopoleurs parviennent à vendre seuls. Comment ils mettent la cherté. Monopoleurs qui achètent cher et qui revendent à perte.

CHAPITRE XV.

Atteintes portées au commerce: obstacles à la circulation des grains, lorsque le gouvernement veut rendre au commerce la liberté qu'il lui a ôtée, page 462.

Quand la liberté du commerce a été détruite,

il faut du tems pour la rétablir. Mauvais raisonnemens de ceux qui attribuent la cherté à la liberté. Il ne peut pas y avoir cherté, quand la circulation des grains se fait librement. Préjugés que le gouvernement avoit donnés au peuple. Combien ils étoient contagieux. Il faut attendre que le temps rétablisse l'ordre avec la liberté.

CHAPITRE XVI.

Atteintes portées au commerce : luxe d'une grande capitale, page 471.

Le concours qui se fait dans une grande capitale y renchérit tout. Cause de luxe et de misère. Le luxe réduit à la mendicité un grand nombre d'artisans. Le luxe de la capitale ruine plusieurs provinces.

CHAPITRE XVII.

Atteintes portées au commerce : jalousie des nations, page 481.

Suppositions. Avantage que produit le commerce, lorsqu'il est libre entre plusieurs nations. Motifs des nations jalouses de s'enlever mutuellement le commerce. Combien ces motifs sont peu raisonnables. La concurrence de toutes les nations peut seule faire fleurir le commerce. Les nations jalouses ferment leurs ports aux marchands étrangers. Combien par cette conduite elles se nuisent à elles-mêmes. Les nations arment les unes contre les autres. Le commerce tombe, et ne se relève plus. Dans l'espérance de le relever, on imagine de créer des compagnies exclusives. Abus qui en résultent. Il est difficile que le commerce fleurisse dans des monarchies. Avantages des républiques marchandes sur les monarchies. Républiques agricoles plus heureuses encore. Commerce avec une nation qui n'attache point de valeur à l'or et à l'argent. Commerce avec une nation éloignée qui cultive les arts, ou commerce de l'Inde. Nouveau genre de luxe. Commerce lucratif pour les marchands et onéreux pour l'état. Compagnies exclusives pour faire ce commerce. Comment ce commerce, lucratif pour des négocians particuliers, est ruineux pour des compagnies exclusives. Comment ces compagnies se soutenoient dans les républiques marchandes, où elles avoient les mêmes vices que dans les monarchies. Toutes les nations font à l'envi le commerce de l'Inde. Le trafic ne doit pas être encouragé exclusivement. Désordre général. Pour relever le commerce, on propose de permettre l'exportation et l'importation des blés. Nations chez lesquelles la liberté du commerce des grains doit produire promptement de grands avantages. Nations chez lesquelles la liberté du commerce des grains ne peut produire que lentement les mêmes avantages. Les gouvernemens, qui se conduisent par des principes de finance, ne peuvent pas s'occuper des moyens de faire fleurir l'agriculture.

CHAPITRE XVIII.

Atteintes portées au commerce : comment les spéculations des commerçans ont pour dernier terme la ruine même du commerce, page 514.

Objet des spéculations des commerçans. Spéculations des cultivateurs. Spéculations des artisans qui font des ouvrages communs. Speculations des artisans des choses de luxe. Comment les artisans et les cultivateurs se mettent dans la dépendance des négocians. Combien les speculations des négocians sont difficiles et incertaines lorsque le commerce jouit d'une liberté entière. Ces difficultés ne doivent pas inquiéter le gouvernement. Les spéculations dans le trafic deviennent faciles et sûres, lorsque les négocians obtiennent des priviléges exclusifs. C'est ainsi qu'elles tendent à la ruine du commerce. Les spéculations de finance y tendent d'une manière plus simple encore. Les compagnies des négocians et des financiers s'approprient insensiblement tout l'argent qui circule. Les spéculations de politique sont faciles dans un siècle où l'on croit tout faire avec de l'argent.

CHAPITRE XIX.

Conclusion des deux premières parties, pag. 527.

FIN DE LA TABLE DES MATIÈRES.

Note des éditeurs. L'auteur avoit promis dans la première édition de cet ouvrage, composé de deux parties, qu'il en donneroit une troisième, si les deux premières la faisoient desirer. Comme il a augmenté considérablement les deux premières parties, ainsi que le lecteur en sera convaincu, il a pensé que cette troisième partie n'étoit plus nécessaire pour la perfection de son ouvrage.